遠藤 功
Endo Isao

現場論

「非凡な現場」をつくる論理と実践

東洋経済新報社

「従業員は命を削って懸命に働いている。その時間を無駄に使ってはいけない」[1]

トヨタ自動車5代目社長　豊田英二

［はじめに］　なぜ「現場」にこだわるのか

❖

『現場力を鍛える』は序章にすぎなかった

私はどうやら「現場」という魔物に取り憑かれてしまったようだ。

この15年間、寝ても覚めても「現場とは何か」「強い現場をつくるにはどうすればよいのか」ばかりを考えている。にもかかわらず、その答えはいまだに見出せないままである。日本の経営者やビジネスパーソンたちは「現場」という言葉を好んで使う。この言葉を持ち出せば、なぜか信頼感、安心感が増し、地に足の着いた印象を与えるのだろう。

しかし、そもそも「現場」とはどこを指すのか、その「正体」は何なのか、どうすれば日本人が「大好きな」現場を強くし、競争力の柱に据えることができるのか。そんなことを指南してくれる経営書やビジネス書はいまだに存在しない。

私は2004年に『現場力を鍛える』（東洋経済新報社）を出版した。私にとって3冊目の単著だった。

現場というものを真正面から取り上げようとした書物は珍しかったのか、15万部を超えるベストセラーになった。有り難いことに発売後10年経ったいまでも増刷を重ね、33刷のロングセラーになっている。それ以降も『見える化』『ねばちっこい経営』を出版し、「現場力三部作」として多くの方々に読んでいただいた。

では、当時の私がどれほど現場を理解していたかといえば、いまとなっては正直、心もとないと思っている。現場の「正体」がわからないのに、現場を強くする術など見えてくるはずもない。

現場力三部作を書くことによって、私は自分が「何もわかっていない」ことに気がついた。そこからが本当の旅の始まりだった。現場力三部作は私にとって「序章」にすぎなかった。

現場力三部作を出版した時点でも、私は300を超える現場を訪ね歩いていた。工場、営業所、研究開発センター、物流センター、事務センター、コールセンター、小売店舗、鉄道、病院、発電所……。企業活動の最前線である現場にこそ改革、変革のヒントがあると信じ、現場を訪ね、現場の人たちと熱い議論を繰り返した。

しかし、その多くは経営コンサルティング活動の一環としての訪問だった。あくまでも依頼主であるクライアントに対する「答え」を見つけるためのものであり、現場の「正体」をつかむためのものではなかった。

私はもう一度まっさらな気持ちで現場を訪ねる「巡礼」を始めることにした。

機会を見つけては面白そうな現場を訪ね歩き、そこで起きていること、行われていることをつぶさに観察するようになった。コンサルタントとしてではなく、客観的な一観察者として現場を観るように心掛けた。

2010年からは「現場千本ノック」というサイトを立ち上げ、自分が訪ね歩いた現場行脚の記録を残すようにしている。

「千本」というのはあくまでも志であって、生きているうちに1000の現場を踏破できるとは思っていない。しかし、この4年間だけでも100近い現場を訪ね歩き、経営者やミドル層、そして現場の人たちから話を伺い、現場での取り組みを観察してきた。

そうした活動によって現場の「正体」が見えてきたかというと、相変わらず五里霧中だともいえる。現場を訪ね歩き、その「正体」に近づいたと思っても、また遠くなっていく。その繰り返しを続けている。

❖

「1本の木」を丹念に見る

「木を見て森を見ず」という言葉がある。小さいことばかりに目が行き、もっと大きな全体像が見えていないという意味で使われる。

局部的に起きていることが必ずしも全体ではないというのは、一般的にはそのとおりだろう。

しかし、こと経営に関していえば、「森を見て木を見ず」はとても危険だと私は思っている。森ばかりに目が行き、「1本の木」を丹念に見ることを怠れば、経営の舵取りを誤りかねないからだ。

「1本の木」がじつは森そのものであり、「1本の木」を丹念に見れば森が見えてくるはずだと私は信じている。枝ぶりや葉の状態はどうか、根の張り具合はどうか、土壌に問題はないか。そうしたことをつぶさに見ていけば、森の全体像が必ず浮かび上がってくる。

大事なのは「丹念」に見るということである。

「1本の木」は日常的な存在であり、あまりにも当たり前すぎて丹念に見るということをしない。身近な「1本の木」を丹念に見れば、森という全体像が見えてくるはずなのに、私たちは見えもしない森を一生懸命見ようとばかりしがちだ。

似たような言葉に「鳥の眼・虫の眼」がある。

「鳥の眼」とは、世の中の潮流やマクロ的な環境変化など大きな流れを読むことを指す。「鳥の眼」をもち、全体を俯瞰的に見ようと努力するのは大事なことだ。さまざまな情報収集を行い、精緻な分析を繰り返し、大きな関係性をつかみながら全体を俯瞰する努力を私は否定しない。

しかし、「鳥の眼」で見えたことがすべてではない。

そもそも私たちは「鳥」ではない。遠くから眺めて見えた気になっている、わかった気になっているだけかもしれない。

これはとても危険なことである。「虫の眼」になり、地べたを這いつくばらなければ、見えてこないことも山ほどある。いや、「虫の眼」で見えたことにこそ真実があるともいえる。

「1本の木」とは現場のことであり、「虫の眼」とは現場の視点で物事を考えるということだ。現場は経営の「映し鏡」であり、競争の縮図である。現場に身を置き、現場起点で考え、発想すること、それこそが私が何より重視してきたことだ。

❖

「体格」ではなく「体質」で競う

私が現場にこだわる理由は、自分の主義主張だけではない。そこにはそれなりの合理的な理由がある。

グローバル競争がますます熾烈になる中で、日本企業も遅まきながら企業買収や経営統合を進め、グローバルで戦いうる規模を追求する動きが顕在化している。一定の「体格」をもたなければ世界レベルのメジャーな企業とは互角に勝負できない、と考えるのは時代の当然の流れともいえる。

私は企業買収や経営統合を否定しているわけではない。合理的な裏付けがあれば、日本企業は合従連衡を積極的に進めるべきだろう。

しかし、日本企業が「体格」だけで勝負するのは無理があるとも思っている。世界を見れば、規模的に日本企業をはるかに凌駕する欧米の一流企業がいくつも存在する。中国やインドなどの巨大母国市場をもつ国からも、「体格」で勝負する企業が次々に登場している。そうした中で、日本企業が「体格」だけで世界と勝負するのは困難といわざるをえない。

私は日本企業はあくまでも「体質」で勝負すべきだと思っている。中途半端に「体格」を追求するのではなく、企業の「体質」を磨き込み、卓越した組織の力で世界と戦う。これなくして日本企業の未来を描くことはできない。

その企業の「体質」が最も顕著に現れるのが現場である。

戦略の実行を担い、価値創造の当事者である現場の品質こそが、企業の「体質」といっても過言ではないだろう。

❖

現場は「最後の砦」

詳しくは本編で述べていくが、現場という概念は日本独特のものである。外国語にも翻訳できないこの現場こそが、日本企業の競争力を高める鍵になる。

実際、これまでも多くの日本企業は、現場を基軸にした優れた「体質」で世界と戦ってきた。類稀な現場の底力が日本企業を支え、日本という国の繁栄にも寄与してきた。

しかし、いつの間にか多くの日本企業は現場を軽視し、現場の能力や士気を削ぐような施策ばかりを行うようになってしまった。

現場は疲弊し、痛めつけられ、いつの間にか何も考えない機械のような現場へと成り下がってしまった。「失われた20年」とは日本企業の屋台骨であった現場が劣化し、壊れていく20年だったともいえる。

最近、「OKY」という言葉をよく耳にするようになった。

「O（お前が）K（来て）Y（やってみろ）」の略だ。中国など新興国の最前線で奮闘する日系企業の現地駐在員たちが、現地の事情も理解せずに無理難題を押し付けてくる本社に対する怒りやもどかしさを表現した隠語である。

これはけっして海外の現場だけに限ったことではない。

ギリギリまで人を減らされ、正社員から非正規社員への転換を余儀なくされ、設備投資や更新は抑制され、コンプライアンス・内部統制などの管理強化の波にのまれ、日本の現場も「OKY」という悲鳴を上げている。

現場は「最後の砦」であり、逃げることができない。何があっても最後まで自分たちの職責を果たそうとする。そうした強い使命感によって日本企業は支えられてきた。

現場の矜持は日本の宝であり、それはこれからも変わることはない。しかし、現場の責任感だけに依存した経営では、熾烈なグローバル競争を勝ち抜くことは困難である。

日本企業が今一度「体質」で勝負しようと考えるのであれば、現場の復権、現場の蘇生が不可欠だ。そのためには、経営者や本社がまず変わらなくてはならない。

多くの企業で見られる「情報のない本社、権限のない現場」という構図を放置したままでは、現場を競争力の柱に据えることなどできない。現場起点で競争力を確立するには、経営全体の枠組みの中で現場を捉え、現場から経営を組み立て直すことが肝要なのである。

「平凡な現場」と「非凡な現場」の差はどこにあるのか

とはいえ、現実を見れば、すべての現場が高い能力を備えているわけではない。能力は目に見えない。だから、傍目には何がすごいのかがとてもわかりづらい。

詳しくは本文で述べるが、現場の能力格差はきわめて大きい。卓越した現場力にまで磨き込み、競争力の柱となるような「非凡な現場」の数はけっして多くはない。

大半の現場は、可もなく不可もなくというレベルの「平凡な現場」だ。なかには、企業を破綻に追い込みかねない「平凡以下の現場」さえある。

この4年間で私が訪ねた約100の現場で見れば、卓越した競争力にまで昇華されている「非凡な現場」は10％程度にすぎなかった。深刻な品質問題や事故、不祥事などを起こしかねない「平凡以下の現場」も10％ほどあった。残りの80％は「平凡な現場」に留まったままだ。

「平凡な現場」もこのままでよいと思っているわけではない。「非凡な現場」になるためのさまざまな取り組みを行っている。しかし、何かが足りずに、非凡になることができていない。

私の問題意識はここにある。なぜこれほどまでに現場の能力格差は大きいのか。どうすれば「平凡な現場」を「非凡な現場」へと転換することができるのか。それこそが本書の主題である。

「非凡な現場」には自律神経が張り巡らされている。現場の知覚センサーがフルに機能し、現場から新たな価値が継続的に生み出されている。

結論めいたことを最初に述べてしまうと、「非凡な現場」をつくるには理詰めでなくてはならない。現場という生き物の「正体」を理解し、どうすれば現場に内包されている潜在能力を解放できるのかを合理的に模索する必要がある。

トヨタ生産方式の「生みの親」であるトヨタ自動車元副社長・大野耐一氏は、現場についてこう語っている。[2]

「私は、大体、ちょっとやそっとで現場がすぐ動くなどとはまるっきり思っていない。すぐ動くんだったら、これは非常に簡単なんだけれども、なかなか現場というところはすぐに動いてくれない。やっぱりこれは納得させるというか、説得してやっていかなければいかんだろうと思う」

けっして精神論や根性論だけで「非凡な現場」をつくることはできない。常に現実を背負い、目先のことばかりに終始しがちな現場の能力を高めようとするなら、高い納得性と理詰めのアプローチが不可欠だ。

❖

「非凡な現場」をつくるための「2つの合理性」

「非凡な現場」をめざすなら、現場で何らかの「活動」（activity）を始めなければならない。何の努力もせずに、自然に能力が高まるはずもない。

しかし、きわめて多くの現場では、活動が活動のままで終わってしまい、「組織能力」（organizational capability）へと転換することができていない。そこに平凡と非凡の決定的な差が存在する。

現場での活動が活動のまま終わるのか、それとも活動を「組織能力」へと転換できるのか。その「溝」を埋めるために必要なのが「2つの合理性」（twin rationality）である。これらを担保することが「非凡な現場」をつくるには不可欠である。

詳しくは本文で述べるが、「2つの合理性」とは次のことである。

❶合理的な必然性

何のために、何にこだわって活動を行うのかを一人ひとりが理解し、納得し、腹落ちしている。

図表0◆1　「合理的な必然性」と「合理的な仕組み」

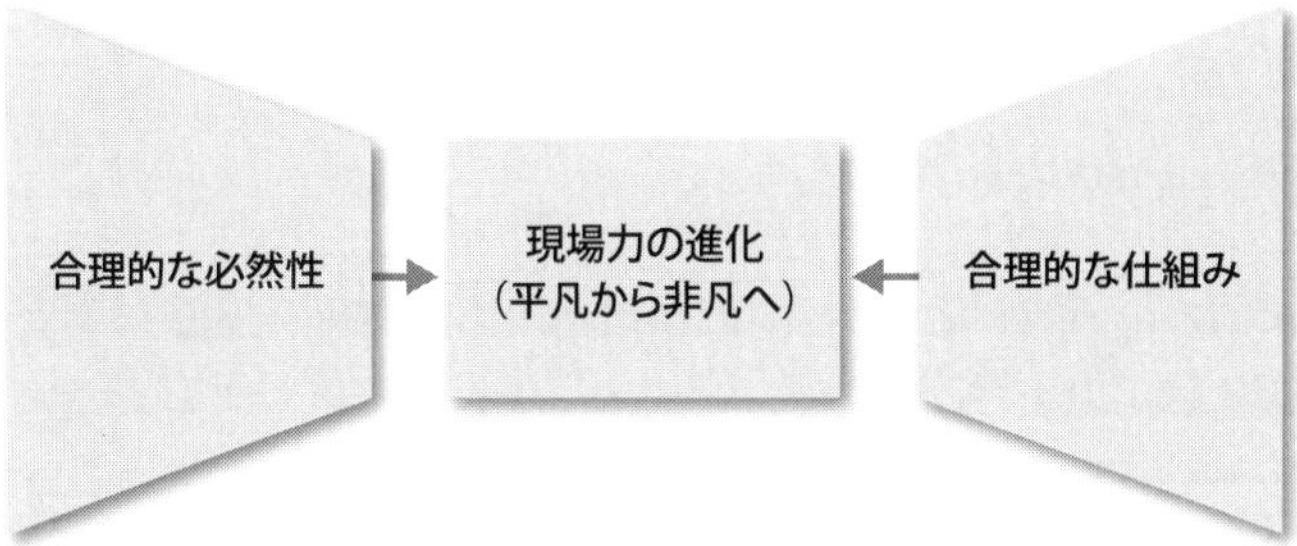

❷合理的な仕組み

活動を能力へと転換するプロセスにおいて、能力形成に必要な要素が整い、循環的な仕組みとして機能している。

この「2つの合理性」とは具体的にどのようなものか、どうすればこれらの合理性を担保できるのか、それを実証的に明らかにすることが本書の狙いである。

私はまだ若かりしころ、一企業人として自ら現場を経験した。経営コンサルタントとして長年にわたって数多くの現場と接してきた。

コンサルティング会社の社長として現場を指揮し、いくつかの企業の社外役員の立場でも現場と関わっている。そして、ビジネススクールの一教員としても現場を訪ね歩き、研究を続けている。

立場は変わっても、私は現場こそが日本企業の競争力の源泉であり宝だと信じていることに変わりはない。

『現場力を鍛える』を出版して丸10年が経過した節目の年に、現場について現時点で私が思うこと、「非凡な現場」をつくるためのヒントをすべてまとめて書き残しておきたい。それが本書を書こうとしたそもそもの動機である。

本書は二部構成、全9章で成り立っている。

全編にわたってできるだけ具体的、実践的な内容にするために、6つの「ケース」と15の「ミニ事例」を盛り込んでいる（ミニ事例が数ページの事例紹介であるのに対し、ケースは経過説明も含めた多少長めの事例研究である）。

読んでいる途中で全体の流れが見えなくなり、読者のみなさんが「迷子」にならないよう、最初に本書の「航路図」を示しておきたい【図表0◆2】。

第1章から第3章までは、普段当たり前のように使っている現場や現場力という言葉や概念を競争戦略論的な視点で改めて再考し、その「正体」や本質をつかむことに焦点を当てている。

第4章と第5章では、いま述べた「2つの合理性」のうち、前者の「合理的な必然性」の解明に挑んでいる。第4章ではそもそも「非凡な現場」ではどのようなことが行われているのかを、デンソーをケースに紹介している。

続く第5章では「合理的な必然性」とは何かを解明し、「H型モデル」という独自のモ

図表0◆2　本書の「航路図」

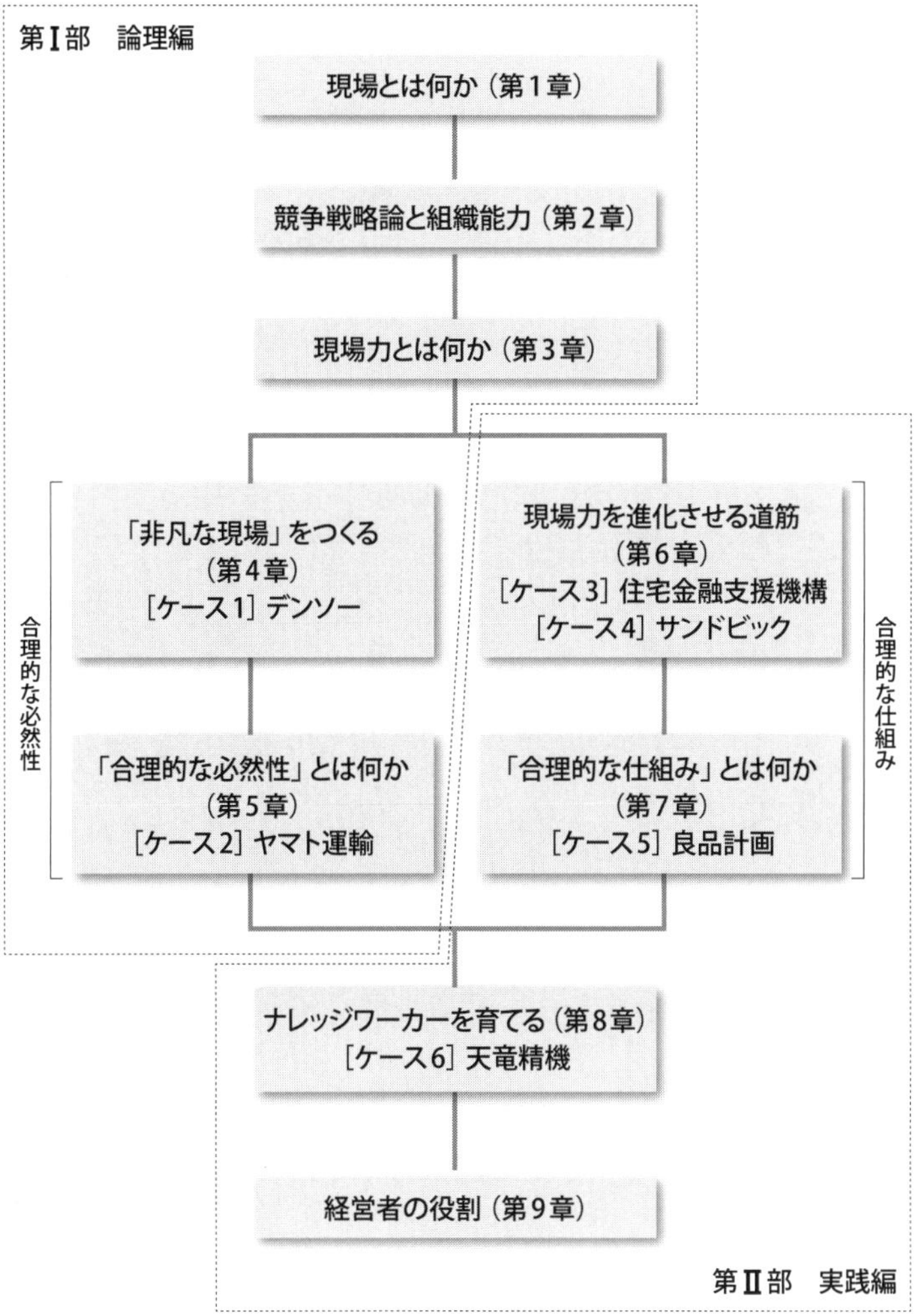
第Ⅰ部　論理編
現場とは何か（第1章）
競争戦略論と組織能力（第2章）
現場力とは何か（第3章）
合理的な必然性
「非凡な現場」をつくる
（第4章）
［ケース1］デンソー
「合理的な必然性」とは何か
（第5章）
［ケース2］ヤマト運輸
現場力を進化させる道筋
（第6章）
［ケース3］住宅金融支援機構
［ケース4］サンドビック
「合理的な仕組み」とは何か
（第7章）
［ケース5］良品計画
合理的な仕組み
ナレッジワーカーを育てる（第8章）
［ケース6］天竜精機
経営者の役割（第9章）
第Ⅱ部　実践編

デル化に挑戦している。ヤマト運輸をケースとして取り上げ、モデルの検証も行っている。第1～5章までが第Ⅰ部という位置付けである。「非凡な現場」をつくるための論理的考察が中心であり、「論理編」と呼んでもいいだろう。

続く第6章と第7章では、「2つの合理性」のうち、後者の「合理的な仕組み」について言及している。「非凡な現場」をつくるには、理詰めの仕組みが不可欠である。

第6章では「非凡な現場」となるための進化の道筋を解明し、住宅金融支援機構（JHF）とサンドビックという2つのケースを紹介している。

第7章では「非凡な現場」へと進化を遂げようとしている良品計画をケースとして取り上げ、「非凡な現場」へと進化するために欠かせない仕組みについて考察している。

第8章では「非凡な現場」の主役である「ナレッジワーカー」（知識労働者）の育成という視点から、そのための「8つの鍵」をミニ事例とともに紹介している。また、ミドルの役割について天竜精機のケースとともに言及している。

そして、第9章では「非凡な現場」をつくるために経営者はどうあるべきか、何をなすべきかを考察している。

現場は経営者の「映し鏡」である。「非凡な現場」は経営者のコミットメントなしに生まれることはない。経営者が果たすべき役割とは何かについて言及している。

第6～9章までが第Ⅱ部である。「非凡な現場」をつくるための実践的考察が中心であり、本書の「実践編」という位置付けである。

本書で取り上げるすべてのケースと事例は、私が自ら現場に赴き、この眼で見て、この耳で聴いたものである。現場の空気感を伝えるのは簡単なことではないが、少しでも読者のみなさんに伝われば、私の本望である。

さあ、現場探求の旅に出かけよう。

現場論

——「非凡な現場」をつくる論理と実践——

［目次］

目次

第Ⅱ部……………「非凡な現場」をどのようにつくるか――【実践編】

第6章 現場力を進化させる道筋 193

4

「究める現場」をめざす――【ケース4】サンドビック瀬峰工場

第7章 「合理的な仕組み」とは何か

第Ⅰ部

現場と現場力の「正体」を突き止める——【論理編】

第1章

現場とは何か

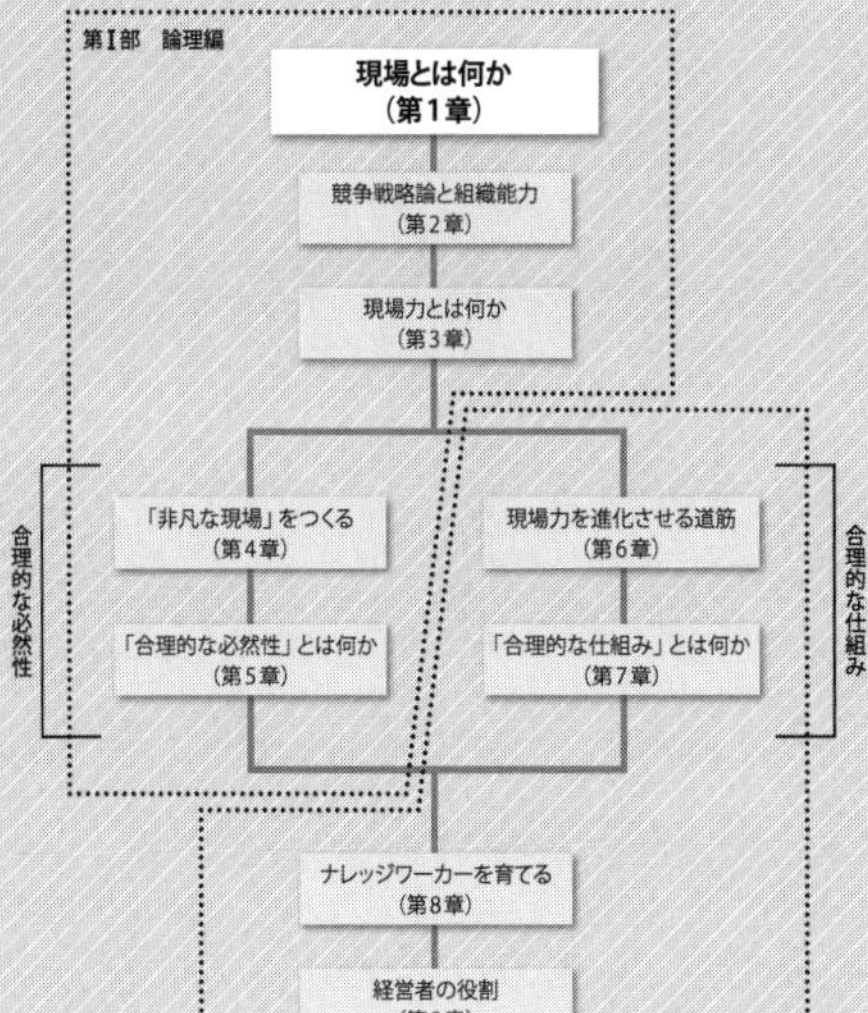

第Ⅰ部　論理編
現場とは何か
（第1章）
競争戦略論と組織能力
（第2章）
現場力とは何か
（第3章）
合理的な必然性
「非凡な現場」をつくる
（第4章）
「合理的な必然性」とは何か
（第5章）
現場力を進化させる道筋
（第6章）
「合理的な仕組み」とは何か
（第7章）
合理的な仕組み
ナレッジワーカーを育てる
（第8章）
経営者の役割
（第9章）
第Ⅱ部　実践編

1 「これまで」と「これから」の間の「いま・ここ」

❖ 空気のように当たり前の存在

私たちは普段何気なく「現場」という言葉を使ったり、耳にしたりしている。新聞、雑誌、テレビなどのメディアでも、現場という言葉が頻繁に登場する。

企業のみならず一般社会においても、現場という言葉がよく飛び交う。事件が起きれば犯行現場、映画やテレビの世界では撮影現場、さらには医療現場、教育現場など、いたるところに現場が存在する。

現場に対する思い入れも半端ではない。舞台役者やスポーツの指導者などが「現場一筋でいたい」「現場で死にたい」などと呟く。現場というところには、日本人をそれだけ熱狂させてしまう何かがあるようだ。

大ヒット映画『踊る大捜査線』で青島俊作刑事は「事件は会議室で起きてるんじゃない！　現場で起きてるんだ！」と叫んだ。[1] 日本の警察の優秀さも現場重視、現場尊重が要因のひとつかもしれない。

同じことは企業にも当てはまる。ほとんどの日本企業が、現場を重視する経営を指向してきた。

これがいつのころからなのか、誰がいいはじめたのかは定かではないが、日本が近代国家をめざし、工業生産に力を入れはじめたころには現場重視の考え方が存在した。松下幸之助、本田宗一郎、豊田喜一郎といった戦後の偉大な経営者たちは、ことごとく現場を尊重し、現場の力を最大限に引き出す経営に力を注いだ。

いまとなっては、日本の企業人にとって現場という言葉は、空気のように当たり前のものである。あまりにも当たり前すぎて、そもそもそれが何を意味するのかをあまり深く考えることはない。しかし、現場という言葉の使い方は千差万別であり、その定義はじつに曖昧である。

現場を無理やり定義しようとすれば、「人々が何かを行っている場所」「ある事柄が起きている場所」と説明できるが、これでは日本人のもっている現場に対する感情や思い入れは表現できない。たんに「行っている」や「起きている」以上の何かを含んでいるのは間違いないが、それを表現するのはじつに難しい。

現場という言葉をみんなが連呼しているにもかかわらず、企業の組織図を見ても、現場という部署や部門は存在しない。現場とはあくまでも一般的な総称であり、抽象的、観念的な概念である。

「現場に行ってきます」といえば「場所」を表し、「現場の声を聞け」といえばそこにいる「人たち」(集団)を指す。「場所」なのか「人」なのかさえ判然としない。

「現場が大事」という言葉を多くの人が口にするが、そのニュアンスは人によって微妙に異なっていて混乱しがちだ。

ある人は「現場を起点に物事を考えることが大事」だとする現場主義的なニュアンスで使っている。それは個人としての主義（ism）、姿勢、態度といえる。

また、ある人は「現場を経営の基軸に置くことが大事」だという経営論的な視点で語っている。現場を、経営におけるひとつの要素もしくは資源として捉えている。

本書が立っているのは後者の立場だ。経営論的な視点で現場を捉え、考えようとするのが、本書の立ち位置である。

❖

「本社vs.現場」という構図

私は日本企業の経営において現場はとても重要な柱だと思っているが、盲目的に現場を信じているわけではない。

むしろ、放っておいたら現場は「腐る」とさえ思っている。実際、重大事故や深刻な品質問題、不祥事などを起こし、企業を存亡の危機に追い込んでしまった現場も数多くある。

その一方で、思わず「これはすごい！」と唸《うな》るような卓越した現場も見てきた。

同じ現場でありながら、なぜこれほどの違いがあるのか。それが私の根っこにある問題意識だ。

組織図には出てこないが、日本企業には現場と呼ばれる場所、空間もしくは集団が間違いなく存在する。そこには日本企業のもつ強みや弱み、さらには日本人の特異性、ユニークさが潜んでいる気がする。

「現場とは何か」を知るには、「現場以外」を考えることも重要だ。

現場という言葉と対立する概念として出てくる言葉に「本社」がある。

似たような言葉として、本店や本部という言葉も使われる。「本社は何もわかっていない」「本部は何を考えているんだ」という言い方をよくするが、このときの本社や本部は、いったいどこを指しているのだろうか。

一般には「登記上の中枢事業所」を本社と呼ぶ。しかし、ロケーションとしては本社の一部であっても、「現場的」な業務に従事している部署や部門もある。「本社 vs. 現場」は単純にロケーションによる違いでもない。

日本企業の現場というところは、本当に不思議なところだ。ものづくりの現場、サービスの現場、小売の現場など、担っている役割や行われている業務は異なるが、その根底にある生真面目な勤勉性やチームワークは世界に誇るべきものだ。現場は日本企業の屋台骨であり、象徴的な存在である。

にもかかわらず、現場が経営学的に、ビジネス論的に真正面から議論、考察されることは少なかったように思う。

空気のようにあまりにも当たり前の存在であるがゆえに、考察、研究の対象になりえなかったのかもしれない。変化が激しく常にうつろう現場は、研究対象としてふさわしくなかったのかもしれない。

しかし、私がライフワークにしている現場力という組織能力を考えるためには、まず現場というものの「正体」を知る必要がある。

「これが現場だ」という明快な答えを見つけるのは至難だが、「現場とはなんぞや?」についてまずは真正面から考えてみたい。

❖

現場に潜む5つの性質

現場というものをビジネスの分野に限定せず、より社会的な存在として捉え、定義しようとする試みもある。

社会学的な見地から地域や集団という現場に立脚した方法論を研究している北海道大学准教授の小田博志先生は、現場の性質を次の5つで説明している。[2]

❶**現在進行性**:現場では何かが今まさに行われており、物事が現在進行している。

❷**予測不可能性**:現場では偶発的なことが起こる可能性が常にある。これからどうなるのか、何が起こるのかわからない。

❸**即興性**:予測していなかったこと、偶発的なことに直面した時、人はその場で即興の

反応をしなければならない。こうした即興的な行動が、また予測しなかった結果を産み出して、現場の様子は絶えず変化し続ける。

❹**具体性**：現場は常に具体的である。特定の時に、特定の場所で、特定の人々が関わり合う。現場はどれも一回的であり、ひとつとして同じものがない。

❺**複雑性**：さまざまな人や物や文脈が絡み合って成り立っているのが現場である。何が原因で何が結果かを明確に分離することが難しく、ひとつの事だけを抜き出して理解することは適当ではない。

この指摘は示唆に富んでおり、その多くはビジネスの現場にも当てはまる。なかでも「①現在進行性」という性質は、現場の本質を見抜くうえでとても重要な指摘だ。小田先生はその点を踏まえ、現場を次のように定義している。[3]

……………………………

現場とは「これまで」と「これから」の間で進行し続ける「今」のことである。換言するならば、それは現在進行形の社会的状況である。

現場は決められていながら、決められていない。すでに作られていながら、これから作られていく。動かしようの無い現実に拘束されながらも、常に変化へと開かれている。

現場とは「いま・ここ」の現実の存在である。夢想や観念の世界のことではなく、瞬間瞬間の現実を背負っている。

それと同時に、「いま・ここ」はけっして切り取られた、たんなる断片ではない。現場は未来へとつながる連続性の中の瞬間であり、それぞれの瞬間は過去と現在と未来をつなぐ「結節点」だと理解する必要がある。

❖

「Real」ではなく「Actual」

抽象的で曖昧かつ複雑な概念である現場という言葉を、英語などの外国語に翻訳するのはとても往生する。本社は「Headquarter」で問題ないのに、現場に当てはまる言葉は見当たらない。

「Workplace（職場）」や「Frontline（最前線）」「Field（実地・戦場）」といった直訳的な言葉ではそのニュアンスは伝わらない。日本語の現場という言葉には、たんに「場所」を示すだけではない、何かほかの要素が秘められている気がする。

翻訳できないということは、現場という概念そのものが日本独自のものだともいえる。簡単には説明できないもの、翻訳できないものだからこそオリジナリティが秘められているともいえる。

実際、米国企業でありながら、現場を重視し、日本企業のよさを積極的に取り入れようとしているアマゾンでは「Gemba」と表記し、そのまま使っている。[4]直訳したのでは、大事なニュアンスが抜け落ちてしまうと考えているからだろう。現場はあくまでも「Gemba」なのだ。

多くの日本企業は「現場・現物・現実」という三現主義を標榜し、大切にしている。「現実の場所」「現実の物」そして「現実そのもの」を重視し、ありのままの現実と正面から向き合うことを経営の指針としている。

ホンダでは現場という言葉の真意をなんとか伝えようと「The Actual Place」と訳している。一般的に考えれば、「The Real Place」と訳してしまいそうだが、「Real」ではなく「Actual」としているところがポイントだ。[5]

知識創造理論の大家・野中郁次郎先生は、「現実」という言葉には「リアリティ」と「アクチュアリティ」の2つの意味があると指摘し、その違いを次のように説明している。[6]

リアリティ（reality）とは、主客分離で対象化して見る現実（名詞）だ。完了形で固定化できるモノ的現象なので、科学的分析ができる。

一方、アクチュアリティ（actuality）とは、「いま・ここ」の時点で進行している出来事の只中で、身を持って経験している現実（動詞）であり、一瞬も固定できないコト的現象である。

この指摘は現場の本質を考えるうえで、とても重要だ。

現場は、流動的に絶え間のない変化の中で何かが起きている「The Actual Place」であり、完了形で固定化されている「The Real Place」ではないのだ。企業の現場は常に動いているものであり、「生き物」である。

小田先生が指摘するように、現場は「一回的」だ。常に変化にさらされ、自らも変化するために、ひとつとして同じものがない。

しかし、その「一回的」な事象は、未来へとつながる道程で起きていることだ。そこから何を考え、何を読み解くかが鍵になる。

野中先生は現実、現場を重視するビジネスリーダーについてこう述べている。[7]

……………………

実践知のリーダーには、時々刻々と変化する個別具体の現実の背後にある本質を直観する状況洞察能力が求められる。それは、「1回性」の出来事に「普遍」を洞察することだ。

……………………

日本企業が現場を重視するのは、現在という瞬間、断面に固執しているからではない。「いま・ここ」を生き、絶え間なく変化する現場を通してこそ、未来を見ることができると考えているからなのだ。

2 現場は価値を生み出している

❖ 戦略の実行を担う

現場の「正体」を探るために、現場を分解していくと、現場がもついくつかの「顔」が浮かび上がってくる。ひとつめの顔は「価値創造主体」としての現場である。

ひと口に現場という言葉で括っているが、企業の現場は一様ではない。

たとえば製造業で考えてみても、開発の現場、調達の現場、製造の現場、営業の現場、アフターサービスの現場など、多様な現場が存在する。従業員数万人を抱える巨大工場もあれば、数人のスタッフで回している小さな店舗も現場である。

現場の規模のみならず、建設現場のように工事が終われば撤収してしまうような期間限定の現場もあれば、モノづくりの現場のように何十年も存続する現場もある。

商業店舗や金融店舗のように分散的に立地する現場もあれば、製鉄所や発電所のようにひとつのところに人や設備が集約されている現場もある。それぞれの現場が担っている機能によって、現場のもつ特性や行われている業務は異なる。

ただし、担うべき役割や機能は異なっていても、企業において現場が存在する「目的」

はひとつである。それは顧客に対して「価値を創造する」ことだ。

そもそも企業は価値創造のために誕生し、存在する。顧客や市場が支持する価値を生み出すからこそ、企業は収益を上げ、成長することが可能になる。企業の現場で進行していることとは「価値創造」にほかならない。

その価値創造を実現するには、大別すると2つのプロセスがある。どのような価値を生み出すのかを決定する「戦略策定」と、実際に価値を生み出す「戦略実行」の2つだ。非常に単純化すれば、「戦略策定」はいわゆる本社もしくは本部が担い、「戦略実行」は現場が担っている。

どんなに優れた経営者や本社スタッフがいても、彼らが「戦略実行」すなわち価値創造活動に直接的に関与することはできない。

たとえば、自動車会社の社長や経営企画部は「こんな車をつくろう」というプランをつくることはできても、実際に自動車をつくることはできない。「価値創造主体」はあくまで現場である。

車を設計し、設備や素材・部品などを調達・製造し、車を組み立て、市場に運び、顧客に販売するという一連の価値創造は現場が担っている。車という価値をつくり出し、顧客に届け、アフターフォローする長いプロセスに関与するすべての人、業務、場所、設備などを総称して「現場」と呼ぶことができる。

したがって、現場はロケーションで決まるものではない。たとえ本社所在地で業務を行っていても、価値創造に直接的に関与している部門や部署はすべて現場といえるのだ。

夢を形にするところ

「価値創造」というのは少し堅い言い方で、わかりにくいかもしれない。もう少し噛み砕いていえば、現場とは「夢を形にするところ」だ。

企業の原点は、創業者・経営者の夢や思い、志である。すべての経営は個の主観が出発点となる。

しかし、いくら高邁な理想があっても、それが実現されなければ意味がない。トヨタ自動車の2代目社長で実質的創業者である豊田喜一郎氏は、「車はひとりではつくれない。たくさんの人の力が必要だ」と力説し、自らの夢を形にする現場をとても大事にした。[8]

喜一郎氏は国の復興のためには自動車産業の育成が不可欠だと考え、自動車会社の設立に奔走した。

その思いに共感する仲間たちが集まり、工場が建てられ、設備が購入され、夢を形にする仕事がスタートした。工場という現場は、たんに自動車を組み立てるところではなく、みんなの夢を実現する場だった。

さらに、つくった車を販売したり、売った車を修理する部署もできた。理想や夢を形に変えていくプロセスの中で現場は生まれ、大きくなっていったのだ。

現場というと泥臭い、汗臭いイメージが付き物だ。しかし、たんに手を汚す、汗をかくだけでは、真の意味での現場とは呼べない。それではたんなる「作業場」にすぎない。価値あるものを生み出し、「夢を形にする」ために現場は生まれ、存在する。夢こそが現場の動力源なのである。

3 「業務遂行主体」としての現場

❖ 反復性と非同質性

「現場は夢を形にするところだ」などと理想論ばかりをぶち上げても、現場の「正体」は見えてこない。「価値創造主体」としての現場をさらに分解して見ていくと、「業務遂行主体」と「人材育成主体」というさらに2つの「顔」が見えてくる。そして、それらの2つの「顔」には現場の光と影も見え隠れする【図表1◆1】。

まずは、「業務遂行主体」としての現場について考えてみよう。

価値創造に直接的に従事し、夢を形にする役割を担う現場は、日々膨大な業務を遂行

図表1◆1　現場がもつ3つの「顔」

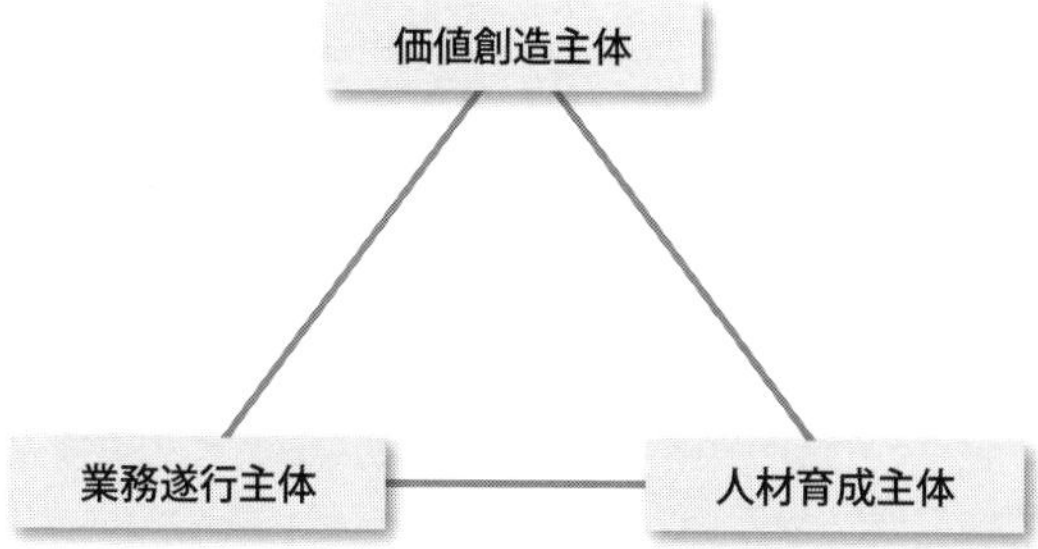

している。

現場は「業務の固まり」（業務の集積）である。ひとつずつの業務をコツコツと日々積み重ねていかなければ、価値が生まれることはない。

現場と類似する言葉に「オペレーション」という言葉がある。

現場という言葉を外国語に翻訳するのが難しいように、オペレーションという言葉を日本語にするのも容易ではない。適当な訳語がないのでオペレーションとそのまま使うことも多いが、一般的には日常的なルーチン業務もしくはそれに従事する部門・組織を総称してオペレーションと呼んでいる。現場の「業務遂行主体」としての「顔」がオペレーションだと定義することもできる。

現場が従事している業務には2つの大きな特徴がある【図表1◆2】。

図表1◆2 「業務遂行主体」としての現場

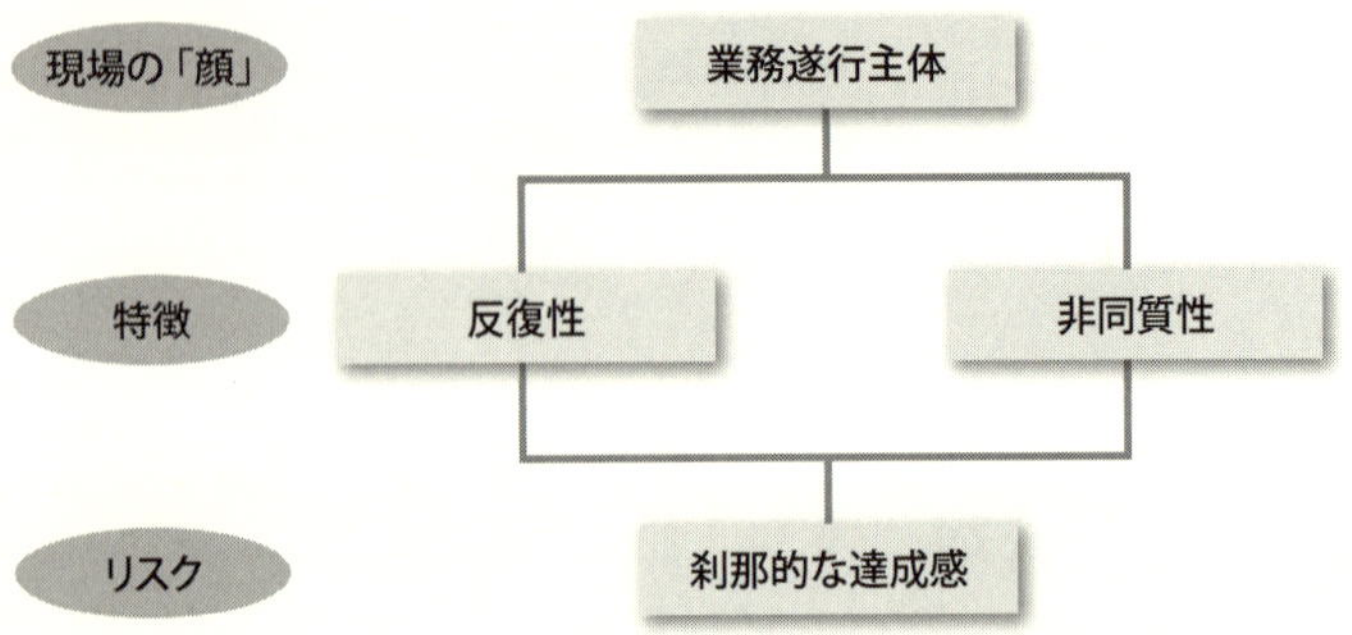

❶反復性（iterativeness）

現場が従事している業務の大半は「定型業務」だ。あらかじめ決められた業務を手続きに則って確実に遂行し、反復することが求められる。

マニュアル（標準化された業務手順）やルール（あらかじめ決められた規範）に沿って、ルーチンを確実に繰り返す。とても地味なことだが、これができなければ価値創造は実現できない。

自動車の製造ラインでは、決められた手順に則り、作業者が標準作業を反復する。スーパーマーケットの現場では、毎朝担当者が値札貼り、品出し作業などを行う。宅配便の現場では、配送員が決められたルートを回り、配荷、集荷を繰り返す。

価値創造はこうした現場の地道な反復業務によって支えられている。

❷非同質性(non-homogeneity)

ルーチンの反復というと単調で機械的のように思うかもしれないが、実際の現場はそれほど単純なところでもない。

定型業務を日々反復するといっても、現場を取り巻く環境は時々刻々と変化している。そうした変化は、時として「異常」(irregular incident)をもたらす。

製造現場を例に考えてみても、設備トラブルで計画どおりに生産できない、部品が遅れて納期遅れが発生する、品質問題が発生して出荷がストップするなどといった「異常」は常に起きる。

こうした「異常」は本来あってはならないことだが、現実には避けることはできないものだ。現場は大小さまざまな「異常」に常にさらされている。

同じ業務を繰り返していながら、一日一日はけっして同じではない。反復的でありながら、非同質的であるのが現場だということができる。

❖

「刹那的な達成感」というリスク

反復的でありながら非同質的という業務に従事する現場は、そこで働く人たちの心理に大きな影響を与える。

「夢を形にする」という高邁な役割を担っているとはいえ、ルーチンを確実にこなすのが日常業務だとすれば、どうしても惰性や慣性が生まれてくる。淡々と目先のことをこなすことに終始し、やれる範囲のことだけしかやらないというリスクが、絶えず現場にはある。

ヤマト運輸の中興の祖である小倉昌男氏は、営業部長に就任した直後、「現場の甘さ」に気づき、こう述べている。[9]

営業部長になってみると、現場の管理が甘いのが気になった。会社の帰りによく営業所に立ち寄ったが、荷物を積む様子を見ていると積み残しが多い。これでは配達が一日遅れになってしまう。黙ってにらんでいると、気がついた運転手はいったん結んだロープを解いて、荷物を積み足すという具合だった。

卓越した現場力を誇る現在のヤマト運輸では考えられないことだが、以前はこうしたことが現場では起きていたのだ。

働く人の心理という面から見ると、反復性の中で発生する「異常」がむしろ曲物《くせもの》である。異常が起きれば、現場の人間はそれに対処しなければならない。程度の差、深刻度合いの違いはあるものの、「異常処理」は現場では日常茶飯事である。

設備トラブルが起きれば、早く復旧させる。品質問題が発生すれば、修理や交換をする。納期遅れが生じれば、顧客に迷惑をかけないように善処する。

ひとたび異常が起きれば、担当者は現場を奔走し、いろいろな人たちの協力を得ながら、事態を収束させる。

反復的な業務だけであればあまりにも単調で刺激に欠けるが、本来あってはならない「異常処理」という業務は、現場で働く人間にそれなりの達成感を与える。

私自身も若いころにそうした体験をしている。

大学を卒業し、大手電機メーカーに就職した私は名古屋の工場に配属された。

新入社員の私が担当するのは納期管理。製品の生産状況を見ながら、出荷予定を立て、トラックや船便、航空便の手配をし、顧客に製品を届けるのが仕事だった。

計画どおりに生産が行われていれば何の問題もない仕事なのだが、生産現場の設備トラブル、部品の納入遅れ、特急オーダーの割り込みなどさまざまな要因で、納期遅れという小さな「異常」が毎日のように起きていた。

そのたびに、生産現場に行って班長に頭を下げて、生産計画の組み替えをお願いしたり、物流倉庫に行って自分で梱包してトラックに積み込んだりと、連日「異常処理」に追われていた。

夜遅くに最後のトラックを見送ると、「ようやく終わった」と安堵感を覚えたものだ。帰りがけに先輩社員と居酒屋に立ち寄り、愚痴をいいながらも飲むビールの味はけっして悪いものではなかった。

こうした「異常処理」はそれなりの達成感を味わうことができるものの、その達成感はけっして健全なものではない。本来であれば起きてはいけない「異常」を片付けることで生まれる「刹那的な（momentary）達成感」だということもできる。

これは生産現場だけに限らない。販売の現場、サービスの現場、物流の現場、医療の現場など、程度の差こそあれ、ほとんどすべての現場に当てはまることだ。

この達成感があるからこそ、現場は単調な反復業務に耐え、踏ん張れるという言い方もできるが、その一方で「刹那的な達成感」は現場を思考停止に追い込む危険性を秘めている。

本来なら、「異常」を「処理」するのではなく、「なくす」ことを考えなければならないのに、日常に追われ、「刹那的な達成感」に溺れ、いつの間にか現状を維持することが現場の主たる任務となってしまうのだ。

淡々と目の前の仕事をこなし、異常に対処することに追われ、いつの間にか「ゆでガエル」状態になってしまいかねない。日常に埋没し、現状に満足し、何も考えなくなってしまう。現場が抱える大きなリスクのひとつがここにある。

4 「人材育成主体」としての現場

❖ 同質性と隔絶性

「価値創造主体」「業務遂行主体」という側面に加えて、現場には人を育て、鍛えるという「人材育成主体」の顔もある。現場は「業務の固まり」であると同時に「人の固まり」(人の集積)でもある。

労働集約的な業界はいうに及ばず、化学や鉄鋼といった資本集約的な業界の現場も、人の力によって支えられている。装置型産業の現場では人を見かけることは稀だが、装置や設備の安定運営、保守・点検などの重要業務を担っているのはあくまでも人である。

日本企業の多くは「人は現場で育つ」と信じている。現場に放り込み、OJT(On the Job Training:日常業務につきながら行う教育訓練)を通じて人を育てるというのが一般的だ。

パナソニックの創業者である松下幸之助氏は、「松下電器(現パナソニック)は人を作る会社です。あわせて家電を作っています」という有名な言葉を残している。

家電をつくるという業務を通じて人をつくる。業務遂行と人材育成は表裏一体のものでもある。

私自身も現場で育てられた。大学を卒業し、名古屋の工場に配属された私が現場で勤務したのはわずか3年余りだ。その後、本社の海外部門に異動になったが、私のビジネスパーソンとしての土台をつくってくれたのがこの現場経験にあるのは間違いない。

近年、大企業などは立派な研修施設を建て、充実した内容のOFF-JT（Off the Job Training：日常業務から離れて行う教育訓練）に力を入れているが、それはあくまでもOJTを補完するものであって、人材育成の基本が現場でのOJTにあることに変わりはない。

この「人材育成主体」という側面から見ると、現場の異なる特性が見えてくる。それは「同質性」と「隔絶性」という言葉で表すことができる【図表1◈3】。

❶同質性（homogeneity）

現場の業務は日々変化にさらされ、非同質的だと指摘したが、人という観点から見ると現場はきわめて同質的である。

手垢のついていないまっさらな新卒社員を採用し、同じ教育システム、同じ環境下で「金太郎飴」的に育成されるのだから、同質性が高くなるのはある意味、当然である。

製造業の場合、製造現場を支える技能職の人たちは、地元もしくは近郊の高校、高専（高等専門学校）を卒業し、就職したその現場で定年退職まで勤め上げるのが一般的である。

雨の日も風の日も、景気のいいときも悪いときも、毎日同じ現場に通い、仲間たちと苦労

図表1◆3 「人材育成主体」としての現場

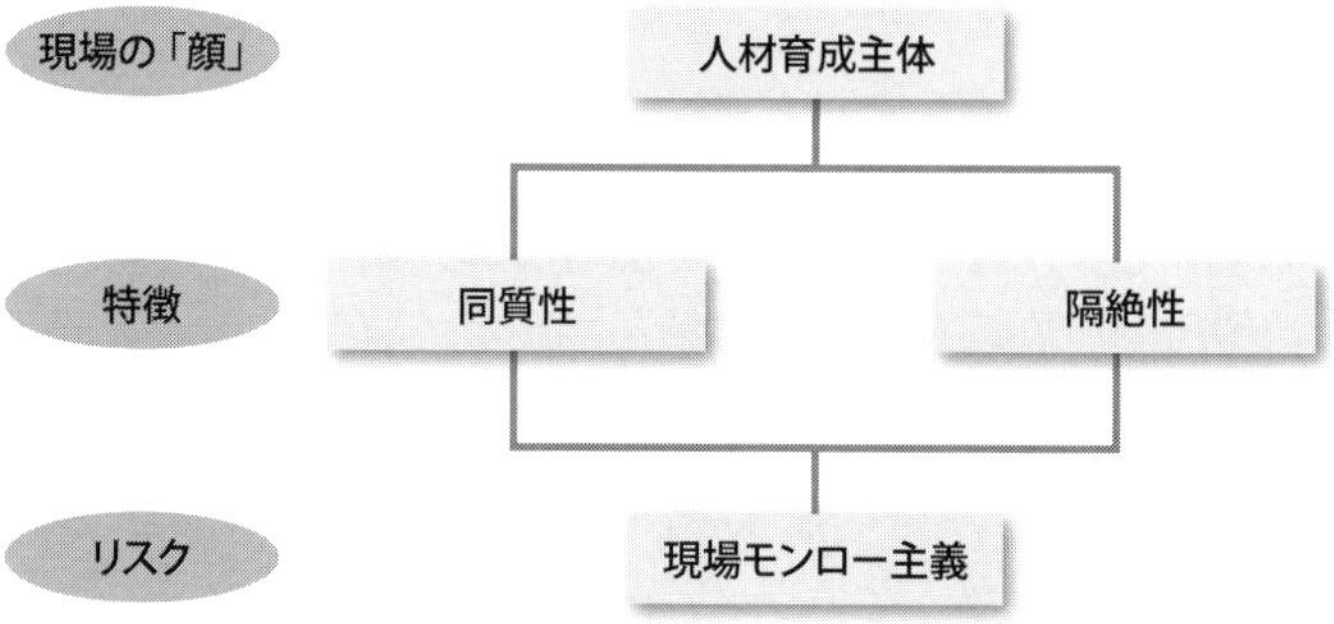

を共にしながら、業務に励む。そうした人たちが日本経済を支えているのは間違いない。

　チームで仕事を行い、相互に協力し合うことが求められる現場において、同質性はとても重要な要素だ。「同じ釜の飯を食う」という言葉もあるように、気心の知れた仲間たちとの連帯感や一体感は現場の強みでもある。

　こうした一体感は、人だけに限定したものではない。モノづくりの現場では、機械にペットネームまでつけて手入れをし、大切にしている。設備や道具といった「もの」にまで愛着を感じ、いつくしむという感覚は日本の現場ならではのものである。

❷隔絶性 (isolativeness)

「人を育てる」という役割を担う現場だが、それは現場という閉じた世界で行われている。

　大きな工場などは高い塀で囲われ、物理的にも一般社会と遮断されている。工場内に入ろうとすれば、あらかじめアポをとり、守衛室で手続きをしなければ、中に入ることはできない。小売業やサービス業においても顧客接点の部分はオープンだが、在庫を置くバックヤードなどは一般の人が立ち入ることはできない。

「企業城下町」という言葉があるように、地方都市に行けば巨大工場はその街にそびえ立つ「お城」だ。大工場に限らず、現場と呼ばれるところの多くは一般社会と物理的に遮断され、開かれた存在ではない。

現場は外の世界と隔絶された独自の「小宇宙」(microcosm)を形成している。そこで働く人たちは「閉じた世界」で働き、育てられ、狭い空間の中で関係性を築いているのだ。

❖

「現場モンロー主義」に陥るリスク

同質的でありながら、隔絶された集団。それが現場で働く人たちの特性である。「運命共同体」としての一体感は大きな強みであり、有事や経営危機のときなどに、その力は遺憾なく発揮される。

その一方で、現場は唯我独尊的な発想や行動に陥るリスクも秘めている。時として、「閉じた集団」としての弱点が露呈してしまう。

私が勤めていた大手電機メーカーの各工場は、工場の所在地名に「電」を付けた愛称で呼ばれている。たとえば、神戸製作所は「神電」、鎌倉製作所は「鎌電」、名古屋製作所は「名電」と呼ばれている。

私が勤務していた名古屋製作所は、社内で「名電モンロー主義」と揶揄されることがよくあった。モンロー主義とは「他者と協調しない孤立主義」という意味だ。

名電は歴史と実績、そしてそれを支える卓越した技術力をもつ強い工場のひとつだが、それが時として「自分のことしか考えない」「自分さえよければよい」ととられる態度や判断だと指摘を受けていたのだ。[10]

大なり小なり、現場にはそうした傾向が見られる。「大きな関係性」を読み解くことよりも、自分の世界に絡む「小さな関係性」だけに拘泥する。全体最適より部分最適を優先してしまいがちだ。

外部と隔絶された同質的な「小宇宙」としての現場は、時として「現場モンロー主義」に陥るリスクを常に抱えているのだ。

5 「天使」にもなれば「悪魔」にもなる

❖「正体」らしきもの

現場の「正体」を探るために、現場とは何かを少しばかり掘り下げて考えてきた。ここで、おぼろげながら見えてきた現場の「正体」らしきものを整理しておこう。それは次の4点にまとめることができる。

❶［現場の概念］現場とは「これまで」と「これから」の間の「いま・ここ」である

現場は固定的、断面的なものではなく、流動的、連続的な「生き物」だ。過去から未来に向かって進行する中の「いま・ここ」が現場である。

「いま・ここ」を生きるというのは、刹那的に生きるということではない。未来に向かって「いま」を懸命に生きるということだ。現場は「いま」に立脚しながら未来を見据え、未来を創造する場所にほかならない。

❷［現場の目的］現場は価値創造を実行するために存在する

企業の現場は目的性をもって存在する。その目的とは戦略の「実行」であり、価値を創造することにほかならない（「価値創造主体」としての現場）。「夢を形にする」当事者こそが現場である。

❸［現場の役割］現場は価値創造に必要な業務を日々遂行し、人材を育てる

「価値創造主体」としての現場は、「業務遂行主体」「人材育成主体」という2つの「顔」をもっている。戦略実行のための業務を日々遂行し、さらには企業にとって必要な人材を育て、鍛え上げる役割を担っているのが現場である。

❹［現場の特性］現場には「可能性」と「リスク」の両方が存在する

「夢を形にする」役割を担う現場は大きな「可能性」を秘めている一方で、「業務の固まり」という特性から派生する「刹那的な達成感」や、「人の固まり」という特性から派生する「現場モンロー主義」という、企業経営にとっての「リスク」も抱えている。

こうした考察から導き出される結論は、「現場は『天使』にもなりえるし、『悪魔』にもなりえる」ということだ。

世の中にはひとつとして同じ現場は存在しない。同じ現場でさえ、時とともに変化する。

しかし、「天使」と「悪魔」の二面性をもつのは、どの現場にも共通することだ。「価値創造主体」である現場が「夢を形にする」という本来の使命を担い、その本分を全力で果たそうとするとき、信じられないほど大きな力を発揮する。これは明らかに「天使」の顔である。

その一方で、現場は「刹那的な達成感」や「現場モンロー主義」という大きなリスクも内包している。目の前のことをこなすことだけに終始したり、ほかの世界と隔絶し、聖域と化し、唯我独尊的な行動や判断に陥るのもまた現場の姿なのだ。

こうした「悪魔」が首をもたげたとき、「夢を形にする」という現場の本分は消え去り、企業の競争力の足を引っ張り、危機に陥れる存在にもなりかねない。

❖ 現場のマネジメントの必要性

「天使」と「悪魔」という二面性は、現場の「表情」として現れるものだ。業務と人の集積である現場の裏側では、現場の品質を形成するさまざまな要素が矛盾を抱えながら、渦巻いている。

論理と感情。勤勉と怠惰。安定と変化。秩序と混沌。他律と自律……。魑魅魍魎《ちみもうりょう》がひしめく現場をコントロールすることは容易ではない。

だからこそ、現場にはマネジメントが必要なのである。

ここでいう「現場のマネジメント」とは、現場での日々の業務管理、労務管理のことではない。経営という大きな視点で現場をどのように位置付け、活かすのかを考え、実践することだ。

本書の冒頭で紹介したトヨタ自動車5代目社長・豊田英二氏の言葉をはじめて目にしたとき、私は心が震えた。

なぜムダは悪なのか。それはムダや非効率が企業の競争力を劣化させ、業績を悪化させるからではない。

現場で命を削って奮闘する従業員の時間を一瞬たりともムダにするわけにはいかないからだ。こうした経営者の思想が底辺に流れつづけているからこそ、トヨタの現場は「非凡な現場」なのである。

「天使」の顔を引き出し、企業の競争力として活かすことができるか、それとも「悪魔」の顔が首をもたげ、経営の足を引っ張り、存亡の危機に陥れるか。それは現場に委ねられていることではなく、マネジメントが取り組むべき最重要課題である。

私と同様に戦略コンサルタントとして活躍されたあと、慶應大学ビジネススクール教授として教鞭を執られている清水勝彦先生は、次のように指摘する。[11]

……「戦略」と同じくらいよく言葉として使われる「現場」ですが、それは経営のアウトプットとして使われることが多く、インプットとしての価値が最大限に活用されているようには見えません。強い現場を生かし、その強みを組織の力にするためには、「戦略」という言葉に満足してしまうのではなく、その本質をかみしめ、「実行」「現場」の持つ潜在力を生かしていかなくてはなりません。

……………………………

戦略は鋭い分析や洞察力、創造的な思考力をもってすれば、練り上げることは可能である。しかし、その実行、実現を担っている現場のマネジメントは、はるかに複雑で難易度の高いものだと自覚することが肝心である。

私はそもそも「戦略策定」と「戦略実行」を同じ次元で議論すること自体がナンセンスだと思っている。研究者やコンサルタント（私もその端くれだが）はいとも簡単に「実行」というが、そのほとんどは「実行」の難しさ、そして実行の当事者である現場の「すごさ」と「怖さ」を知らない人たちの戯言にすぎない。

現場という「生き物」と真正面から向き合わない限り、真の「実行」を手に入れることなどできないのだ。

第2章

競争戦略論と組織能力

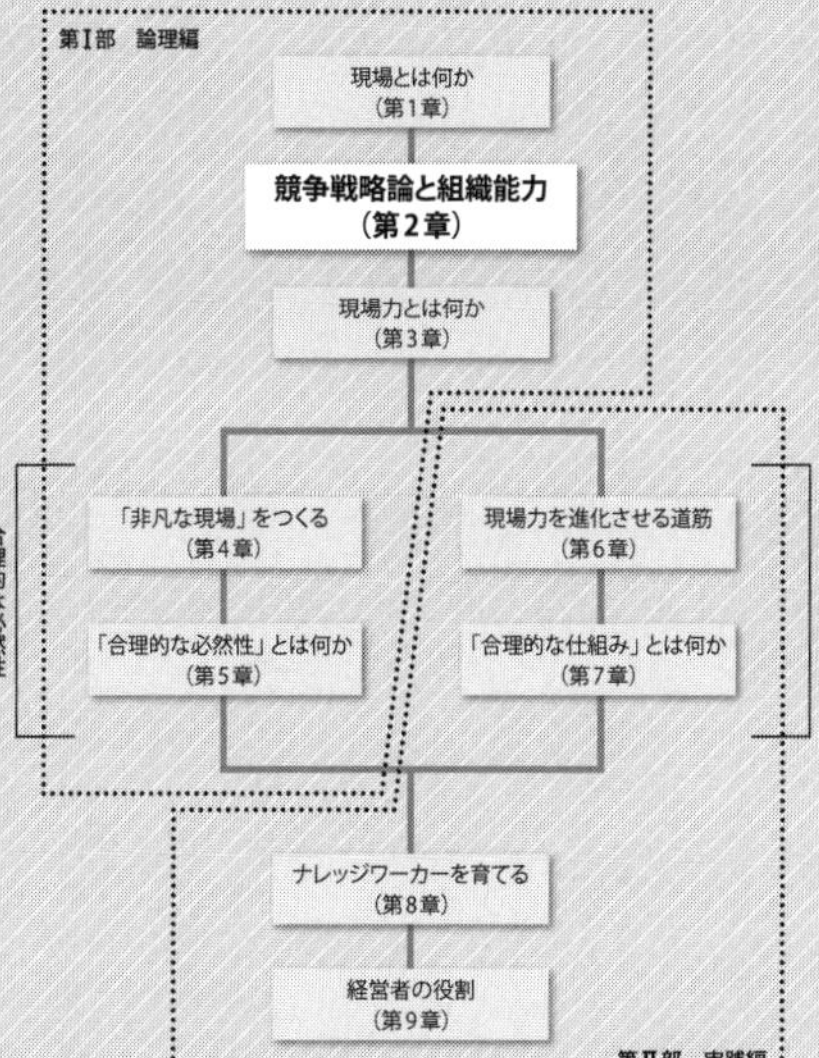

第Ⅰ部　論理編
現場とは何か
（第1章）
競争戦略論と組織能力
（第2章）
現場力とは何か
（第3章）
合理的な必然性
「非凡な現場」をつくる
（第4章）
「合理的な必然性」とは何か
（第5章）
現場力を進化させる道筋
（第6章）
「合理的な仕組み」とは何か
（第7章）
合理的な仕組み
ナレッジワーカーを育てる
（第8章）
経営者の役割
（第9章）
第Ⅱ部　実践編

1 組織能力についての論考

❖ 機能ではなく能力に着目する

前章では現場という生き物の「正体」を探るための話をしてきた。

私が関心があるのは、じつは現場そのものではない。現場に潜んでいる「能力」とは何か、どうすればその能力を高めることができるのか、そこに大きな関心がある。

人間一人ひとりが固有の能力をもつように、それぞれの現場には固有の能力が内包されている。「人の集積」である現場が保有する能力は「組織能力」だ。

個人の能力に高い低い、得意不得意があるように、組織能力にも企業ごと、現場ごとに大きな違いがある。

「価値創造主体」である現場にどのような能力があるかは、企業が熾烈な競争を勝ち抜くために決定的に大事なことだと私は考えている。

本章では組織能力という概念も含めた競争戦略論の流れを簡単におさらいしておきたい。「戦略策定」と「戦略実行」は車の両輪であり、経営にとってどちらも欠かすことのできない要素だが、競争戦略論において少しずつその軸足が変わってきている。

それは戦略コンサルタントとしての私の仕事にも少なからず影響を与えてきた。私が現場力という組織能力に注目するようになったのも、そうした流れが背景にある。

「戦略の実行」と一言で片付けているが、それは簡単に説明できるようなものではない。戦略を実行するには、必要な施策を機能ごとに落とし込み（機能設計）、それぞれの機能を担う部門・部署（つまり現場）ごとに業務に分解し（業務設計）、現場が日々定められた業務を遂行することが必要だ。戦略実行とは「戦略策定―機能設計―業務設計―業務遂行」という一連の流れと説明することもできる。

しかし、この説明はあまりにも静的（static）だ。実際の企業の現場で起きていることは、もっと動的（dynamic）なものであり、机上の空論とはまったく異なる。

同一業界の複数の企業を機能、業務という視点で比較すれば、おそらく表面的には大差はないだろう。類似の価値を生み出そうとすれば、どの現場も似たような機能、業務を遂行することになるのは当然のことだ。

しかし、実際の企業のパフォーマンスにはとても大きな違いが生じる。同じような製品でもA社は低コストでつくることができるのに、B社はコストが高い。品質もA社は安定しているのに、B社は不良品が数多く発生する。

こうしたパフォーマンスの違いは機能や業務の違いではなく、組織能力の違い（組織能力格差）だと認識する必要がある。

価値創造主体である現場に内包されている組織能力、それを私は「現場力」と呼んでいる。現場力という組織能力こそが、企業の競争力に直結すると私は考えている。

人間の能力が努力と研鑽によって磨かれるのと同様に、現場力という組織能力も理詰めで粘り強い経営努力によって改善することが可能だ。いまは低い現場力しかなくても、それを高めることはできる。

逆に、高い現場力を誇っていても、経営努力を怠れば、現場力が劣化する危険性もある。現場力という組織能力を高める不断の努力がなければ、企業は価値創造という本分を果たすことはできないのだ。

戦略策定から戦略実行へ

私は25年以上にわたって戦略コンサルタントとして仕事をしている。[1] ビジネススクールの教員となったいまでも、限定的ではあるが、実際のコンサルティングに従事している。

戦略コンサルタントは「戦略策定」と「戦略実行」の両面において、外部の客観的第三者として関与する。私が戦略コンサルタントになりたてのころ、大半の仕事は戦略策定に重きが置かれていた。

ほかの会社とは異なる斬新でユニークな戦略を立案することを支援するのが、戦略コンサルタントの使命だった。「Something Unique」（ユニークな発想や考え）を生み出すことが、優秀な戦略コンサルタントの条件と認識されていたのだ。

戦略策定を行ううえで制約条件となるのが経営資源である。人・モノ・金という経営資源には限りがある。

策定された戦略によって、限りある貴重な経営資源を何に「傾斜」させるのかが決まる。資源配分は傾斜させてこそ意味があり、傾斜させる方向性を定めるのが戦略策定だ。

日本企業においても「選択と集中」という考え方が定着しつつある。自分たちは何を「選択」し、限られた経営資源をどこに「集中」させるのかを決めるのが戦略策定である。それは自分たちは「何をやらないのか」を明確にすることでもある。「選択と集中」とは裏を返せば「捨てる」ことを意味している。

戦略策定は企業にとって「背骨」だ。これがグラグラしていたのでは、よい経営はできない。第三者として合理的で、独自性の高い戦略策定の支援をするのが、戦略コンサルタントの主要なミッションだった。

しかし、時と共に戦略コンサルタントに求められるものも変質している。合理的な戦略を策定することはいまでも重要だが、それを実行に結びつけ、結果を出すための助言や支援をすることが、ますます求められるようになってきている。

「Execution of Strategy」や「Strategy Implementation」という言葉が頻繁に聞かれるようになった。戦略コンサルタントの価値が「Something Unique」から「Make-it-happen」（アイデアを実現させる）へと移りつつある。

マッキンゼーでコンサルタントを経験し、ＲＪＲナビスコでＣＥＯを務めたルイス・

ガースナー氏は、1993年、崩壊の淵にあったIBMを再建するため、CEOに就任した。その再生経験を踏まえ、彼はその著書の中でこう語っている。[2]

実行こそが、成功に導く戦略のなかで決定的な部分なのだ。やり遂げること、正しくやり遂げること、競争相手よりうまくやり遂げることが、将来の新しいビジョンを夢想するより、はるかに重要である。世界の偉大な企業は、いずれも、日々の実行で競争相手に差をつけている。

ハネウエル・インターナショナルやアライド・シグナルでCEOを務めたラリー・ボシディ氏も、ラム・チャラン氏との共著の中でこう指摘している。[3]

驚くほど多くの戦略が失敗しているのは、組織としてその戦略を実行するだけの能力があるかどうか、リーダーが現実的な評価をしていないからだ。

一般的には戦略策定重視と見られている米国企業だが、実績を上げた経営者たちは実行を重視し、実行に大きなエネルギーを注いでいる。

それは日本企業も同様である。成果を上げている日本企業は、いずれも実行重視である。エアコンの分野で世界的なリーダーとして存在感を高めているダイキンの井上礼之会長はこう指摘する。[4]

やるべきことが明確であれば、あとは実行あるのみ。一流の戦略と二流の実行力より、二流の戦略と一流の実行力の方が強い。実行に次ぐ実行は、当社のモットーである。

……………………

井上氏はけっして戦略策定を軽視しているわけではない。実行は重要だが、その前提として「やるべきことが明確」でなければならないとも指摘している。「やるべきことを明確にする」というのは戦略策定そのものだ。私は世界戦略を着々と進めるダイキンの戦略が二流だとはとても思えない。そこには野心に充ちながらも、合理的で周到な戦略が練られている。

しかし、どんなに理詰めの戦略を描こうが、それは所詮「仮説」にすぎない。「やってみなければわからない」というのが経営の本質だ。ならば、策定した戦略をいち早く実行に移し、実行過程から学習しながら軌道修正を行うことのほうが成功確率は高まる。ダイキンの強さは「一流の戦略と超一流の実行力」にあると考えるべきだ。

ちなみに、戦略と実行という2つの要素の捉え方には、人によって微妙な違いがある。戦略と実行はそれぞれが独立した要素であり、別々のものとして切り分ける考え方をとる人もいる。

その一方で、戦略と実行はあくまでもひとつのものであり、広義の戦略という概念の中に戦略策定と戦略実行があるとする考え方もある。

私は後者の考え方の妥当性が高いと思っている。なぜなら、戦略は実行されてこそ意味をもつものであり、実行は広義の戦略に包含されていなければならない。

実行されずに、結果を生まない戦略はどんなにユニークで斬新であっても、戦略と呼べる代物ではない。戦略と実行は一体のものであり、不可分のものだと考えることが大切である。

❖

戦略のコモディティ化

実行重視への変化は、競争戦略論の変遷を見ても明らかだ。

競争戦略論で最もよく知られている枠組みを開発したのは、ハーバード・ビジネス・スクールのマイケル・ポーター教授である。彼は企業が競争戦略を策定するときには、産業における「自社の位置付け」（ポジショニング）の判断・選択が重要だと指摘した。

このポジショニング理論はとても大きなインパクトを与えた。競争に勝つためには、競合他社と異なるポジショニングを選択することが何より大事だとする考え方には、いまでも一定の有効性がある。

戦略的ポジショニングを重視するポーターは、オペレーションによる優位性構築に懐疑的な立場をとっている。ちなみに、ポーターは戦略と実行（オペレーション）を一体化したものとしてではなく、それぞれが独立した個別要素として扱っている。彼はオペレーションについて、次のように言及している。[5]

> オペレーション効率の継続的改善は、卓越した収益性を実現するための必要条件である。だが、通常それは十分条件にはならない。オペレーション効率を頼りに、長期にわたって競争に勝ち残りつづけた企業はほとんど存在しないし、そのような企業がライバルに対するリードを保つのは、ますます困難になりつつある。

オペレーションではなく戦略的ポジショニングこそが差別化の源泉だという彼の指摘は、「総合」という名の下で「総花」に陥っていた当時の多くの日本企業にとって、とても重要な指摘だった。熾烈な競争環境下で、どのような独自のポジショニングを見出すのかは、日本企業に足りない、もしくは欠落していた視点だった。

しかし、ポジショニング理論にも欠点がある。それは競争のダイナミズムを軽視していることだ。

たとえ一時はユニークなポジショニングを確立しても、競合他社が同じポジショニングをめざしてくれば、ポジショニングは重なってしまい、同質競争となってしまう。先行者として一定期間は優位性を保つことができても、競合他社が自社より潤沢な経営資源をもっていれば、やがて追随され、打ち負かされてしまう可能性がある。

かといって、ユニークで新たなポジショニングを見つけるのは容易なことではない。たとえ見つかったとしても、そう簡単にポジショニングを移すこともできない。

慶應大学ビジネススクールの清水先生は、これを「戦略のコモディティ化」と表現している。戦略がいつの間にか同質化し、戦略だけで決定的な差別化を実現するのが難しくなってきたのだ。

❖

ポジショニングから資源ベースへ

ポジショニング理論に代わって、1990年代から台頭してきたのが「資源ベース理論」（RBV：Resource-Based View）という考え方である。

企業がより効果的に競争するために、企業が抱える経営資源に着目し、独自性の高い経営資源を取得、開発することが大事だとする考え方だ。

ここでいう経営資源とは、企業のもつ能力、力量、技能、戦略的資産などを指している。競合他社にはないユニークな経営資源こそが、持続的な競争優位の源泉だと指摘する。

組織能力という考え方は、まさにこのRBVに立脚している。ポーターが懐疑的だったオペレーションに内包されている組織能力にこそ優位性の源泉があるとする考え方だ。

組織能力という考え方が優れているのは、その「模倣困難性」にある。たとえユニークなポジショニングを見つけても、競合他社がそこに目をつければ真似されてしまうが、組織能力の開発、獲得には時間とコストがかかる。模倣されやすいポジショニングに代わって、模倣が容易ではない組織能力に多くの企業が着目するのは、ある意味で当然のことといえる。

しかし、競争戦略論としてのRBVも行き詰まっている。組織能力が大事だとする指摘には頷《うなず》くのだが、どうすれば持続的優位性につながる組織能力を獲得することができるかの方法論や実践的モデルがなかなか生まれてこないのだ。組織能力というのはそれぞれの企業の「ブラックボックス」であり、それを解明して、一般化、体系化するのは容易なことではない。

野中先生はその点についてこう指摘している。[6]

資源ベース理論は、希少かつ模倣困難な資源の蓄積が重要であることを指摘するものの、何がその資源の核となるのか、そしてその独自資源がいかにして蓄積されるのかについてのプロセス・モデルを持っていないために、経営の実践者に対する貢献は限られたものになっている。

資源ベース理論の発展形として「ダイナミック・ケイパビリティ」という考え方も生ま

れている。

ダイナミック・ケイパビリティは一般的には「組織が意図的に資源ベースを創造、拡大、修正する能力」と定義されている。そして、その提唱者たちは「現時点での収益を実現することを可能にするオペレーショナル・ケイパビリティとは異なる」と説明する。[7]

しかし、ケイパビリティという視点で現在と未来を明確に切り分けることができるのかという素朴な疑問を感じる。ケイパビリティは連続的な時間軸の中で捉えるべきものだと私は考えている。

私も資源ベース理論やダイナミック・ケイパビリティに関する書物や論文をいくつも読んだが、概念的、抽象的な考察に終始しているものが多く、実践的な示唆を得ることはできていない。

「競争優位」という概念そのものを疑うべきであるとする論調もある。コロンビア大学ビジネススクールのリタ・マグレイス教授は次のように指摘する。[8]

競争優位が持続しない、あるいはかつてよりはるかに短期間しか持続しないのなら、戦略のシナリオを変える必要がある。リーダーが継承してきた多くの戦略は、ある時点では理にかなっていたとしても、今日の変化のペースにはついていけない。経営陣に必要なのは、持続する競争優位が過去のものとなった場合でさえ、長期間勝ち続けるための新たな戦略のフレームワークと慣行なのだ。

競争優位がかつてほどは持続しないという指摘には頷くが、解決策として指摘されている「アジリティ（俊敏さ）」と「イノベーションの習熟」を実現する道筋は、残念ながら明確ではない。アジリティも継続的イノベーションも、じつは組織能力そのものである。組織能力という具体的かつ現実的なものを対象にする以上、組織能力が内包されている現場と真正面から対峙しなければ、その本質は見えてこない。

2 「レシピ」と「厨房の中」についての議論

❖ ポジショニングと組織能力の不可分性

そうした中で、ポジショニング理論と資源ベース理論の違いや関係性をとてもわかりやすく解説してくれるのが、一橋大学大学院教授の楠木建先生である。ベストセラーとなった『ストーリーとしての競争戦略』は知的好奇心を大いに刺激するとともに実践的な示唆に富む経営書だ。[9]

楠木先生はレストランを例にとり、ポジショニング（SP：Strategic Positioning）を「シェフのレシピ」、そして組織能力（OC：Organizational Capability）を「厨房の中」にたとえている。この比喩は絶妙だ。

他店にはない独自のレシピを生み出すか、それとも厨房の中にある冷蔵庫の中のユニークな素材や料理人の腕前で勝負するか。人気レストランをつくるための選択肢の違いをわかりやすく説明している。

SPとOCを「競争優位という山に登るための別々のルート」だと位置付け、その2つを因果論理で結びつけ、流れと動きをつくっていくのが「ストーリーの戦略論」だとする考え方には説得力がある。2つの要素を対立的なものとして捉えるのではなく、競争優位を生み出す異なる源泉であり、それを「ストーリー」でつなげ、一体化させるという考え方はユニークだ。

私は駆け出しの戦略コンサルタントのころ、せっかく策定した戦略が実行されずに、結果に結びつかないというシリアスな経験を何度も経験している。策定した戦略が間違っていたのか、それとも実行主体である現場に問題があったのか、残念ながら、その検証は不十分なままだ。

しかし、いま思い返してみると、クライアントの組織能力もわからずに（もしくは無視して）、戦略策定に突っ走っていたことが大半であったような気がしている。SPとOCを切り離して考え、斬新でユニークな戦略の立案ばかりに傾注していた。

「実行はあとから考えればいい」「よい戦略を立案すれば、あとは現場がなんとかするだろう」と甘く考えていた。明らかに実行を軽視していた。

いくつもの失敗を経験して、私は戦略コンサルタントしての自分のスタンスを変えざるをえなかった。結果を出すには、ＳＰとＯＣを一対のものとして考えることが大事だと認識するようになったのだ。

戦略を策定するにあたっては、そのクライアントの組織能力を理解し、何が得意で何が不得意なのか、どのような経営資源がどれほどあるのかを正しく理解することを重視するようになった。「厨房の中」を知らずして、「レシピ」を考えることなどできないと思うようになったのだ。

その結果、私がコンサルタントとして策定の支援をした戦略は、以前と比べて随分と小粒になったかもしれない。野心に充ち溢れた斬新な戦略よりも、クライアントの実力に即した実行可能な現実的な戦略を選択するようになったからだ。

もちろんＯＣのレベルが高いクライアントには、野心的な戦略を提言するように努めた。しかし、ＯＣがそこその企業もしくはＯＣに問題がある企業にいくら野心的な戦略を提言しても、それが実現しないことは明らかだ。

それよりも実現可能な戦略を着実に遂行し、小さな成果を積み上げていくことによってＯＣのレベルも高めていくアプローチを推奨するようになったのである。

一方で、ＯＣのレベルを高めるためのプロジェクトにも積極的に関与するようになった。スピードを高めるなど組織能力を強化するためのプロジェクトや問題解決ができる人材を育成するプログラムなどに関わり、組織能力の高度化をサポートするようになった。

ＯＣのレベルが高まることによって、戦略の選択肢の幅が広がる。体幹がしっかりし、運動能力に長けているスポーツ選手は、どんな競技でも上手にこなす。同様に、優れたＯＣをもつ企業は、「組織の体幹」が鍛えられ、たとえストレッチした戦略でも実現する力をもっている。

ＳＰとＯＣの関係性においては、ＳＰが常に上位概念のように考えがちである。しかし、現実には「ＯＣこそがＳＰを規定する」といっても過言でない。

「厨房の中」の能力が高ければ、どんな「レシピ」もこなすことができる。時には、「厨房の中」から新しい「レシピ」が生まれることだってありうる。

ＳＰとＯＣを別々の要素として捉えるのではなく、一対のものとして考えることが重要なのだ。私が現場力という組織能力に着目するようになった背景には、こうした流れがある。[10]

❖

レシピは厨房の中で閃《ひらめ》く

ＳＰとＯＣの一体化という考え方をさらに推し進めると、そもそも「レシピ」と「厨房の中」に分けること自体が無意味にも思えてくる。厨房の中も知らずに、そもそもレシピなんかを考えることができるのかという疑問だ。

天才的なシェフであれば、自分自身が厨房に身を置かなくとも独自の想像力で類稀なレシピを開発することができるのかもしれない。しかし、現実にはそうしたシェフは数多くはいないだろう。

多くのシェフは厨房という現場に身を置き、日々調理と格闘しながら、その中からヒントを見つけ、新しいレシピを思いつくのではないかと思う。レシピは厨房の中で閃《ひらめ》き、生まれるものなのだ。

これは経営にも当てはまる。そもそも戦略と実行、本社と現場というように分離・対立させて考えることに問題があるように思う。

ビジネスが拡大し、組織が大きくなれば、必然的に役割分担が生まれ、機能分化が進む。それによって、経営全体を企画・管理・統括する「本社」という機能が生まれてくる。

どんな会社も最初は小さな事務所、小さな工場からスタートする。町工場の大半のスペースは現場が占め、小さな事務所がおまけのようについているだけだ。

米国のベンチャー企業は「ガレージビジネス」と呼ばれる。「ガレージ」とは現場のことだ。米国でもビジネスは現場からスタートするのだ。

経営において全体を見渡し、管理・統括する機能が必要であることは認めるが、「戦略は本社が決める」というのはそもそも誰が決めたことなのだろう。全体を俯瞰的に見渡せる本社こそが戦略策定にふさわしいというのは思い込みにすぎない。

ＫＪ法という独自の創造性開発手法を生み出し、フィールドワークという野外科学的方法論を提唱した川喜田二郎氏はこう指摘する。[11]

現場の経験というものは久しいあいだ、学問をはじめとして理論的な関心のある人びとによってほとんど無視され、ときにはそのような経験を活用することが非学問的なこととして、軽蔑すらうけてきた。ところがじつは、現場の経験なるものこそ、まさに新しいものを生みだす真の力の源泉だと断じなければならない。(中略)古典といえども現場の事実認識にくらべれば、二番煎じ三番煎じの権威しかもたないものである。真の権威の源泉は現場の事実のなかにある。

現場が汗水垂らして稼いだ利益で分不相応の本社ビルを建て、分厚い絨毯が敷き詰められた役員室にふんぞり返り、それが当たり前だと思っている。そんな勘違いをしている本社に生きた戦略は策定できない。

現場の片隅につつましく本社がある。それが最も健全な姿だと私には映る。

多くの会社の組織図を見ると、○○戦略部という部門が存在する。実行や現場の重要性に気づいた私は、○○戦略部という名前を見ると虫唾が走るようになってしまった。

私のこれまでの経験と感覚にもとづけば、「○○戦略部」という部門の数が多いほどたいした会社ではない。机にしがみつき、インターネットで手抜きの情報収集に没頭し、机上の分析に終始し、会議室で実体のない議論に明け暮れる。そんなことを繰り返しても、よい戦略など生まれるはずがない。

トヨタ自動車の共通の価値観を示す「トヨタウェイ2001」には次のような言葉がある。[12]

いたずらに「議論」に時間を空費したり、「戦略」と言う言葉を振りかざし、軽率に賭けに出たりすることはしない。


戦略は時にひとり歩きし、暴走することすらある。物事を大局的に捉え、ダイナミックに発想することは大事だが、地に足の着いていない戦略の成功確率が低いのもまた事実である。

現場に戦略なんて関係ないと思ったら大間違いだ。「これまで」と「これから」の間の「いま・ここ」を生きる現場にこそ、未来につながる戦略の「芽」が潜んでいる。

しかし、それはあくまでも「芽」にすぎない。

そうした「芽」にいち早く気づき、そこから未来を読み解き、自分たちが進むべき方向性を決める。これこそが戦略策定の正しい態度なのではないかと私は思っている。

第3章

現場力とは何か

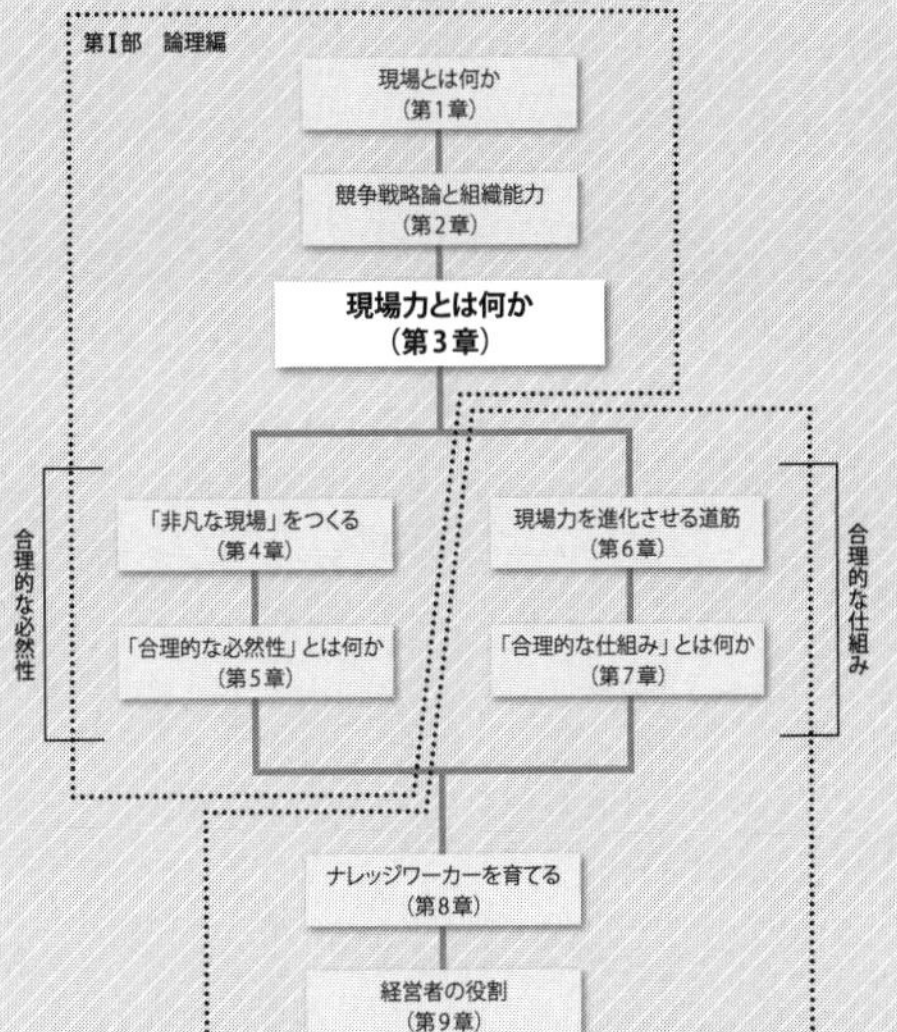

第Ⅰ部　論理編
現場とは何か
（第1章）
競争戦略論と組織能力
（第2章）
現場力とは何か
（第3章）
合理的な必然性
「非凡な現場」をつくる
（第4章）
「合理的な必然性」とは何か
（第5章）
現場力を進化させる道筋
（第6章）
「合理的な仕組み」とは何か
（第7章）
合理的な仕組み
ナレッジワーカーを育てる
（第8章）
経営者の役割
（第9章）
第Ⅱ部　実践編

1 現場力を形成する3つの能力

現場力は重層構造

第2章では戦略と組織能力の関係性、現場力という組織能力の重要性について言及してきた。それでは、現場力とは具体的にどのような能力を指すのだろうか。

現場という言葉の定義があやふやだったように、現場力という言葉の使われ方もさまざまだ。

「うちの会社の現場力はすごい」と豪語する社長の会社の現場を訪ねてみると、実際にはたいしたことがなかったという経験が何度もある。私の考える現場力とその社長が描く現場力には大きな差があるのだ。

逆に、「うちの現場力はまだまだ」という控え目の社長の下で鍛えられている現場のほうがはるかに能力が高いこともある。現場の実力は、実際に訪ねてみないとわからない。

現場はそれぞれの会社固有のものであり、しかも閉鎖性が高い。ほかの現場との相対的な比較が困難なので、どうしても属人的な物差しで「すごい」「まだまだ」という判断になってしまいがちだ。

図表3◆1　現場力を形成する3つの能力

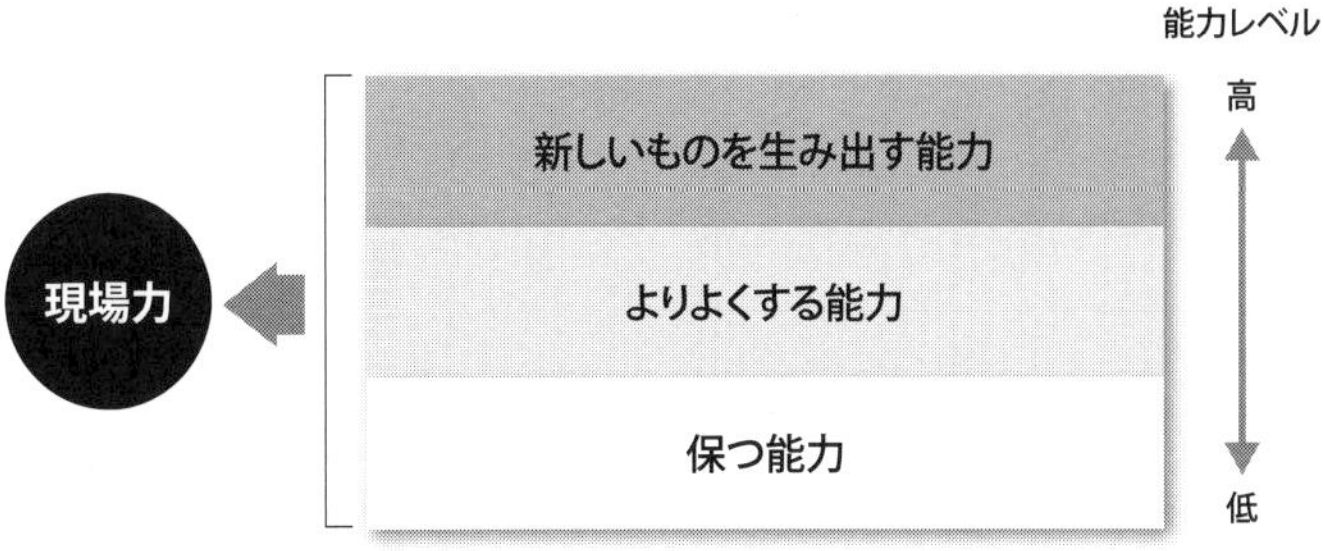

結論的にいえば、現場力という組織能力は次の3つの異なる能力による「重層構造」になっている【図表3◆1】。

❶**保つ能力**（capability to maintain）
❷**よりよくする能力**（capability to improve）
❸**新しいものを生み出す能力**（capability to innovate）

次元と質の異なるこれら3つの能力が重なり合い、複合的に形成されているのが現場力なのだ。「保つ能力」はどの企業にも不可欠な基盤能力である。「よりよくする能力」と「新しいものを生み出す能力」は、より差別化につながる高次の組織能力である。

3つの能力のどれがその現場の「コア能力」になっているかによって、現場力のレベルは大きく異なってくる。「保つ」がコア能力である現場では、現状を「保つ」ことはできても、「よりよくする」「新しいものを生み出す」ことは期待できない。

「よりよくする」がコア能力となっている現場では、「保つ」を超えて常に「よりよくする」ための取り組みが定着し、現場から生み出される価値が高まっている。

さらに、「新しいものを生み出す」がコア能力になっている現場は、「よりよくする」を超え、革新を生み出す能力にまで高まっている。現場からイノベーションが生まれ、現場が大きな競争力の源泉となっている。

肝心なのは3つの能力の「どれがコアとなっているか」だ。私が見る限り、多くの企業の現場は「保つ」がコア能力であり、そこに留まってしまっている。

差別化の源泉としての現場力を実現しようと思えば、「保つ」に満足することなく、「よりよくする」「新しいものを生み出す」を新たなコア能力にするための経営的な取り組みが不可欠である。

それでは、3つの能力とは具体的にどのようなものなのか。本章ではそこから考えていきたい。

2 「保つ能力」とは何か

❖ 確実に業務を遂行する

「業務遂行主体」である現場にとって基盤となるのは、いうまでもなく確実に業務を遂行する能力である。「価値創造」のために決められた仕事を決められたように確実に遂行する。それができなければ現場の本分を果たすことなどできない。

私はこれを「保つ能力」と呼んでいる。現場を取り巻く環境が時々刻々と変化する中で、決められた業務を確実に遂行し、決められた価値を安定的に生み出すのが「保つ能力」である。

決められたことを決められたように行う、当たり前のことを当たり前に行うという「凡事徹底」は、現場にとって基本中の基本だ。この基盤能力がなければ、現場が生み出す基本的価値であるＱＣＤ（Quality［品質］、Cost［コスト］、Delivery［納期］）を安定的に担保することはできない。

しかし、「保つ」ことは口でいうほど簡単なことではない。

現場を取り巻く環境は、内外とも流動的である。内を見れば、人の入れ替わり、設備の劣化や更新、新商品や新技術の導入など、業務を不安定化させる要素はいくつもある。時として「異常」も発生し、それに対処することも求められる。

外を見れば、顧客の変化、競争の変化など、より大きな変化に常にさらされている。流動的な環境のなかで、安定的に業務を遂行し、現状を「保つ」のは容易なことではない。

JR東日本の元副社長で、鉄道事業本部長を務められた石司次男氏（現アトレ社長）に、鉄道現場のすさまじさを伺ったことがある。[1]

JR東日本を利用する客数は1日約1700万人、1日の列車キロは約71万キロにも上る。

東日本という広域エリアをカバーする輸送現場では、1日に約620万回のドアの開閉、約140万回の信号確認、そして約70万回の踏切開閉が行われている。これらを毎日確実に遂行し、絶対に事故を起こさない。これができなければ、鉄道事業者としての本分を果たすことはできない。

鉄道に限らず、どの会社においても決められたルーチンを確実に遂行することなしに、経営は成り立たない。「保つ」ことは現場の最大の使命である。

❖

「標準」のない現場はありえない

当たり前のことが当たり前にできるためには、まず「当たり前」とは何かを定義することが重要だ。これを「標準」（standard）と呼ぶ。
「業務遂行主体」である現場には、「標準」が不可欠である。「標準」がなければ、そもそも当たり前とは何かが人によってばらついてしまい、安定した業務を遂行することができない。

仕事のやり方や手順を定める「標準作業」、目標コストを定める「標準コスト」、目標納期を定める「標準納期」など、業務遂行に必要な「標準」を明確に定めて明文化し、周知徹底させ、確実に実現できる能力を磨くことが大切だ。

私は企業の現場を訪ねると、「マニュアルはありますか？　あれば見せてください」とお願いする。

マニュアルとは「標準化された業務手順」のことだが、マニュアルの有無、どの程度細かく記載されているか、どういう頻度で更新されているかを見れば、その現場のレベルがある程度わかる。

これは生産現場だけに限ったことではない。程度の差こそあれ、すべての現場は定型的なルーチン業務を行っている。営業であれ設計であれ、現場におけるすべての業務が非定型のクリエイティブな仕事であることはありえない。

定型業務を遂行するのであれば、そこには「標準」という考え方が不可欠だ。どこまで細かく規定するかは職種によって異なるが、「『標準』のない現場はありえない」という認識をもつことが重要だ。

設計や営業の人たちに聞くと、「うちは製造現場とは違う。クリエイティブな仕事に従事している我々に『標準』など不要だ」という。しかし、私がコンサルタントとして設計現場や営業現場の業務改革に関与したケースでは、少なくとも全体の業務量の50%近くはルーチン業務が占めていた[2]。

にもかかわらず、「標準」が設定されておらず、非効率な業務が放置されたままだった。程度の差こそあれ、すべての業務において「標準」という考え方や概念を適用することは可能であり、とても大事なことである。

「しか」を「でも」に変える

生産性の低い現場には「しか」がじつに多い。

「私しかできない」「彼にしか任せられない」「これしかやらない」など、仕事が属人化し、放置されたままになっている。標準化がまったく進んでいないのだ。

一方、生産性の高い現場では「でも」が多い。

「誰でもできる」「新人でもこなせる」など、標準化が確立され、誰にとっても「当たり前」になっている。

「しか」を「でも」に転換するということは、多能工を育てるということだ。

属人的な仕事のやり方を排除し、みんなが何でもできる現場にする。「しか」を減らし、

「でも」を増やす努力によってこそ、「保つ」を遂行する現場の生産性、競争力は高まる。

さらにいえば、いくら「標準」が存在しても、それが現場で守られていなければまったく意味がない。以前、関西の大手電機メーカーのモノづくり強化のためにトヨタ自動車から招かれた人に話を伺う機会があった。

「トヨタとの違いは何ですか?」という私の質問に、彼は「この会社でも『標準』は設定されている。でも、それが現場で徹底されていない。そこが一番の問題だ」と教えてくれた。

「業務遂行主体」として「標準」を設定し、それを現場の一人ひとりが確実に遂行する。当たり前のことが当たり前にできる現場になることが、現場力の第一歩である。

3 「よりよくする能力」とは何か

「改善」こそが中核能力

「保つ能力」は現場力の基盤となる能力だ。この能力が劣化すれば、現場が生み出すアウトプットの品質や生産性は著しく低下し、競争力の低下、業績の悪化を招く。

さらには、深刻な品質問題や大事故、不祥事などにつながり、会社を存亡の危機に陥れることもある。「保つ能力」は企業の根幹であり、これなくして企業は存続できない。

その一方で、「保つ能力」だけでは熾烈な競争に打ち勝つことはできなくなりつつあるのも事実だ。「保つ」ことはある意味、できて当然であり、それだけでは競争上の優位性にはならない。

しかし、残念ながら多くの会社の現場力は、この「保つ能力」のレベルで止まってしまっている。

現場力を競争上の優位性にまで高めるためには、現状を維持するのではなく、「よりよくする能力」を磨き込む必要がある。あらかじめ決められたQCDを維持するだけではなく、より高次のレベルに高めることに挑戦しなければならない。

ホンダの創業者・本田宗一郎氏は自社工場を訪れたときのエピソードを次のように語っている[3]。

······························

ラインを歩いている私に、若い従業員が「ここは、こう変えました。こんなふうに効率的になり、働きやすくなりました」などと声をかけてくれる。彼らの表情はいきいきとしていて、決して機械に使われている人間の顔ではない。みんなが、今日より明日、明日からはまたその先の未来へと進んでいく可能性をそれぞれに追求しながら、……仕事に取り組んでいるからだろう。

「よりよくする」とは、日々「改善」するということである。この改善能力こそ、現場力という組織能力の中核にほかならない。

❖

「微差」にこだわる

「改善」という言葉を持ち出すと、「ちまちました改善などやっているから、競争力が高まらないのだ。改善ではなく、大胆な改革をめざすべきだ」という声がよく聞こえてくる。改革や革新という勇ましい言葉はダイナミックで、不連続性を喚起する。過去の延長線ではない大胆で斬新な発想が経営において必要であることを私は否定しない。

しかし、だからといって「改善」の重要性が色褪せることはない。「いま・ここ」を生きる現場において、地に足の着いた「改善」は絶対的に重要なコア能力である。

「改善」によって生まれる差異は、ひとつずつを見れば「微差」である。しかし、競争という視点で見れば、「微差」は決定的な差になりえる。

99は他社と同じでも、追加的な1を加えることができるかどうか。99と100の違いはたった1だが、そのわずかな違いが顧客の選択や競争の勝ち負けを大きく左右する。

そして、その「微差」を生み出すのは現場である。現状を「保つ」だけでなく、現場の一人ひとりが日々の業務において「微差」を生み出すことができれば、現場が生み出す価値はまったく異なるものになりえる。

「よりよくする能力」とは「微差力」である。現場が「微差」にこだわり、自らの知恵や創意工夫によって「微差」を積み重ねていく。

日々の「改善」によって現場の「体幹」は鍛えられ、骨太の組織能力へと進化を遂げる。「微差」を生み出すことができる現場とそうではない現場には決定的な差がある。

終わりのない改善

私自身も電機メーカーの工場に勤めていたころ、当時流行っていたQCサークル活動に若手社員として参加し、改善に取り組んだことがある。どんなことをやったのかさえ記憶にないので、それほど熱を帯びた取り組みではなかったように思う。

しかし、現場力の研究を行うようになって、改善の奥深さを知るようになった。トヨタ自動車の現場での改善の取り組みを知ったとき、私が電機メーカーの工場で体験したことはまったくの別物であることを認識した。

トヨタでは年間60万件を超える改善が現場で実施され、それによるコスト削減効果は毎年数百億円に上るといわれている。しかも、そうした取り組みが50年もの間、継続的に行われている。これこそがトヨタの現場の非凡さである。

改善という一見陳腐な言葉を正しく理解するには、改善の英語訳を知ることが有効だ。トヨタでは改善を「continuous improvement」（継続的改善）もしくは「relentless improvement」（終わりのない改善）と訳している。

トヨタでは「改善マラソン」という言葉をよく聞く。改善とは「一度だけやっておしまい」というものではなく、マラソンのように持久力を問われるのが本当の改善である。「いつまでも続く」（relentless）ことこそが、改善の本質である。

したがって、「よりよくする能力」を正確に記せば、「よりよくしつづける能力」（capability to improve relentlessly）になる。単発的に「よりよくする」のではなく、その継続性にこそ価値と差別性があるのだ。

トヨタに限らず、卓越した現場力の構築に成功した企業をつぶさに見てみると、製造業、サービス業、小売業といった業種の違いを超えて、ひとつだけ共通点がある。それこそが、改善を長年にわたって「本気」で行い、「よりよくする」がコア能力にまで高まっているということなのだ。

❖

二律背反を克服する

改善は「保つ」ためにも必要である。環境変化にさらされている現場では、大小さまざまな問題が日常的に発生している。こうした問題を発見し、対処しなければ、現状を「保つ」ことさえできない。

たとえば、機械の不具合が頻発するのであれば、その原因を突き止め、手を加えなければ「保つ」ことはできない。不具合箇所を改善することによって、現場の責務を果たすことができる。

しかし、この場合の改善は、あくまで「保つ」という目的のために行われている。いくら改善しても、「保つ」以上には高まらない。

「よりよくする」ための改善は、より高次への挑戦である。問題を「処理」するのではなく、根っこから「解決」しなくてはならない。

「保つ」ことに満足せず、さらなる高みをめざし、より高い目標を設定し、その実現に向けて改善に取り組む。これが現場の自発性によって継続的に行われている状態が「よりよくする」ということだ。

「保つ」ための改善と「よりよくする」ための改善には大きな違いがある。

「保つ」ための改善は、標準を保つことができずに発生したギャップ（＝問題）に対処するためのものだ。ここでの改善は、あくまでも標準を保つためのものである。

それに対し、「よりよくする」ための改善は、標準を超えるより高い目標を実現するための問題を自ら設定し、ギャップを生み出すところから始めなければならない。「保つ」ための改善が「発生型問題解決」であるのに対し、「よりよくする」ための改善は「設定型問題解決」といえる【図表3◆2】。

図表3◆2　2種類の改善

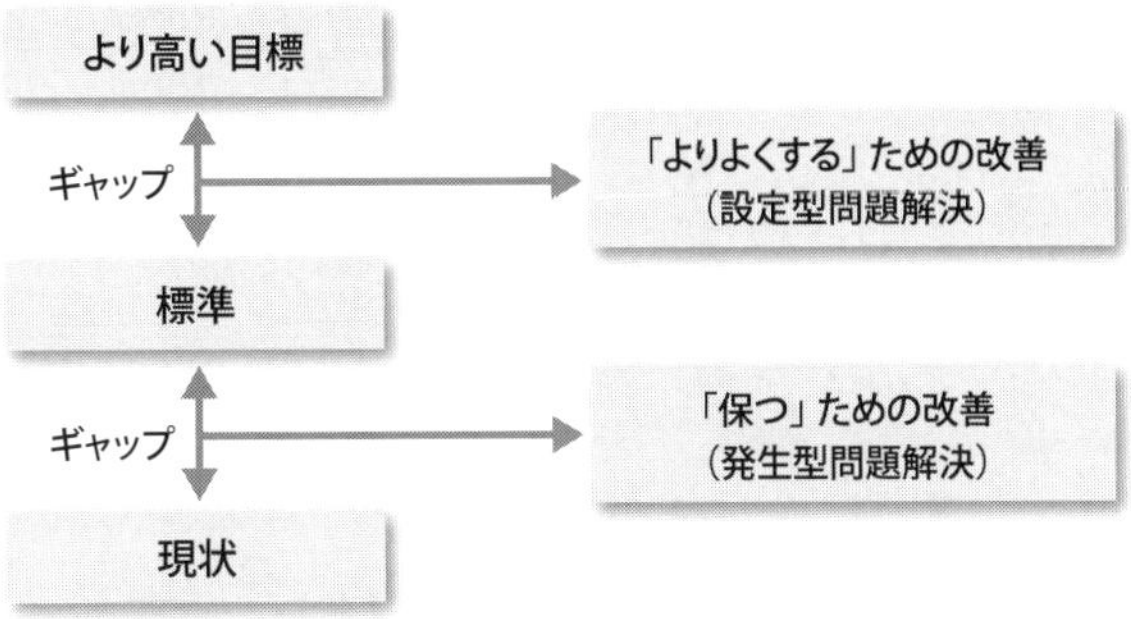

安定的業務遂行を本分とする現場が、その本分を超えて自らの意志でさらなる高みをめざして改善に挑むというのは、明らかにレベルの異なる能力だと認識する必要がある。

より高い目標を設定し、改善に取り組もうとすれば、往々にして「二律背反」に直面する。

たとえば、現状の標準コストよりさらに低いコストを実現しようとすれば、何かを犠牲にせざるをえないと考えがちだ。品質基準を下げる、サービス水準を下げるなど、コストとのトレードオフになる要素を変えなければコストを下げることはできないと考えてしまう。

しかし、いくらコストが下がっても、品質やサービスが劣化してしまったのでは、価値の増大にはつながらない。何かを犠牲にして、何かを手に入れるのなら、たいした知恵はいらない。

真に価値を高めるとは、品質やサービスを維持（もしくは向上）したうえでコストを下げることだ。こうした二律背反という難易度の高い問題に挑戦し、解決することこそが「よりよくする能力」の本質である。

4 「新しいものを生み出す能力」とは何か

現場起点のイノベーション

「非凡な現場」は「よりよくする」ことだけでは満足しない。日々の業務を遂行しながら、まったく新しい価値を生み出す革新的な取り組みも行っている。これを「新しいものを生み出す能力」と呼ぶ。

現場とイノベーションというと結びつかない印象をもつ人も多いかもしれない。現実を背負っている現場から、現実を否定し、超越するような革新的な発想やアイデア、コンセプトは生まれてきにくいと考えがちだ。

しかし、現実を背負っている現場だからこそ、未来を考えることができるともいえる。現場が現状に満足せず、未来を切り拓く気概さえもてば、現場発のイノベーションを生み出すことは十分に可能である。

一般的には、イノベーションは卓越した発想力をもつ個人が演繹的に起こすと考えられている。数々の革新的な商品を生み出したアップルのスティーブ・ジョブズがその好例といえるだろう。

それに対して日本企業は、現場起点の帰納法的なアプローチで、しかも集団的な力でイノベーションを生み出すことに長けている。「新しいものを生み出す能力」を正確に記せば、「集団で新しいものを生み出す力」（capability to innovate collectively）になる。

三菱商事常勤顧問の藤山知彦氏は、コンビニや宅配、製造小売業（ＳＰＡ）といったビジネスモデルにおいても日本独自の革新があると指摘する。そして、「イノベーションを技術革新とせず、『創意工夫』と捉えるべきだ」と主張する。[4]

イノベーションを「新たな価値の創造」と捉えるのであれば、日本は明らかに「イノベーション大国」である。そして、その多くは現場目線での発想から生まれている。

日本ならではの現場起点のイノベーションには次の３つの種類が存在する。

①プロセス・イノベーション（革新的な仕事のやり方、プロセスを生み出す）
②プロダクト・イノベーション（革新的な製品やサービスを生み出す）
③ビジネス・イノベーション（既存の延長線ではない新たな事業を生み出す）

現場起点で「新しいものを生み出す」お手本ともいえるヤマト運輸の事例を見てみよう。

ミニ事例❶

現場の気づきから革新的サービスを生み出すヤマト運輸

日本における宅配便市場を開拓してきたヤマト運輸は、現場の声に耳を傾けることで新たな商品を次々に開発してきた。

「スキー宅急便」「ゴルフ宅急便」は「お客様の持ち運びの手間を省きたい」という現場のアイデアから生まれた。発泡スチロールの箱の中に氷を入れて送っていた生鮮食品や冷凍食品が、受取人が不在だと氷が溶けて商品が傷んでしまうのでなんとかしてほしいという現場の要望から「クール宅急便」が誕生した[5]。

2008年に始めた「家電の修理サービス」も現場起点だ。壊れたパソコンやデジタルカメラなどの家電は宅急便で回収、修理して顧客に届ける。

回収から配送まで最短で3日。従来の家電修理の常識を破る新サービスは、「修理における日数が長い」という現場の気づきから生まれた。

ヤマト運輸には中興の祖である小倉昌男氏の時代から30年近く続く会議がある。毎週行われる「経営戦略会議」だ。社長ら経営幹部に加えて、部課長、課長、係長、そして一般社員まで参加する。

目的は新たな商品やサービスについて現場のアイデアを聴くことだ。コンビニ店頭での荷物の受け取りや電子マネー決済などの斬新なサービスはここから生まれた。
同様の会議を年に2回、地方でも開き、配達員の知恵やアイデアも集めている。ヤマト運輸の卓越した需要創造力は、現場を起点とした組織能力なのである。

ヤマト運輸に限らず、現場にはこうしたイノベーションの「原石」が埋もれている。その「原石」に気づき、それを起点にしながらまったく新しいものを生み出す。こうした組織能力こそが現場力のめざすべき究極の姿といえるだろう。

❖

「VOG」に耳を傾ける

「VOC」(Voice of Customer)という言葉がある。「顧客の声」を起点に新事業や新商品を生み出したり、サービス改善につなげようという発想だ。

ツイッターやフェイスブックなどSNSの普及・発展によって、これまで以上に「VOC」を重視し、経営に活かそうとする動きも顕著だ。

「VOC」と同様に重視すべきは、「VOG」(Voice of Gemba)である。「現場の声」にこそ未来を創造するヒントが詰まっている。ヤマト運輸の取り組みはそのお手本だ。

「VOC」は顧客の生の声であり、実は玉石混淆である。それと比べ、「VOG」は現場のアンテナによって合理的なスクリーニングが行われている情報である。

自社に適したものは何か、戦略の方向性に合致したものは何かなど、現場の判断に基づく精査された情報なので、経営に活かせる可能性は高い。

にもかかわらず、「ＶＯＧ」を効果的に活用している企業はまだまだ少ない。「新しいものを生み出す能力」を高めるためには、「ＶＯＧ」に着目し、その質を高めていく取り組みが不可欠である。

❖

「世界一のクラゲ水族館」は現場の気づきから生まれた

現場の「気づき」は新商品や新サービスに留まらない。まったく新しい発想やコンセプトが現場の「気づき」から生まれ、それによって経営が一気に変わってしまうこともありうる。

民間企業の例ではないが、山形県鶴岡市にある加茂水族館は、現場に内包されている創造性や革新性のすごさを教えてくれる好例である。[6]

ミニ事例❷

現場の気づきから生まれた世界一のクラゲ水族館

加茂水族館の歴史は古い。「山形県水族館」として創設されたのは、なんと１９３０年。いまから80年以上前のことだ。

常時35種類以上のクラゲを展示している加茂水族館

現在の地に移転し、開業したのは1964年。そこから数えても50年の歴史を誇る。

村上龍男館長は1967年に館長に就任。まさにこの水族館の生き字引だが、村上館長はかつてこの水族館のことを「老朽・弱小・貧乏の3拍子揃った水族館」と表現していた。

その水族館がいまでは「世界一のクラゲ水族館」として大人気になっている。

加茂水族館を「全国区」に押し上げたのは、まぎれもなく「クラゲ」である。常時35種類以上のクラゲを展示し、その種類は世界一である。2012年にはクラゲ展示種類数でギネスに認定された。

しかし、この水族館がクラゲと出会ったのはまったくの偶然だった。

1990年代後半、この水族館は閉鎖

の危機に瀕していた。オープン間もない1967年、約21万人だった入館者数は、1997年に10万人を割り込み、その後ずっと9万人台と低迷を続けていた。

村上館長が「倒産も覚悟していた」というどん底のころ、現場の飼育員が水槽のサンゴから白い泡のようなものが湧き立つのを発見した。

最初は何かもわからなかったが、じつはそれはクラゲのポリープ（卵）だった。餌を与えてみると、クラゲの幼生・プラヌラになり、その2ヶ月後に3センチほどのクラゲになった。

そのクラゲを試しに展示したところ、来館者はクラゲに食いついた。「きれい！」「面白い」と歓声を上げ、実に楽しそうにクラゲを観賞している。

「これはいけるかも……」と直感的に思い、クラゲの展示を徐々に増やしていった。

偶然出会った救世主のクラゲだが、その飼育は容易ではなかった。クラゲが次から次に死んでしまうのだが、その理由さえわからなかった。

職員総出で海に出て、クラゲを採集する。クラゲの飼育には循環式水槽や恒温槽が不可欠だが、お金がないので自分たちで手探りで設計し、手づくりした。

資金も人もノウハウもなく、現場の知恵と努力だけが頼りだった。まさに、徒手空拳でクラゲの飼育・繁殖に挑んだ。

そうした努力が実り、2005年加茂水族館のクラゲ展示数は20種となり、世界一となった。クラゲを展示する「クラネタリウム」は大人気となり、2013年度の入館者数は27万人を突破した。

そして、2014年6月、加茂水族館は念願の新館をオープンさせた。「クラネタリウム」はかつての4倍規模になり、直径5メートルのミズクラゲ大水槽「クラゲドリームシアター」は圧巻である。いまでは予想を大きく上回る人たちが押し寄せている。

現場で働く飼育員の鋭敏なアンテナと地道な努力の積み重ねが加茂水族館をどん底から救い、世界にも稀な水族館のイノベーションを起こした。現場には革新を生み出す知恵とアイデアが埋もれている。

❖

「規律」と「自由」のバランス

これまで述べてきたように、現場力は「保つ能力」「よりよくする能力」「新しいものを生み出す能力」という質の異なる3つの能力群によって重層的に形成されている。

「保つ能力」も現場力の一部ではあるが、それはまだ基盤能力にすぎない。

「保つ能力」という基盤の上に、「よりよくする能力」「新しいものを生み出す能力」という異質の能力を積み重ねることによって、より高次の現場力を実現することができる。

そして、それが独自の競争上の優位性になる。

こうした異質の能力を積み重ねる際に重要になるのが、「規律」(discipline)と「自由」(freedom)のバランスだ。

「保つ」ためには規律が不可欠である。規律のない、もしくは規律が遵守されていない現場は崩壊する。「標準」やルール、決め事などが設定され、それを全員が守るという規律の徹底がなければ、「保つ」ことさえ覚束ない。

しかし、「よりよくする」「新しいものを生み出す」ためには、規律だけでは不十分である。現場が「保つ」ことを超えて新たな価値を生み出すためには、現場に裁量権すなわち自由を与えることが不可欠になる。

創造は自由から生まれる。いや、自由からしか生まれない。

現場起点の改善や革新を生み出そうとするならば、現場の自由度を高めることが必須だ。現場の権限、裁量権を高めることによって、現場の創造性は喚起される。

ただし、規律と自由には明確な「順番」があることを忘れてはならない。規律の遵守こそが何よりも優先されるべきことである。

規律も担保できない現場に、自由や裁量権はありえない。規律という土台があってこその自由である。

5 「平凡」と「非凡」の差

❖

現場力の企業間格差が大きい理由

現場力という組織能力は「保つ能力」「よりよくする能力」「新しいものを生み出す能力」が重層的に連なったものだ。ビルディングブロックのように下が安定しないことには上に積み上げていくことはできない【図表3◈3】。

これはとても重要なポイントである。つまり、「保つ能力」が確立しなければ、「よりよくする能力」を積み上げることはできない。同様に、「よりよくする能力」があってこそ、「新しいものを生み出す能力」を積み上げることができる。

現場力という組織能力の企業間格差が大きい理由がここにある。

「保つ能力」すら劣化している企業、「保つ能力」はあるがそのレベルで停滞している企業、「よりよくする能力」へと進化している企業、さらには「新しいものを生み出す能力」にまで高まっている企業では、組織能力に絶対的な差が存在する。

プロスポーツの世界では、絶対的な基礎体力で劣っている選手がテクニックだけで勝つことはできない。同様に、「保つ能力」は劣っているけれど、「新しいものを生み出す能

図表3◆3　現場力の進化

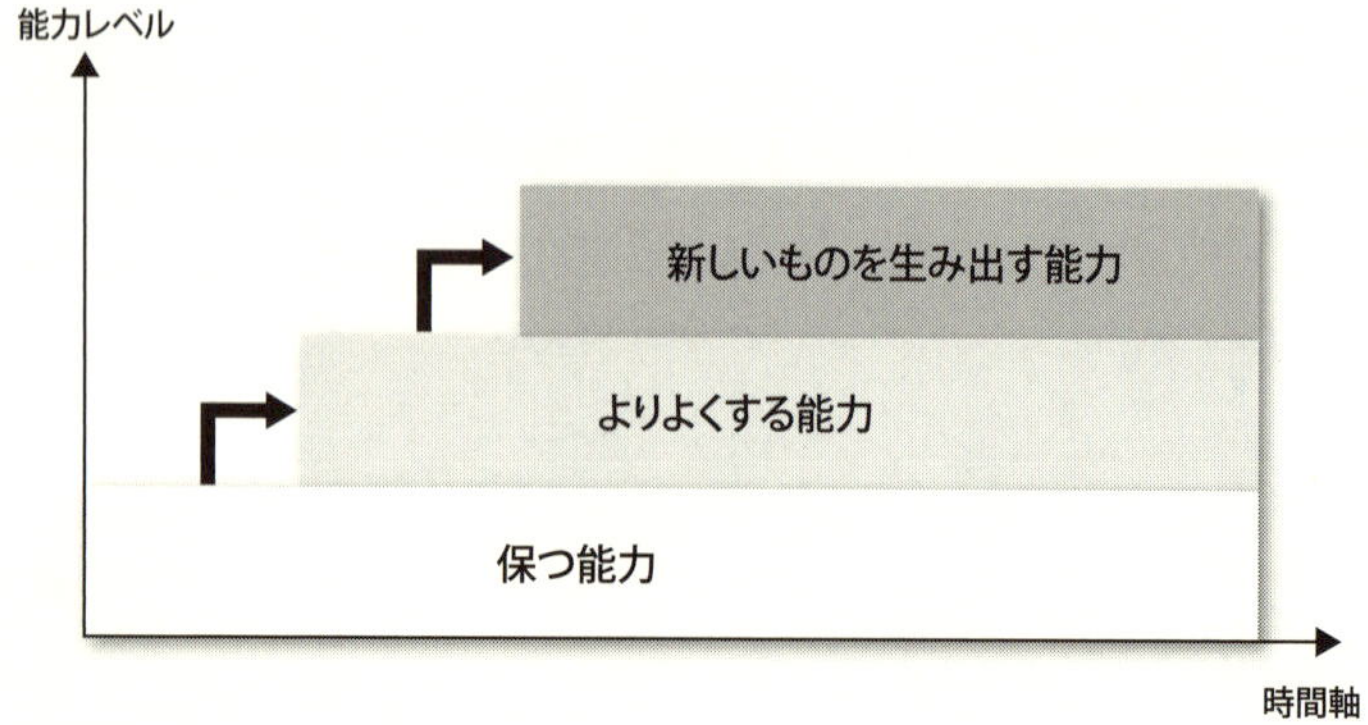

力」で勝負するという選択肢は企業にとってもありえない。

現場力は「厨房の中」という閉鎖的な状況の中で生まれているものであり、ほかの店の「厨房の中」を見るチャンスはめったにない。店が閉まっているときに他店の厨房を見学させてもらっても、あまり意味はない。設備や道具だけを見れば、どの店も似たようなものと考えがちだ。

厨房は「戦場」であり、本当の差は「戦闘中」に現れる。戦闘能力の差は「レシピ」の優劣よりもはるかに大きい。

しかも、「レシピ」は出来上がった料理を味わえば、類推し、真似することができるが、「厨房の中」を真似することは容易ではない。

「厨房の中」と一括りにしているが、そこにはさまざまな要素が複雑に絡んでいる。シェフの能力やリーダーシップ、スタッフの資質ややる気、チーム編成やトレーニングなど、多様な変数が入り混じって「厨房の中」は形成されている。

さらに、現場という視点で見れば、「厨房の中」だけでなく接客に従事し、サービスを提供する「ホール」も現場であり「戦場」だ。厨房とホール間の連係やコミュニケーションも現場力の大きな要素である。

自らの現場がもつ組織能力を冷静かつ客観的に分析し、これからどのような組織能力にまで高めていくのかという具体的なゴールと実現のためのシナリオを描かなくてはならない。

組織能力が一気に高まることはないが、着実な鍛錬を積み重ねていけば、能力を高め、現場力を進化させることは十分に可能である。

❖

「非凡な現場」をめざす

3つの異なる組織能力で重層的に形成される現場力のレベル感の違いをわかりやすく説明すると、次の3つに分類することができる。

❶平凡な現場(ordinary gemba)

「保つ能力」を有している。現場の本分である業務遂行を確実に行っている。しかし、「よりよくする能力」「新しいものを生み出す能力」は確立されておらず、現状維持型の現場に留まっている。

❷平凡以下の現場(mediocre gemba)

「保つ能力」に欠陥があり、確実な業務遂行さえできていない。その結果、品質不良、納期遅れ、サービス劣化、事故、不祥事などのトラブルをたびたび引き起こし、競争力の劣化を招いている。

❸非凡な現場(extraordinary gemba)

「保つ能力」に加えて、「よりよくする能力」「新しいものを生み出す能力」を確立している。業務遂行を確実に行うだけに留まらず、価値増大に直結する改善や創意工夫が自律的かつ継続的に行われ、競争力強化につながっている。

私がこの4年間で訪ね歩いた約100の現場をサンプルにすると、卓越した競争力にまで昇華している「非凡な現場」は両手で数えられるほどしかない。せいぜい10%以下というのが私の実感だ。

「平凡以下の現場」を訪ねる機会はほとんどないが、平凡以下に転落してもおかしくないような現場にはいくつか出会った。品質問題や事故、不祥事などが報道されるケースは後を絶たないので、予備軍も含めれば、「平凡以下の現場」も10%程度は存在するだろう。

となると、世の中の80％程度の現場は、「平凡な現場」ということになる。決められた業務遂行は確実に行うことができるが、それ以上の「よりよくする」「新しいものを生み出す能力」は確立されていない現場がじつに多いということだ。

私は「平凡な現場」がダメだといっているわけではない。「業務遂行主体」である現場が決められた業務を安定的に遂行するという「保つ能力」は経営基盤としてとても重要である。しかし、競争優位という視点で見ると、「保つ能力」だけでは競争に勝ち残るのはとても難しくなっている。

たとえ「平凡な現場」でも、「レシピ」が差別化されていれば勝つことができる。しかし、すでに述べたように「レシピ」は模倣性が高く、いずれ真似されてしまう可能性がある。「レシピ」も「厨房の中」も差別化されていなければ、「並」のレストランになってしまう。

「非凡な現場」に共通するのは、「保つ能力」に加えて「よりよくする能力」が確立していることである。「よりよくする能力」がコアの組織能力になっているのだ。コア能力が「保つ」に留まっている現場と、コア能力が「よりよくする」に高まっている現場には絶対的な違いがあると認識する必要がある。

「よりよくする能力」をもつ現場は、さらに「新しいものを生み出す能力」へと進化させる可能性を秘めている。現場を起点に新しい「レシピ」を生み出すことさえ可能になる。「平凡な現場」は現状維持が精一杯であるのに対し、「非凡な現場」は継続的改善による進化を続け、さらには革新さえ生み出すことができる。私が現場力にこだわる理由はここにある。

卓越した「非凡な現場」をつくり、「現場から競争力を組み立てる」という発想をもつことが、いまこそ求められているのだ。

❖

「平凡以下の現場」の処方箋

現場が卓越した競争力になっている企業がある一方で、競争力を著しく劣化させ、企業を窮地に追い込みかねない現場も存在する。「保つ」ことすら満足にできず、深刻な品質不良、重大事故、さらには不祥事まで起こすような現場だ。

その一例が三菱自動車工業（三菱自工）のリコール隠しである。

1977年から約23年間にわたり、10車種以上、約69万台に上るリコールにつながる不具合情報（クレーム）を運輸省（現国土交通省）へ報告せず、社内で隠蔽していた事実が匿名の内部告発で発覚した。

ユーザーの信頼を失った三菱自工の販売台数は激減。当時筆頭株主であったダイムラー・クライスラーから資本提携を打ち切られるなど、深刻な経営不振に陥った。

これは現場だけでなく会社ぐるみの不祥事だが、品質に対する責任を負っているのはあくまで現場である。現場の無責任体質が深刻な事態を招いたのは間違いない。

最近では2013年12月に発覚したアクリフーズの農薬混入事件がある。[7]

マルハニチロホールディングス傘下のアクリフーズ群馬工場で、農薬「マラチオン」が商品に混入され、契約社員の男が逮捕された。

商品回収に35億円もの費用が発生し、グループ全体の業績が悪化。一連の責任をとり、マルハニチロホールディングスの社長が辞任した。

契約社員という待遇に対する不満、希薄な人間関係、農薬混入を招いた現場管理の甘さ、異臭に関する消費者の指摘から自主回収決定まで1ヶ月半もかかってしまった後手後手の対応など、現場そして企業全体のモラルが低下し、危機管理の甘さが露呈してしまった。

こうした「平凡以下の現場」に経営としてどう対処したらいいのかは簡単なテーマではない。それだけでも分厚い本1冊が書けるほどであり、「非凡な現場」を主題とする本書では取り上げることはしない。

しかし、「平凡以下の現場」に成り下がってしまった現場に対する処方箋はひとつしかない。それはとにかく「平凡な現場」を取り戻すことだ。

当たり前のことが当たり前にできる現場を回復する。そのためには規律を徹底させ、厳しい管理を敷かざるをえない。

当たり前のことが当たり前にできない現場に、自由や裁量権はありえない。

6 「知識創造主体」としての現場

❖ 「身体能力」と「思考能力」を両立させる

次に、「平凡な現場」と「非凡な現場」の差について、もう少し掘り下げて考えてみよう。

戦略の実行を担う現場には、高い「身体能力」が求められる。

価値を生み出すために現場は決められた業務を確実に遂行し、日常的に発生するさまざまな異常にも速やかに対処しなければならない。まず動く、迅速に動くというのは現場の本分であり、「身体能力」が高くなければ、現場としての役割を果たすことはできない。

しかし、「非凡な現場」には高い「身体能力」に加えて、高い「思考能力」も備わっている。「よりよくする」「新しいものを生み出す」ということは、現場自らが考え、知恵を生み出すということである。

たんに「動いている現場」と「生きている現場」には、歴然とした違いがある。「身体能力」と「思考能力」の両方が揃ってこそ「生きている現場」になる。

現場だからこそ思いつく知恵や創意工夫が連続的に創出され、それが活かされ、現場そのものが進化したり、新しい価値創造に結びつく。

図表3◆4　SECIモデルと知識創造スパイラル

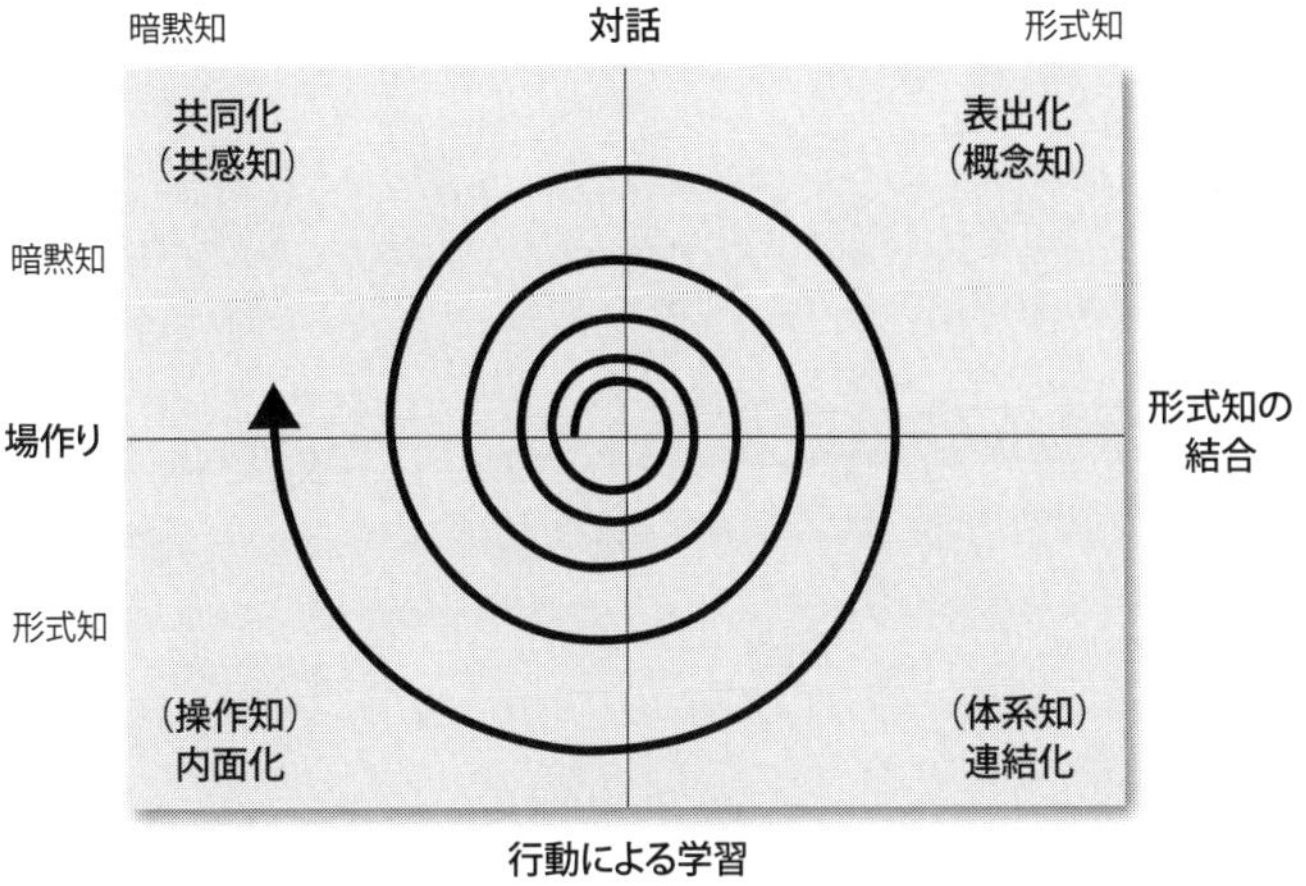

（出典）金井壽宏/高橋潔（2004）『組織行動の考え方』東洋経済新報社から引用

これは野中先生が提唱されている「知識創造」にほかならない[8]。

野中先生は「知識は個人の関係性や経験を基盤として客観と主観のダイナミックな相互作用のプロセスから生み出される」とし、その体系的な概念であるＳＥＣＩモデルを提唱している[9]【図表3◆4】。

言語化されることが容易ではない個々人の暗黙知が、「共同化（socialization）」「表出化（externalization）」「連結化（combination）」「内面化（internalization）」という一連のプロセスを経ることによって組織内で広く共有され、ほかの個人に自己の行動として体得されるようになる。こうした「知識創造スパイラル」こそが日本企業の優位性の源泉だと野中先生は指摘する。

標準化（形式知）とは「連結化による体系知」である。現場でそれを実践することによって身体で覚え、「内面化による操作知」となる。ただし、ここで留まっていたのでは、「保つ」ことで留まっている「平凡な現場」にすぎない。

「非凡な現場」は実践を通じて新たな気づき（暗黙知）を獲得し、場での共有や対話を通じて「共同化による共感知」「表出化された概念知」を生み出すことができる。それが標準を進化させたり、革新を生み出すことにつながる。

このスパイラルアップによって、「よりよくする能力」「新しいものを生み出す能力」が形成される。

そして、この「知識創造スパイラル」のど真ん中に位置するのが現場である。「いま・ここ」を背負う現場こそが「知識創造主体」だというのが野中先生の主張だ。

「知識創造スパイラル」の有無こそが、「平凡な現場」と「非凡な現場」を分かつポイントである。高い「身体能力」のみならず、知識創造を自律的に推進する高い「思考能力」が求められるのだ。

トヨタの製造現場に行くと、「よい品（しな）よい考（かんがえ）」という大きなスローガンが掲げられている。

よい製品はよい考えから生まれる。トヨタの源流企業である豊田自動織機の創設者である豊田佐吉氏が打ち出した思想が、いまでもトヨタの現場には脈々と受け継がれている。トヨタの現場は「考える現場」であり、それこそが競争優位の源泉だ。

現場には「価値創造主体」「業務遂行主体」「人材育成主体」という3つの「顔」がある

図表3◆5　現場の4つ目の「顔」

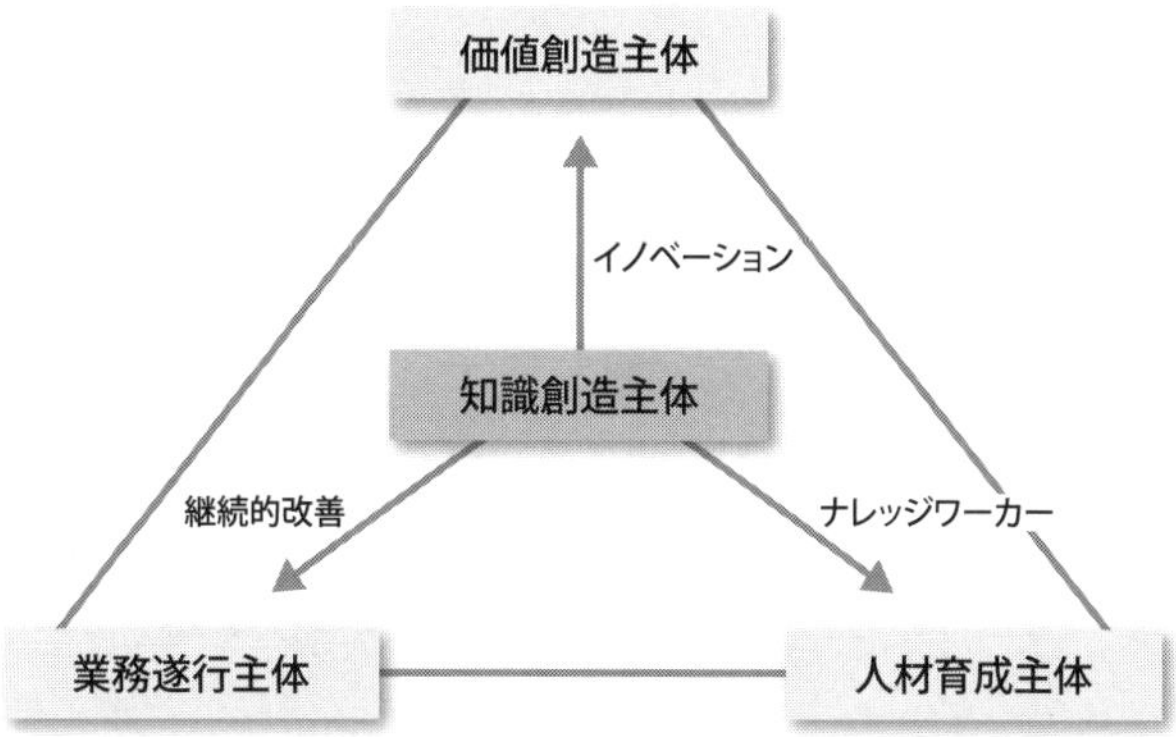

と説明したが、「非凡な現場」にはそれに加えて「知識創造主体」という「顔」が存在する【図表3◆5】。

この4つ目の「顔」こそが、「非凡な現場」と「平凡な現場」の決定的な違いである。

「非凡な現場」からは湯水のように新しい知恵が生まれてくる。知恵の大小は関係ない。たとえ小さな知恵でも、それを積み重ねたり、それを起点に知恵を膨らませていけば大きな知恵になりうる。

現場が常に考え、「知恵の泉」となることが重要なのだ。

❖

「ナレッジワーカー」(知識労働者)をいかに育成するか

「業務の固まり」「人の固まり」である

現場を「知の固まり」(知の集積)へと転換することができるか。「非凡な現場」になるための鍵はそこにある。

現場力という組織能力を経営論的に説明するのであれば、知識創造理論が最もフィットする。卓越した現場力を構築するということは、「業務遂行主体」である現場を「知識創造主体」というより高次の存在へと高めることにほかならない。

私はいくつかの雑誌で野中先生と対談する機会に恵まれた。日本を代表する経営学者と実務指向のコンサルタントである私の話が噛み合うのだろうかという危惧もあったが、それはまったくの杞憂に終わった。

野中先生のような精緻で深い言葉では表現できないものの、二人が語ろうとしていることはほぼ一致していた。私が主張する現場力は、じつは「知識創造スパイラル」そのものなのだと理解し、共感した。

野中先生は知識創造を次のように説明している。[10]

知識創造は本質的に未来創造である。まだ見えない、見える化できない未来の価値を現場での対話を通じて洞察することから始まって、目的のために状況に応じて実践、具現化していく過程を、暗黙知と形式知の相互作用でモデル化したものである。

「現場での対話」という点が重要なポイントである。

知識創造は現場から遠く離れた本社や本部で行われるのではなく、「価値創造主体」「業務遂行主体」である現場での対話、相互作用を通して行われる。「非凡な現場」で行われていることは、まさに知識創造そのものなのだ。

「保つ能力」を実践するだけであれば、「知識創造スパイラル」の必要性は低い。しかし、「よりよくする能力」「新しいものを生み出す能力」をコア能力にするということは、現場自らが新たな知を生み出す能力を磨くということにほかならない。

現場に「知識創造主体」という「顔」が加わることによって、ほかの3つの「顔」に大きな質的変化をもたらす。それは現場の特性を根本から変えてしまうほどの歴然とした変化である。

「価値創造主体」という「顔」においては、既存価値の維持だけではなく、既存価値の増大や新たな価値の創造（イノベーション）へと発展させる。

「業務遂行主体」という「顔」においては、たんなる業務遂行から継続的な業務改善による価値増大へと進化する。ルーチン（定常業務）が「クリエイティブ・ルーチン」（創造性が発揮される定常業務）へと進化を遂げる。

そして、「人材育成主体」という顔においては、マニュアルワーカー（単純労働者）育成ではなく、「ナレッジワーカー」（知識労働者）の育成へとシフトする。

とりわけ重要なのがナレッジワーカーの育成である。ナレッジワーカーは社会学者であるピーター・ドラッカーによって提唱された概念である。[11] ドラッカーは「知識社会」（知識が価値創造や秩序の源泉となる社会）というキーワードを世界に問いかけ、これからの産業は「知識に基盤を置く」とした。そして、肉体労働者ではなく知識労働者の重要性を指摘した。

ナレッジワーカーとは、「知識」により付加価値を生み出し、知的生産物を創造する労働者のことだ。「よりよくする」「新しいものを生み出す」を実践する現場の労働者は、まさにナレッジワーカーそのものである。

「非凡な現場」は日々の実践を通じてナレッジワーカーを生み出し、現場の能力そのものを進化させていく。「非凡な現場」をつくるということは、ナレッジワーカーの量と質を高め、現場をナレッジワーカーたちで埋め尽くすことにほかならない。

「非凡な現場」をめざすには、現場を「知識創造主体」として位置付け、「知識創造スパイラル」という組織能力を現場に埋め込むことなのである。

第4章

「非凡な現場」をつくる

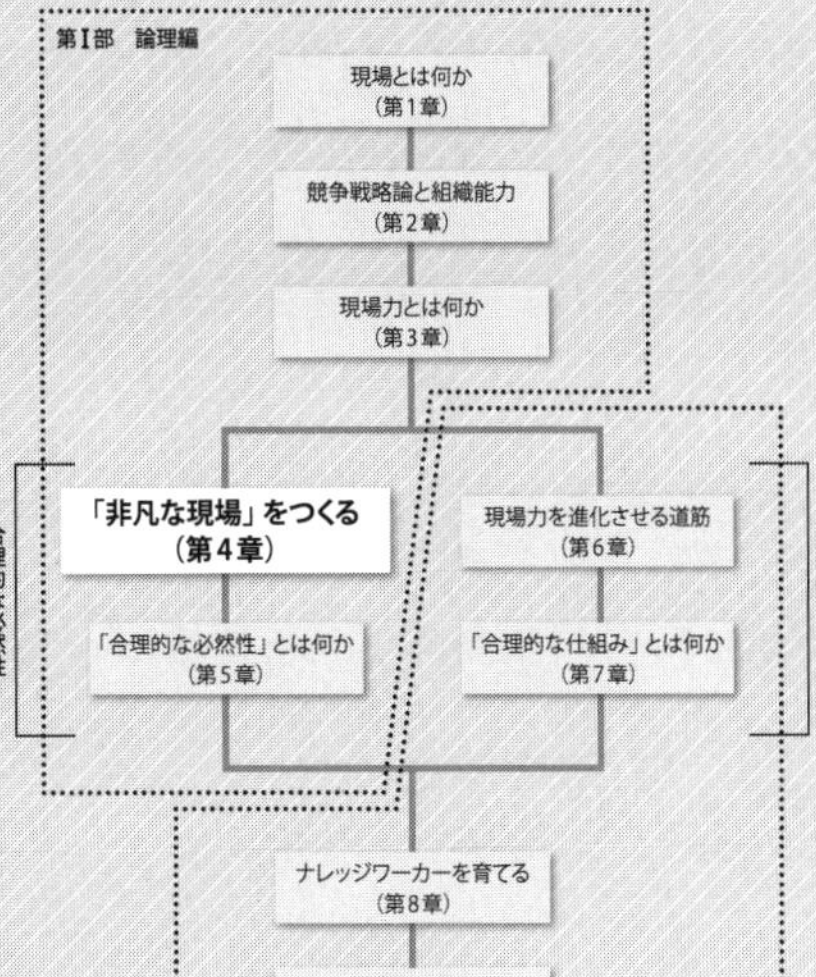

第Ⅰ部　論理編
現場とは何か
（第1章）
競争戦略論と組織能力
（第2章）
現場力とは何か
（第3章）
合理的な必然性
「非凡な現場」をつくる
（第4章）
「合理的な必然性」とは何か
（第5章）
現場力を進化させる道筋
（第6章）
「合理的な仕組み」とは何か
（第7章）
合理的な仕組み
ナレッジワーカーを育てる
（第8章）
経営者の役割
（第9章）
第Ⅱ部　実践編

1 「非凡な現場」への道筋

【ケース❶】——デンソー

❖

「非凡な現場」への道のりはなぜ険しいのか

「知識創造主体」としての現場を否定する経営者は少数派だろう。実際に、それをめざして何らかの取り組みを行っている企業も数多くある。

にもかかわらず、「非凡な現場」は少なくとも私の経験に照らせば10％以下にすぎない。なぜ「非凡な現場」を実現するのは難しいのだろうか。

知識創造理論は知識の「創造」に焦点を当てている。私の最大の関心事は、知識創造ができる「組織」をいかにつくるかにある。業務遂行を主軸とした「保つ現場」から、知識創造を主軸とする「よりよくする現場」「新しいものを生み出す現場」へといかに変身させるかが現実の大きな経営課題である。

「保つ」という目的の重要性は明白だ。それは現場の主軸となる役割だと暗黙的にみんなが認識している。

しかし、「よりよくする」や「新しいものを生み出す」は現場にとってあくまでも二次的、補完的なものだと捉える人がいまだに多い。

繰り返し指摘しているとおり、大事なのは「何がコア能力か」ということだ。80%の企業の現場は「保つ」がコア能力であり、そこから進化していない。「よりよくする」「新しいものを生み出す」というより高次の能力をコアへと高めなくてはならない。

一部の人たちだけが「よりよくする」や「新しいものを生み出す」ことに取り組んでも、その他大勢の人たちが「保つ」ことだけに専念していたのでは、現場力を進化させることはできない。

現場力は組織能力である。個人に依存した能力ではなく、現場で働く人たちの力を結集させた集合的な能力である。

きわめて多くの現場で、知識創造への取り組みを開始しても、それが現場全体、組織全体へと広がらずに定着せず、やがて消滅し、「保つ」ことだけに舞い戻ってしまうという現象が見られる。

広がらない理由、組織能力へと転換できない理由は単純ではない。さまざまな要素が入り混じって、「よりよくする現場」「新しいものを生み出す現場」への進化を阻んでいる。

「知識創造主体」への転換は、短期的な取り組みでは実現できない。長い時間軸を想定し、新たな組織能力を獲得するという覚悟をもたなければならない。

「保つ」に満足するのではなく、より高次の「よりよくする」「新しいものを生み出す」をコア能力化させることに経営全体として取り組むことが必要である。

デンソーの抜きん出た強さ

「平凡な現場」と「非凡な現場」の違いを抽象的、観念的に話していても、具体的な「非凡な現場」への道筋は見えてこない。

そこで本章では、私が実際に出会った「非凡な現場」の取り組みを事例研究することによって、「非凡とは何か」を解き明かしていきたい。

その題材として選んだのがデンソーである。

デンソーはいうまでもなく日本最大の自動車部品メーカーであり、トヨタグループの中核企業である。

デンソーの前身である日本電装の創業は、戦後間もない1949年12月。経営危機に陥ったトヨタ自動車が、不採算部門だった電装品とラジエータを分離独立させ、日本電装が誕生した。

トヨタグループでありながら「豊田」ではなく「日本」を冠したのは、「独立後はトヨタの一部門に留まらず、広く日本の産業振興のために寄与してほしい」という豊田喜一郎氏の思いが込められているといわれている。

デンソーは、いまでは全世界に連結子会社185社（2014年3月31日現在）を擁する従業員数14万人（連結）の企業へと発展した。

トヨタ自動車を頂点とするトヨタグループは、卓越した現場力を磨きつづける企業集団である。私はこれまでに豊田自動織機、アイシン・エィ・ダブリュ、愛知製鋼などいくつものグループ企業の現場を訪ねてきたが、いずれ劣らず高い現場力を誇っている。その中でも、デンソーの現場力には抜きん出た強さがある。

デンソーの2014年3月期の売上高は対前年比14・4％増の約4兆1000億円。営業利益は同じく44・4％増の3777億円にも上る。

円安基調など環境面での追い風はあるものの、競争の激しい自動車部品市場で9％以上営業利益率を上げるのは驚異的である。

不採算部門の切り出しからスタートしたデンソーの高い成長性、収益性を支えているのが「非凡な現場力」であるのはいうまでもない。

「1／N」の衝撃

本書でデンソーを取り上げることになった経緯を簡単に説明しておこう。

2013年11月に、私はデンソーの第38回TQM大会のゲスト講師として招かれた。加藤宣明社長をはじめとする600名もの社員のみなさんの前で話をさせていただくのは、とても光栄なことだった。

その際、デンソー社内におけるマネジメント事例報告を聞くことができた。

デンソーのめざす安心・安全への取り組み、新事業への挑戦など、どれも興味深い報告だったが、なかでも私が大きな関心をもったのは生産技術開発部の黒田吉孝部長による「部品加工のダントツ競争力への取り組み」事例だった。

「ダントツ」をめざすとは「1/N」への挑戦のことである。

Nは整数倍を意味し、最小でも2、すなわち最低でも1/2（半減）というレベルでの競争力強化をめざすという取り組みである。

10%、20%削減というレベルではなく、最低でも1/2、すなわち50%削減という高い目標を見据え、抜本的な見直しを指向している。

実際に、従来に比べ飛躍的に小型化した生産設備（1/N設備）の独自開発に成功し、大きな成果を上げているという話を聞いて、私は衝撃を受けた。「1/N」とは改善の域を越えたプロセス・イノベーションにほかならない。

デンソーでは改善の取り組みが定着し、「よりよくする能力」が卓越していることはよく知られている。デンソーは「よりよくする能力」をコア能力としてすでに確立している。

しかし、そこに甘んじることなく、「1/N」という活動を通じて、「よりよくする能力」を凌駕する「新しいものを生み出す能力」を磨いているのだ。

「これは絶対に現場を見学させてもらわなければ」と無理を承知でお願いし、2014年2月に「1/N」活動を推進している本社の生産技術開発部門と西尾製作所の現場を見学させていただいた。

現場で行われていることはまさにチーム一丸となった知識創造活動そのものだった。一度の見学、ヒアリングでは十分に理解することができず、2014年5月に再度訪問し、より突っ込んだ話を聞かせていただいた。

モノづくりにあまり縁のない読者のみなさんには馴染みのない言葉や文脈が出てくるかもしれない。また、一見華やかさとは無縁の泥臭い、地味な取り組みに思われるかもしれない。

しかし、これこそが現場力の真骨頂である。

大事なのはデンソーの現場が何のために、何に挑戦し、何を成し遂げたのかを読み解くことである。そして、その背後にあるものは何なのかを一緒に考えていきたい。

2 「よりよくする」をコア能力に高める

❖

電車の中でQCの本を読みふける社員たち

「品質のデンソー」と呼ばれるほど、デンソーは品質にこだわりつづけている。

自動車の完成度を高めるだけでなく、自動車に乗るという経験そのものをより豊かにするために技術・技能を磨き、研究を重ねている。品質においてはわずかな妥協も許さない。

「品質にこだわる」という日本企業は多いが、デンソーのこだわり方は半端ではない。以前、デンソーのある役員の方に、こんな話を聞いたことがある。

「新たな品質不良がたった1個見つかった。その品質不良を二度と起こさないために、数千万円の検査機の購入をただちに決めた。うちが品質にこだわるとはそういうことだ」

品質への取り組みは1949年の会社設立当初から始まった。1954年には技能強化のための技能養成所を設立。1961年には自動車部品メーカーとしてはじめてデミング賞を受賞した。トヨタ自動車がデミング賞を受賞したのは、その4年後の1965年のことである。

当時の品質管理強化に対する全社一丸となった取り組みはいまだに語り草になっており、実際、こんなエピソードもある。[1]

「東海道線の列車に一足踏み入れると、デンソー社員は一目で知れた。多くの社員が通勤時間を利用して、一様にQC関連の書物を読みふけり、無駄口をたたいている者などひとりとして見当たらなかった」

1970年代には他社に先駆け、コンカレントエンジニアリングを導入した。製品開発段階から設計技術者だけでなく、材料技術者、生産技術者、そして生産を担当する技能者が一丸となって製品を開発する体制を築き、高い信頼性を実現するためのワークスタイルが定着している。

❖

EF活動を支える4つの柱

デンソーの現場力を磨き上げるひとつのきっかけとなった取り組みが「EF活動」である。

EFとは「Excellent Factory」の略。1997年から始まり、20年近く経過したいまでも熱心な取り組みが続いており、デンソーの現場で定着している。

EF活動は「工場長がリードする全員参加の日常的な改善活動」である。

それまでにも改善活動は行われていたが、工場の製造ライン単位での部分的な取り組みであり、しかも改善スタッフが主導するものだった。よりスピーディに改善を推進し、より大きな成果を上げるには、現場主体の全員参加型改善への転換が必要不可欠だった。

EF活動は工場長自らがリードする。そして、作業者から班長、係長まで全員が同じ目標をもって継続的かつ地道に日常を改善していく。

EF活動の柱は次の4つである。

①標準作業に基づく改善（作業の1サイクルにこだわり、問題を顕在化させて改善する）
②スルーで見た改善（後補充生産によるリードタイム短縮）
③生まれの良いラインづくり（上流工程へ製造条件を反映させ、上流に遡った量産準備を行う）
④改善に強い人づくり（改善の実践を通じた改善力強化）

EF活動による改善件数は年間40万件を超える。1人あたり平均20件/年もの改善が製造現場では日常的に行われている。

2003年ごろからEF活動は海外にも展開され、いまでは全世界の工場で「EF活動」という言葉が普通に使われるほど浸透、定着している。

EF活動を通じて、デンソーは「よりよくする能力」をコア能力へと磨き上げていったのだ。

❖

改善を越える革新への挑戦

しかし、デンソーを取り巻く環境は大きく変化する。

国内需要は低迷し、成長は海外に求めざるをえない。超円高が続き、輸出競争力は下がるいっぽうだった。

そこに2008年のリーマンショックが追い打ちをかけた。これまでに培ってきた現場力だけでは、不連続の変化を乗り越えるのは容易ではなくなってきた。

デンソーの経営トップはリーマンショック以前の2004年ごろから、これまでのモノづくりの発想を抜本的に変える必要性を感じていた。生産推進センターを統括する有馬浩二専務役員はこう説明する。[2]

「既存設備をベースにした効率化は通常の改善。今必要なのは、モノづくりの原理を徹底的にバラし、改めて最適なプロセスを考えることだ」

改善をベースとした「よりよくする能力」はこれまでも、そしてこれからもデンソーのコア能力だ。しかし、デンソーの現場にいま求められているのは、「よりよくする能力」を越えた「新しいものを生み出す能力」である。

そのめざすべき姿は、大型設備による大量生産をベースにするのではなく、設備の小型化、ラインのコンパクト化による変種変量生産が可能な工場だ。

「まとめてつくる」のではなく、「必要なものを必要なときに必要なだけつくる」というフレキシビリティの高いモノづくりへの転換が求められていた。

それを実現するボトルネックのひとつが、鋳造部品加工ラインだった。

組立工程ではすでに「一個流し」ができる体制を実現していたが、鋳造ラインは相変わらず小回りのきかない「まとめ生産」から脱却できないでいた。

これでは全体のムダが大きすぎる。「ダントツ工場」を実現するには、鋳造ラインの革新が不可欠だった。鋳造ラインが最も難易度が高いことはみんな知っていたが、だからこそ挑む価値があった。

鋳造ラインでも「一個流し」のコンセプトを導入し、少量ずつ製造できるようにするには、どうしたらいいのか。2004年ごろから生産技術開発部、部品エンジニア部、試作部などの関連部門、そして製造現場を巻き込んだ部門横断的な取り組みが始まった。

そのテーマこそが「1/N」だった。

3 現場で私が目にしたもの

❖ 驚異のコンパクト化を実現

そうした背景を伺った私は早速、カーエアコン、ラジエータ、燃料噴射装置などを製造している主力工場のひとつ、西尾製作所に向かった。

その一角で鋳造部品はつくられており、そこで私はデンソーの現場力のすごさをまざまざと見せつけられた。

鋳造部品の製造現場には、現在2つの異なる設備、ラインが存在する。

私がまず最初に目にしたのは、旧来の鋳造ラインだった。

高さ8メートルの大型溶解炉と高さ4メートルの大型油圧ダイカストマシンが設置された製造ラインの巨大さに圧倒された。ダイカストマシンは外部の機械メーカーによる汎用機だ。

溶解炉は1時間あたり2トンのアルミ合金を溶かす能力がある。それはダイカストマシン十数台をフル稼働させて使い切る量だ。大量生産を前提とした設備であり、製造ラインである。

旧来の設備と「1/N」設備

壁で仕切られた隣のスペースに行って驚いた。そこには隣の鋳造設備とはまったく異なるコンパクトな設備が設置されていた。小型電動ダイカストマシンの高さはわずか1・8メートル。旧来の半分以下の高さしかない。

しかも、威圧感のある大型溶解炉は存在しない。小型のダイカストマシンの手前に小型の溶解炉、直後に熱処理炉を直結させた一体型（ワンセル構造）の設備になっている。同じ部品加工を行う製造設備とは思えないほどの歴然とした違いだ。

これこそがデンソーの誇る「1/N」設備だ。その効果は絶大だ。一貫ライン全体で見ると、設置面積は80%減。従来のわずか20%のスペースに圧縮された。エネルギー消費量は50%削減。そして、生産コストも33%削減を実現した。

❖

「1／N」は「新しいものを生み出す能力」の象徴

ワンセル構造化を実現することで、仕事の流れも激変した。

従来は「溶解―鋳造―熱処理―切削加工―洗浄―アルマイト処理―検査」という一連の製造工程を複数の建屋に跨って行っていた。

コンパクトで一貫化させた「1／N」設備は、ひとつの工場内に収めることが可能となり、製造工程の大幅短縮化を実現した。製品1個あたりの生産時間は従来比で約90％短縮という驚異的な成果を生み出している。

ダイカストは製品内に「巣」と呼ばれる空洞ができる。それを高圧で潰すには大型の油圧ポンプが必要で、設備は大型化せざるをえなかった。これも設備の大型化を容認せざるをえない一因であったが、低圧でも「巣」ができにくい独自技術を開発することで「巣」の問題を解決させた。

また、油圧式の大型ダイカストマシンで使用する金型は質量4～5トンと大きく、金型交換は手間と時間がかかる大変な作業だった。できるだけ金型交換を避け、つくりだめをするというのがこれまでの常識だったが、設備の小型化により金型交換時間も激減させることができた。

「1／N」設備の効果は生産コスト削減、フレキシビリティの向上だけではない。小型化の実現によって、設備投資という初期投資を大幅に抑えることができる。

拡大を続ける海外生産拠点に「1/N」設備を導入すれば、シンプルでスリムな生産体制をグローバルに確立することが可能となる。「1/N」はデンソーの海外戦略を推進するうえでも欠くことのできない大きな柱として位置付けられている。

「1/N」はデンソーの「新しいものを生み出す能力」の象徴的なものだ。

妥協しない現場の執念

モノづくりは革新的な設備、製造ラインをつくればおしまいではない。その設備をどこまで活かすことができるか、製造現場の真の力はその一点で試される。

私はそこでもデンソーの底力をまざまざと見せつけられた。

たとえ設備は革新されても、金型を交換する段取り替えという作業自体はなくならない。この段取り替え時間をいかに短縮するかで、現場の生産性は大きく変わってくる。

以前の油圧式大型ダイカストマシンでは、段取り替え時間に最短でも480秒（8分）を要していた。しかも、金型自体がとても重く、クレーンで吊るして交換するという神業的な熟練スキルが求められた。

「1/N」設備になり、段取り替え時間は大幅に短縮し、4分弱にまで短縮することができた。しかし、現場はまったく納得していなかった。

なんとか段取り替え時間を60秒以内にする「1分段取り」ができないかを目標として掲げた。「1／N」設備の量産1号機が稼働を開始した２００５年ごろのことである。

４８０秒を60秒にまで短縮することができれば「１／８」になる。段取り替え時間の「1／N」への挑戦だった。製造現場の工程改善、工程設計を担当するスタッフ、そして「1／N」設備を実際に操作する女性オペレーターたちの格闘が始まった。

ここで力を発揮したのが、デンソーが培ってきた「よりよくする能力」だ。

ＥＦ活動を通じて養ってきた小さな改善をコツコツ積み上げることによって、段取り替え時間をじわじわと短縮させていった。

金型を載せる台車が重いという現場の声にはハンドルを付けることで対応した。操作スイッチボタンが多くて、どれを押していいのか判断に時間がかかるという声には、スイッチボタンを半減させることでオペレーターの作業を軽減させた。

こうした現場ならではの小さな改善の積み上げによって、２００５年ごろには１８１秒だった段取り替え時間は、２０１１年には67秒まで縮まった。目標の60秒まであと一歩のところまでこぎつけた。

しかし、ここからが難産だった。ムダを徹底的に排除し、目標まであとわずかのところまで辿り着いたが、そこから先の妙案が見えてこない。

それでも現場は諦めなかった。まだ作業のムダがあるはずだと作業の様子をビデオで撮影し、動作分析を行った。

図表4◆1　段取り替え時間の短縮

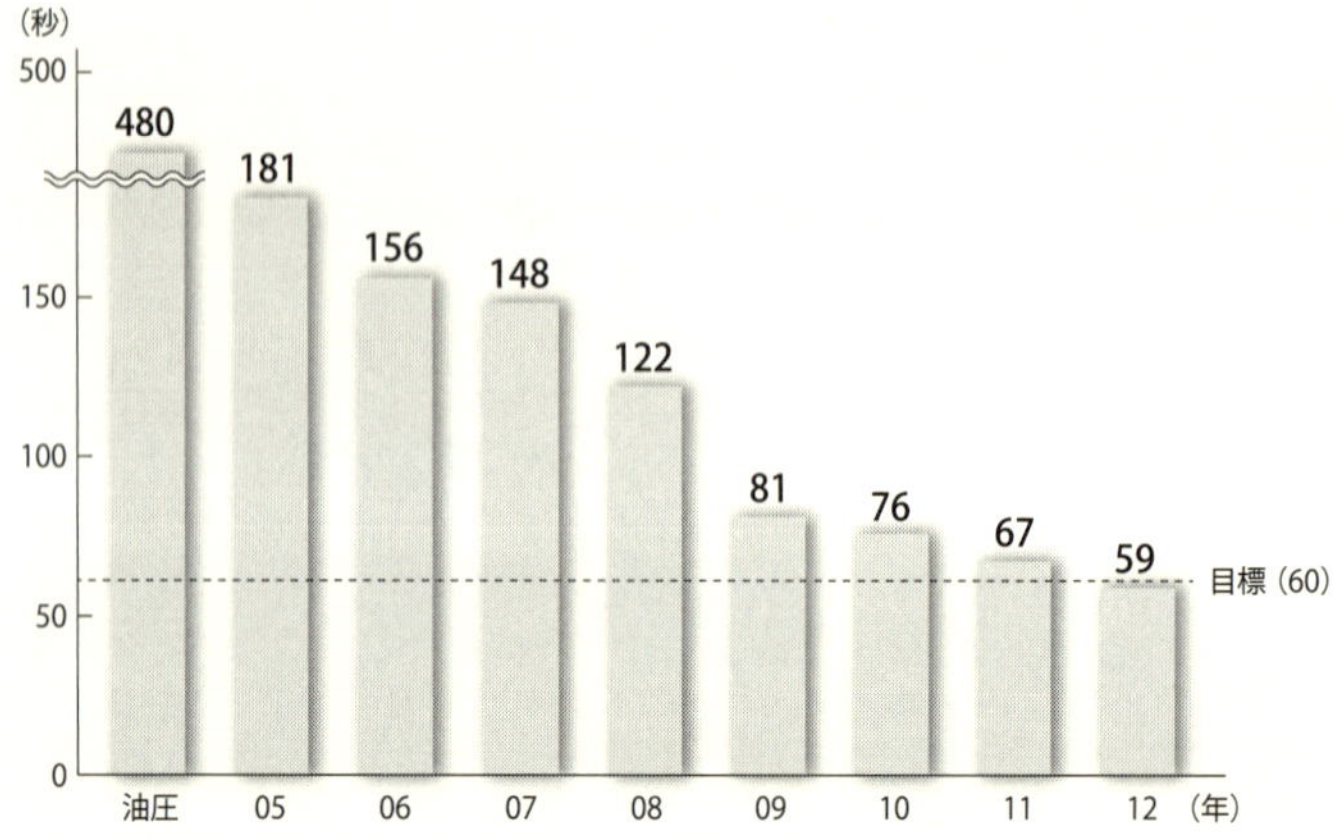

何度も何度もビデオを見て、わずかなムダを洗い出した。

たとえば、「リセットボタンを押す」という動作をじっくり見ると、「扉を開ける」「ボタンを押す」「扉を閉める」という動作に分解できる。扉の開け閉めは不要な作業なので、扉に穴を開け、扉を開け閉めすることなくボタンを押せるように工夫した。

この工夫でボタンを探す手間もなくなった。この改善によって1・2秒短縮することができた。

こうした現場の執念が実り、2012年には60秒を切る59秒という段取り替え時間を実現した【図表4◆1】。

2005年に量産1号機が稼働してから7年目。まさに現場の執念だった。

❖

現場の熱気――みんなで知恵を出せば、なんだってできる

現場の一角で、「60秒の段取り替え」を実現した7人のみなさんに集まってもらい、話を伺うことができた。工程設計や工程改善を担当する山崎憲司さん、能美武弘さん、小林達夫さん、そしてオペレーターの佐藤みきさん、鈴木麻里乃さん、芦刈美枝さん、馬場希さんの7人だ。

みんな控え目で、自ら多くを語ろうとはしないが、ひとつの目標に向かって一丸でやってきた「よいチーム」であることが伝わってきた。

「60秒への挑戦」は能美さんの思いから始まった。

工程改善のベテランである能美さんは、「1／Nを武器に工場を変えたい。ぶっちぎりで他社に勝ちたい」という思いを抱いていた。

そして、「60秒を実現するためにトコロテン段取りをやらせてほしい」と部長に提案した。

トコロテン段取りとは金型を「前入れ後出し」で入れ替えるやり方だ。シンプルでスピーディだが、その実現には数多くのハードルがあった。能美さんは「難しいからこそやる価値がある。みんなの知恵を活かせば必ずできるはず」と考えた。

部長の承認を得た能美さんは、早速チームを編成した。実際に設備を扱うオペレータ

ーの女性たちにも参画してもらった。

声をかけられた佐藤さんは、能美さんの熱のこもった話を聞き、「熱いな！」と感じたという。能美さんの熱が現場に広がっていった。

段取り時間を短縮するための、現場の課題を洗い出し、みんなで知恵を絞り、ひとつずつ潰していった。「回転式のパレット」を提案し、採用された鈴木さんは、「自分の案が採用されたらうれしいし、もっとやってみようと思う」と教えてくれた。

能美さんはこう語る。

「これまでやってきて、やれなかったことはひとつもない。みんなで知恵を出せば、なんだってできる」

デンソーの現場は、こうしたナレッジワーカーたちによって支えられている。

4 「1/N」はどのように生まれたのか

❖ 「1/N」を生み出す独自の方法論

西尾製作所でデンソーの現場力の底力を見せつけられた私は本社の生産技術開発部門に戻り、「1/N」がどのようなプロセスを経て生まれたのかを詳しく伺った。

本社といっても、そこはまさに1/N設備試作の現場だった。

何の仕切りもない体育館のように広いワンフロアーに、設備の試作に取り組む人たちが集結し、企画、設計からテスト機、プロトタイプ機の製作と評価まで一貫して行っている。まさに「大部屋」だ。

このフロアだけで百数十名の技術者、技能者がいるが、試作部に属しているメンバーだけではない。生産技術開発部、生産技術部、材料技術部など関連する部署のメンバーが常駐し、協働作業を行っている。「大部屋」活動には製品設計部署(技術部)も参加しており、活動結果は製品設計にも反映させている。そこには部門間の垣根などない。

ちなみにデンソーは「試作棟」という6階建ての建物を建設し、2014年11月を目途に試作に絡むすべての部門、部署を集約させる計画を進めている。

「1／N」を推進してきたキーマンのひとりである原雄介開発試作1課長は「1／N」という革新を生み出すデンソーならではの方法論として次の2つを教えてくれた。

❶アイデア千本ノック

これまでの発想を超えたまったく新しいアイデアをひとりで考えるのは限界がある。異なる専門性や経験をもった人たちが集まり、それぞれが思いついたことをアイデアシートに書き込み、それをみんなで揉み、知恵を絞る。これを「アイデア千本ノック」と呼ぶ。

10人が集まり、ひとり10件ずつアイデアをひねり出し、それを10回繰り返せば1000のアイデアが生まれる。ある人の思いつきをきっかけにアイデアを膨らませ、少しずつ革新のコンセプトが見えてくる。

❷手づくり味見実験

みんなでひねり出したコンセプトは、まだ生煮えであってもすぐに具現化する。頭の中のコンセプトを素早く形に変えて、そのコンセプトの有効性を早く試す。

手を動かしながら考え、工夫する。そのサイクルを速く回すことによって、コンセプトが進化していく。

革新といえば聞こえはいいが、まったく新しいことへの挑戦だから当然不安が先行する。「本当にできるのだろうか」という疑問や不安がいつもどこかにある。

それを乗り越えるには、最初から完璧をめざすのではなく、少しずつ形にしながら手探りで一歩一歩進んでいくしかない。そのプロセスでの失敗が大切だ。

失敗し、そこから学習し、またアイデアをひねり出す。その繰り返しから革新が生まれてくる。

「アイデア千本ノック」と「手づくり味見実験」を繰り返し、テスト機を製作する。そこでさまざまな問題点を洗い出し、プロトタイプ機をつくる。そして、そこで量産に向けての課題を抽出し、量産機の生産に乗り出す。

この一連のプロセスに要する期間は約1年。信じられないほどのスピード感で革新が生み出されている。

「1/N」を推進する要は、係長クラスだ。

自らが挑む明確なテーマをもち、開発プロセスをリードする。それぞれのプロセスにおいて必要な人材に声をかけ、協力を仰ぐ。

たとえ部署が異なる人でも、上司を通すことなく直接声をかけ、協力してもらうのが当たり前になっている。

声をかけられた側も、いつか自分も助けてもらうことがあるとわかっているので、喜んで協力する。現場の自律性が見事に機能している。

❖

現場での「熟成」

量産機の開発に成功しても、それで「1/N」が完了したわけではない。「1/N」設備は世界初のものであり、実際にはフル稼働させてみないことには何が起きるかわからない。

「1/N」のダイカストマシンは2005年8月に量産1号機が稼働を開始した。しかし、そこからさまざまな問題が発生した。

設備や金型は経時変化する。数千個単位でのテスト生産と数十万個単位の量産ではまったく条件が異なる。

量産稼働させながら、さまざまな問題点を洗い出し、地道に改善し、完成に近づけていく。

これを「熟成」と呼んでいる。「新しいものを生み出す」という革新は、じつは「よりよくする」という改善によって磨きがかけられ、熟成していく。

デンソーにおける革新は、卓越した能力をもつ個人に依存するイノベーションではない。それは不連続の高い目標を集合知によって乗り越えていく「知識創造スパイラル」そのものである。

「1/N」ダイカストマシンの量産機が軌道に乗るまでに約3年の年月を要した。現在では「熟成」を経た58台が全世界の工場でフル稼働している。

そして、いまでは鋳造以外の分野でも「1／N」設備が開発され、鍛造、切削、表面処理、樹脂成型などの工程にまで広がっている。

EF活動を通じて「よりよくする能力」をコア能力化させてきたデンソーの現場は、「1／N」活動を通じて「新しいものを生み出す能力」というより高次の組織能力の構築に成功している。

第5章

「合理的な必然性」とは何か

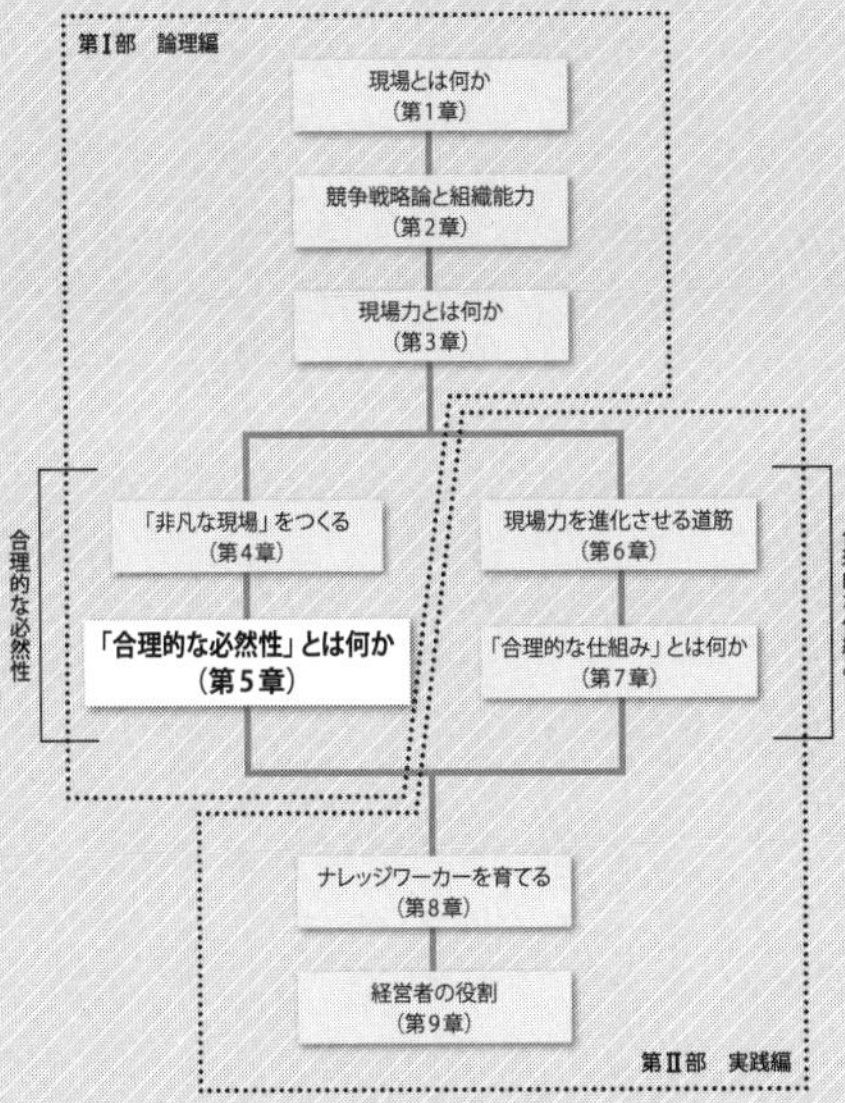

第Ⅰ部　論理編
現場とは何か（第1章）
競争戦略論と組織能力（第2章）
現場力とは何か（第3章）
合理的な必然性
「非凡な現場」をつくる（第4章）
「合理的な必然性」とは何か（第5章）
現場力を進化させる道筋（第6章）
「合理的な仕組み」とは何か（第7章）
合理的な仕組み
ナレッジワーカーを育てる（第8章）
経営者の役割（第9章）
第Ⅱ部　実践編

1 「活動」と「能力」の違い

❖ 「活動」で終わるか、「能力」へ昇華するか

デンソーの取り組み事例を読んでの感想は、人それぞれかもしれない。「すごい」と感心した人もいれば、「うちの会社でも似たようなことはやっている」と思った人もいるかもしれない。

現場で行われている「活動」だけを表面的になぞれば、デンソーの取り組みには大きな驚きはない。製造業であれば、大企業から中小企業まで5SやQCサークル、TQM運動、EF活動のような改善活動、コンカレントエンジニアリングなどお決まりの活動を展開している。

小売業やサービス業でも現場の力を活かそうとするボトムアップによる知識創造活動の取り組みは広がっている。改善活動などは行っていない会社を探すことが難しいほど一般的なものになっている。

活動は「場」という言葉に置き換えてもよい。「場」という舞台を設営することによって組織を活性化させ、新しいものを生み出そうとする取り組みだ。知識創造活動を実践す

るためにしつらえたり、自然発生的に生まれるのが「場」である。東京理科大学の伊丹敬之先生は「場」を次のように定義している。[1]

場とは、人々がそこに参加し、意識・無意識のうちに相互に観察し、コミュニケーションを行い、相互に理解し、相互に働きかけ合い、相互に心理的刺激をする、その状況の枠組みのことである。

デンソーに限らず、現場力を高めようとする企業の取り組みを見れば、活動自体はどの会社も似たり寄ったりであり、外形的には大差はない。「場」を設営し、似たような活動を行っているのだが、そこから生まれる成果にはとても大きな差がある。

そうした活動によって競争力を高め、「非凡な現場」へと変身する企業もあるが、それはごく一部にすぎない。大半の企業はこうした活動を活かし切れず、競争力の向上も限定的で、「平凡な現場」のままに留まっている。

大半の企業の現場力強化の取り組みは、たんなる「活動」で終わってしまっている。それに対して「非凡な現場」の活動は、時を経て「組織能力」にまで昇華されている【図表5-1】。

卵から新しい個体が誕生するように、「活動」が「能力」へと「孵化《ふ》」する企業もあれば、孵化できずに卵のまま留まっている企業もじつに多い。その違いは競争力という観点から

図表5◆1 「平凡な現場」と「非凡な現場」の差

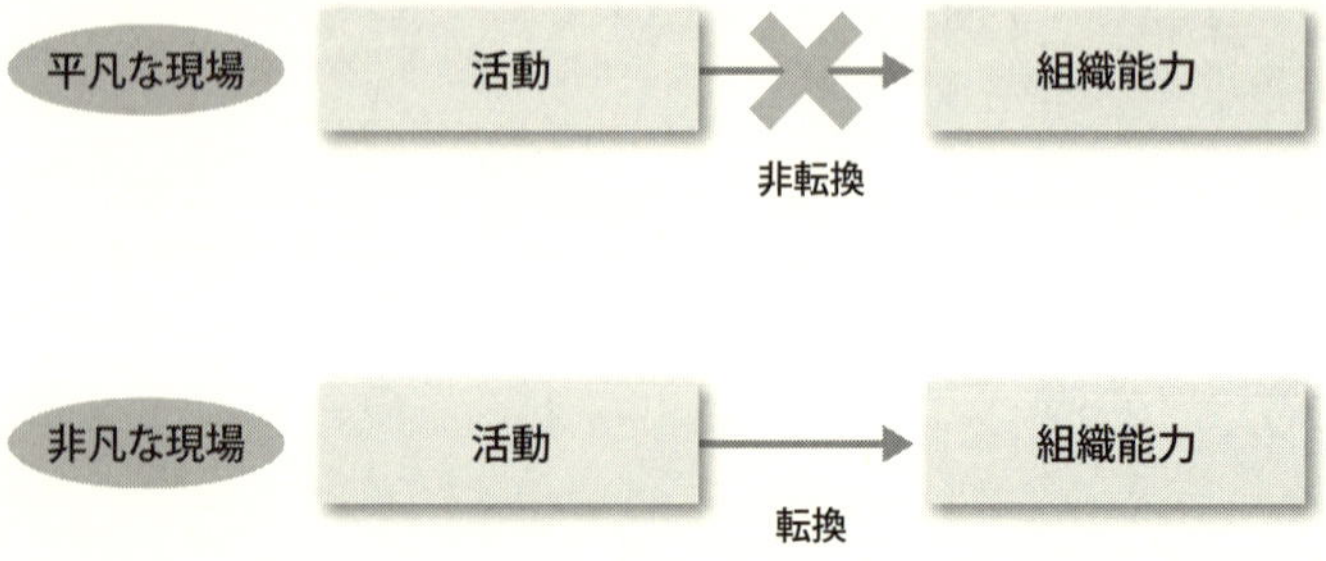

見れば決定的な差である。

「活動」と「能力」はまったくの別物だ。それを認識することが、現場力という組織能力を高めるための最初の一歩である。

私は400もの現場を訪ね歩き、多くの活動に接してきたが、そのほとんどは現場で「なんとなく」行われている。本社や上司からいわれたからなんとなく始め、なんとなく行い、なんとなく消えていく。そんな活動が能力になることはありえない。

その一方で、デンソーは全員で取り組むEF活動を20年近く継続し、「よりよくする能力」をコア能力へと高めることに成功させている。さらに、「1/N」というより高次の目標を掲げ、「よりよくする能力」を活かしつつ、「新しいものを生み出す能力」を確立させようとしている。

しかし、いまは「非凡な現場」であるデンソーの現場も、最初からそうした能力が備わっていたわけではない。EF活動、そして「1/N」活動を通じて、じわじわと組織能力へと高めてきたのだ。

活動が一過性的で短期志向であるのに対し、能力は持続的で長期志向である。現場における「知識創造活動」を「知識創造能力」へと転換できるかどうか。現場力を高め、「非凡な現場」をつくる鍵はここにある。

「愚直」でなければ能力にはならない

デンソーと似たような活動を行っているにもかかわらず、デンソーのような組織能力を確立できていない現場では、こんな声が聞こえてくる。

「なぜ継続できないのだろう?」
「なぜ本気で取り組めないのだろう?」
「どうして『やらされ感』ばかり蔓延するのだろう?」

「活動」を「能力」へと高めることができるかどうかの差はいったい何か。

それはデンソーの現場が「愚直」に活動に取り組んでいるからである。

現場力の高い企業でよく耳にするのが、この「愚直」という言葉だ。愚直さは「非凡な

図表5◆2　平凡の非凡化

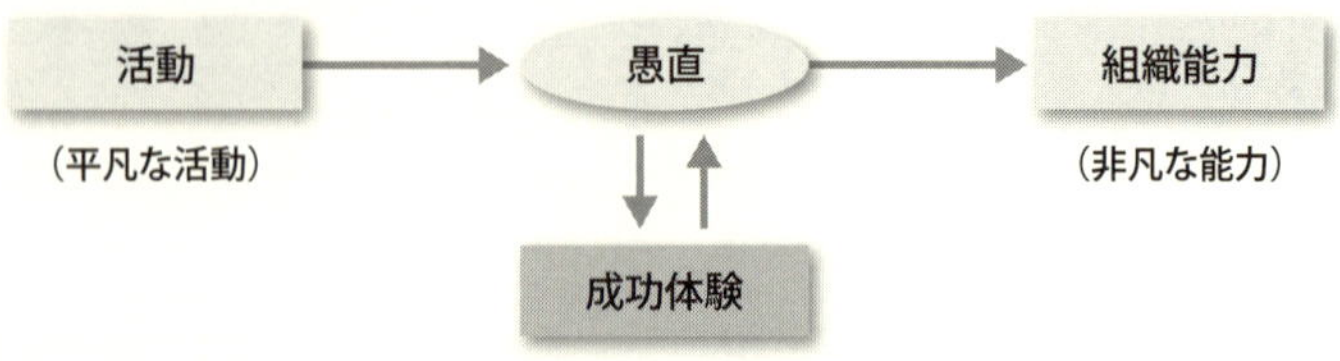

現場」をつくるために欠かせない要素である。

愚直という言葉は一般的にはあまりよい意味では使われない。辞書を引くと、「正直なばかりで臨機応変の行動をとれないこと。馬鹿正直」と出てくる。[2]

しかし、ビジネスの現場では、時に「愚かなほど真っ直ぐ」でなければ成し遂げられないことも数多くある。松下幸之助氏は「事を遂げる者は愚直でなければならぬ。才走ってはうまくいかない」と語っている。[3]

愚直とは「とことんやり抜く」ということだ。周囲から「そこまでやるのか……」と呆れられるほど「のめり込む」ことだ。のめり込まなければ、能力にはならない。

デンソーの現場は段取り替えの時間短縮を67秒まで縮めたのに、目標の60秒達成にこだわり、自分たちの作業の様子をビデオで撮影して1秒単位のムダを見つけようとさらなる努力を続けた。

これこそが愚直さを表す典型的な行動だろう。

デンソーの事例は、どの会社でも取り組んでいるようなありふれた活動でも、愚直に取り組めば必ず「成功体験」をもたらし、それが愚直性を強化し、やがて組織能力化することができることを教えてくれる。

デンソーの現場も最初から「非凡」だったわけではなく、「平凡な活動」を「愚直に続ける」ことによって「非凡な能力」へと磨き上げてきたのだ。これを私は「平凡の非凡化」と呼んでいる【図表5◈2】。

しかし、この愚直という言葉がじつは曲者でもある。

「非凡な現場」には例外なく愚直さという共通点がある。愚直さに触れずに現場力という組織能力を論じることはできないのだが、愚直という言葉を持ち出すとどうしても精神論、根性論の色彩が全面的に出てきてしまう。「デンソーの現場には根性があるが、うちの現場には根性がない。だからダメなんだ」と自社の現場を切って捨ててしまったのでは何も変わらない。

そこには精神論、根性論を超えた「合理的な必然性」が潜んでいる。それこそが「活動」を「組織能力」へと転換するポイントだ。

デンソーの現場で見られる愚直さがどのように生まれたのか、その背後にどのような必然性があったのか。そのメカニズムを解き明かしていきたい。

2 戦略的必然性と信条的必然性

❖

「戦略─能力─信条」を一体化させる

じつは、デンソーの非凡な現場力が生まれる鍵は、現場における活動だけでは解明できない。

もちろん現場力は現場で誕生し、現場固有の能力となるのだが、それを生み出すためには、より大きな経営の枠組みで捉えることが必要である。

デンソーにおいて活動が能力へと昇華し、差別化された卓越した現場力が生まれた背景を考えると、「戦略」「能力」「信条」という3つの異なる要素が絡み合い、リンクしていることがわかる。

❶戦略レベル（SP：Strategic Positioning）

どのような差別化、ポジショニングをめざすかという経営の戦略目標・方針

❷能力レベル(OC：Organizational Capability)

戦略を実行し、価値創造を行う組織能力の構築・強化

❸信条レベル(CB：Corporate Belief)

企業活動を底辺で支える共通の信条、価値観の共有・浸透

これらの3つの要素は企業経営において大事なものだと認識されてはいるが、それらの関係性は一見とても希薄である。

「戦略は戦略」「能力は能力」「信条は信条」と個別化し、それぞれが独立した存在として扱われてしまいがちだ。それこそが活動が能力へと転換しない大きな要因である。

本来であれば、戦略は現場での活動を通じて培われる能力によってその実行が担保されていなくてはならない。そして、その活動は信条によって支えられていなくてはならない。3つの要素は相互に絡み合い、影響を及ぼし合う関係にある。

「活動」という視点から「戦略」「信条」との関係性を考えてみると、現場での組織能力を高めるためのさまざまな活動は、次の「2つの必然性」が担保されていなくてはならない**[図表5◈3]**。

図表5◆3　2つの必然性

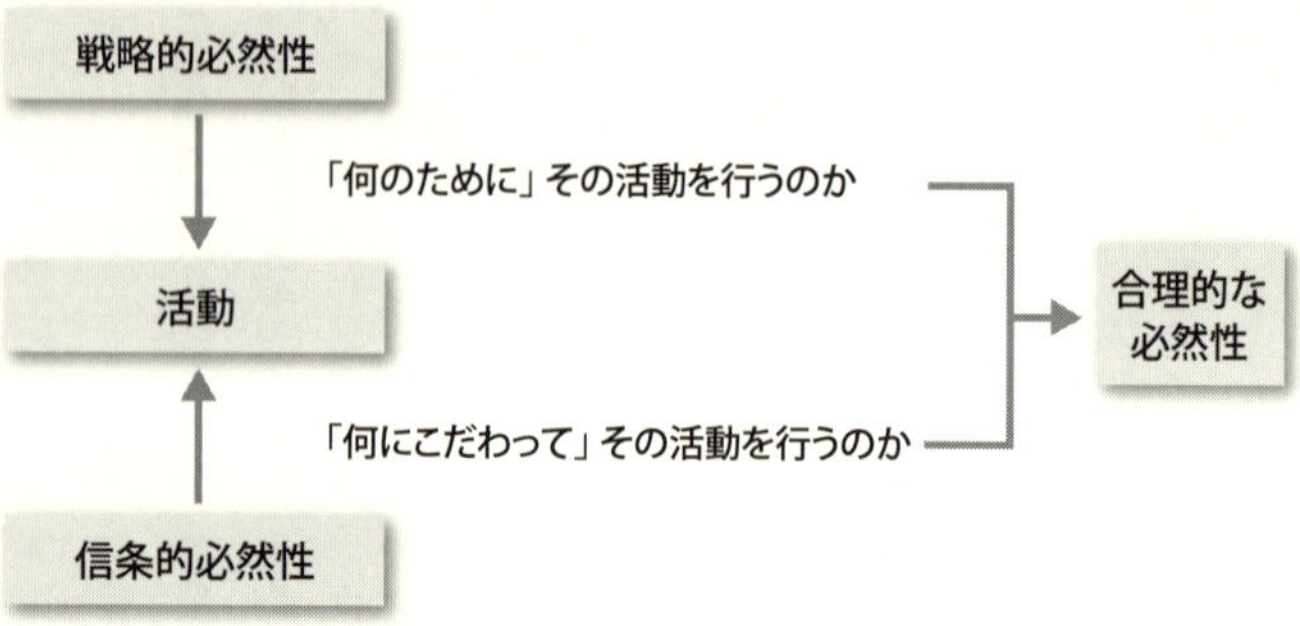

1 戦略的必然性：何のためにその活動を行うのか

2 信条的必然性：何にこだわってその活動を行うのか

つまり、デンソーが現場での活動を通じて高い組織能力を構築している理由は、「何のためにその活動を行うのか」「何にこだわってその活動を行うのか」を現場の全員が理解し、納得し、腹落ちしているからなのだ。これを私は「合理的な必然性」と呼んでいる。

指摘されれば「なんだ、そんなことか」と思うかもしれないが、デンソーとほかの多くの企業の大きな相違点はここにある。

「戦略」が重要なのではない。策定された戦略が現場に展開され、一人ひとりが戦略の方向性を理解し、納得し、行動に移すことが重要なのである。

同様に、「信条」が存在することが重要なのではない。それが現場の一人ひとりに浸透し、共感し、実践することが重要なのである。

戦略と信条という一見現場での活動とは無関係な2つの要素で活動を挟み込み、ひとつに収斂させる。そのことによって、活動に「魂が入り」、愚直さが生まれ、それが成功体験をもたらし、やがて能力へと転換していく。

「戦略―能力―信条」を一体化させる。現場力という組織能力を高める鍵はここにある。

❖

信条が活動を下支えする

戦略（SP）と能力（OC）が不可分の関係にあることについては第2章で触れた。ここでは、3つめの要素である共通の「信条」について考えてみよう。

信条とは、それぞれの企業が大切にし、拠り所とする「仕事上の心構え・規範」を意味する。「共通の価値観」と表現してもよいだろう。

わかりやすくいえば、それぞれの企業の実践上の「こだわり」を明示したものである。自分たちは何にこだわって毎日の仕事を行うのかを明確にすることは、業務遂行を担う現場にとってはきわめて重要なことである。

現場力の高い企業では、共通の信条が現場で共有され、浸透している。トヨタには「トヨタウェイ」が、花王には「花王ウェイ」が、そしてコマツには「コマツウェイ」が制定され、現場に根付いている。

同様に、デンソーには「デンソースピリット」と呼ばれる共通の信条が存在する。2005年に制定された「デンソースピリット」は、次の3つを柱にしている。

❶先進（デンソーにしかできない驚きや感動を提供する）

・先取（将来ニーズを敏感に捉え、明確な目標をもつ）
・創造（柔軟な発想で多くの打ち手を追求する）
・挑戦（けっして妥協しない意思をもち、成功するまでやりきる）

❷信頼（お客様の期待を超える安心や喜びを届ける）

・品質第一（ひとつの不良にこだわり、責任のもてるものしか後工程に渡さない）
・現地現物（労を惜しまず現地に行き、事実に基づき判断する）
・カイゼン（現状のやり方に固執せず、絶え間ない改善を実践する）

❸総智・総力（チームの力で最大の成果を発揮する）

・コミュニケーション（組織・職位を越え、納得いくまで議論する）
・チームワーク（高い目標を共有し、互いの存在価値を認め合う）
・人材育成（仕事への挑戦を通じて人を育て、自らも学ぶ）

活動を能力へ転換するには、信条による下支えが不可欠である。活動は自分たちが大切にしている信条、すなわち「こだわり」を実践する場でなくてはならない。

野中先生は信条（野中先生は信念という言葉を使っている）と行動の関係性について次のように指摘している。[4]

未来をつくっていくには、やはりビジョンと信念が不可欠です。そのビジョンと信念は言葉として言い続けているうちに「言霊」と化し、各メンバーに身体化されていきます。（中略）そうして身体に叩き込まれると、成長プロセスのあるタイミングで「こういうことだったのか」と本質を理解できる、と。言葉は身体化されなければ、行動につながらないのです。

デンソーにおける「1/N」活動は、「挑戦」「カイゼン」「総智・総力」などのデンソーならではのこだわりが現場で身体化されることによって実現しているのだ。

❖

同質性は多様性を排除しない

共通の信条という言葉を持ち出すと、個の創造性を否定し、自由闊達な組織になることを妨げると指摘する人がいる。

たしかに共通の信条が浸透している組織は同質的だが、チーム、集団で仕事をすることが求められる現場において、組織の基盤となる考え方を揃えることはとても大切なことだ。仕事をするうえでの心構えや規範がバラバラでは、現場は成り立たない。

「非凡な現場」は外形的にとても同質的に見える。共通の信条を共有し、実践しているのだから、外からは「金太郎飴」のように見えて当然だ。

コリンズとポラスは名著『ビジョナリーカンパニー』の中でこう指摘している。[5]

....

先見的な企業では、基本理念を中心に、カルトに近いとすら言える環境をつくりあげており、わたしたちはこれを「カルト主義」と呼ぶことにした。（中略）強烈な忠誠心を吹き込み、行動に影響を与えて、社員が基本理念に従い、熱意を持って常に一貫した行動をとるようにする。

いうまでもなく、「非凡な現場」はカルト（反社会的な宗教集団）ではない。

しかし、カルトの「ような」特性をもっているのは事実だ。共通の信条が浸透し、行動習慣として徹底されているのだから、外から見れば同質的集団と映ってもおかしくない。

ただし、この同質性は多様性を排除しない。むしろ多様性を加速させるものである。

デンソーにおいても、「デンソースピリット」の浸透と個の創造性を活かすことはけっして相矛盾するものではない。信条を共有し、実践したうえで、「よりよくする」「新しいものを生み出す」という「知識創造スパイラル」が回っている。基盤となる信条を共有したうえで、個の創造性や多様性を活かすことが重要なのだ。

3 H型モデルによる組織能力構築

デンソーは「戦略—能力—信条」という3つの要素を同期させ、密接にリンクさせながら、活動を能力へと転換させてきた。それは3つのフェーズを経て、独自の能力構築につながっている。

それをその形成経路の形状から「H型モデル」と呼ぶことにしたい【図表5◆4】。その流れをひとつずつ追って見ていこう。

❖

フェーズ1 活動の「必然性」を担保する

現場における「知識創造スパイラル」は「活動」から始まる。知識創造に取り組む「場」を設営し活動を起こすことが、能力構築の出発点である。

図表5◆4 H型モデル

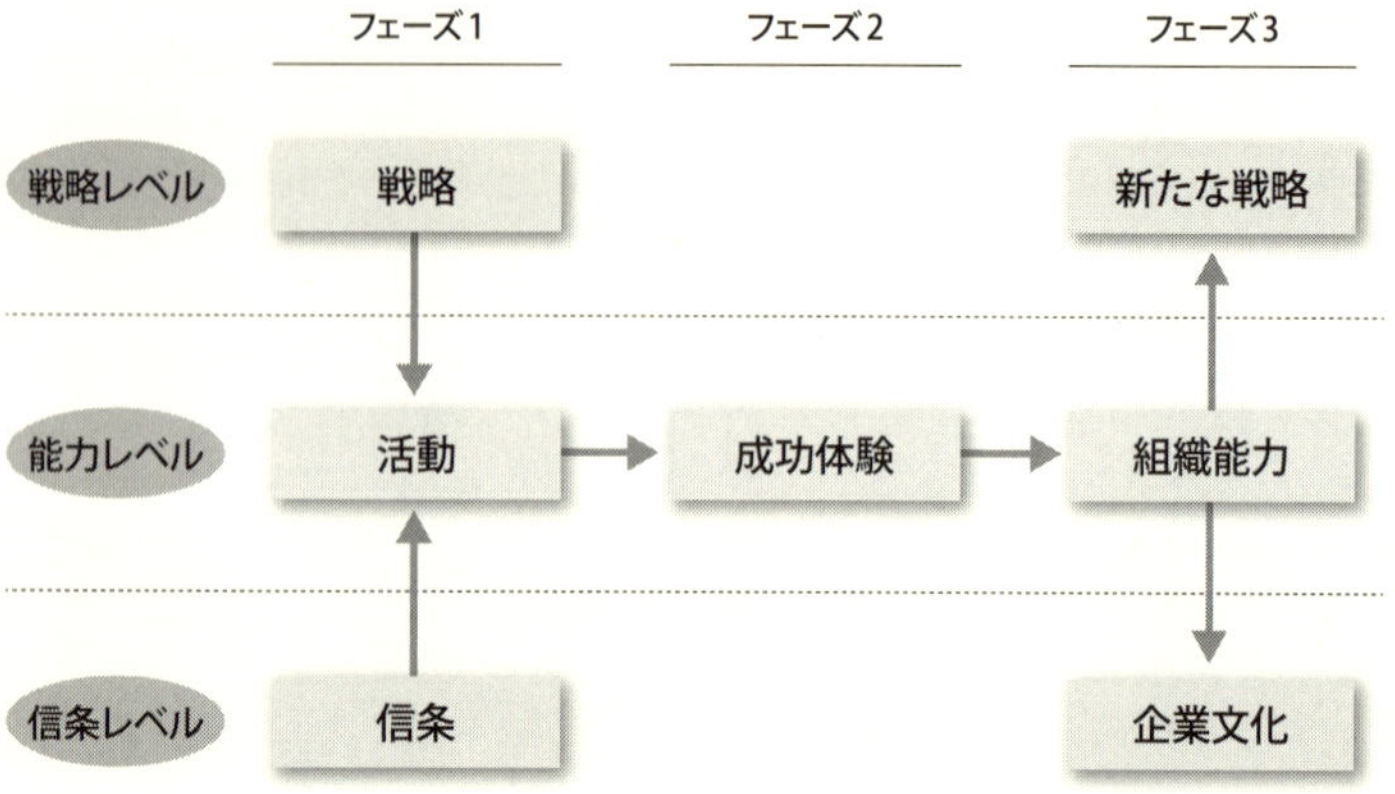

デンソーにおいても最初から「よりよくする能力」や「新しいものを生み出す能力」が備わっていたわけではない。EF活動や「1/N」活動の取り組みが起点となっている。

しかし、業務遂行が第一義的な本分である現場において、「よりよくする」「新しいものを生み出す」といった知識創造は、当初はあくまでも二次的なものでしかない。

経営トップや本社からの強い指示があれば行うけれども、指示が弱くなったり、現場の余裕がなくなれば、そうした活動は二の次になってしまいがちだ。それではいつまで経っても活動は能力に転換しない。

現場が活動に本気で取り組むには、「何のためにその活動を行うのか」、そして「何にこだわってその活動を行うのか」を明確にし、活動を進めるうえでの「2つの必然性」を担保しなければならない。

1——戦略と活動を一貫化させる（戦略的必然性）

現場力を高める活動には、その戦略的な目的が不可欠である。「何のためにその活動を行うのか」が明示され、「戦略的必然性」が現場に示されなければ現場は本気では取り組まない。

デンソーの「1／N」活動が熱を帯びた取り組みになっているのは、それが中期経営計画の重要な柱として明確に位置付けられているからである。

デンソーは2015年のめざす姿のひとつとして「ダントツのコスト競争力を持つグローバル調達・生産・供給体制の構築」を打ち出している。加藤社長はインタビューで次のように明言している。[6]

「日本国内で開発・導入を始めている『1／N設備』などを利用し、新興国の生産体制もシンプルかつスリムなものにする」

「1／N」活動は全社戦略の重要な柱であり、大量生産から変種変量生産への転換という重要な戦略的使命を現場は担っている。

とはいえ、デンソーの現場も最初から諸手を挙げて「1／N」に賛同し、意欲的に取り組んでいたわけではない。当初、「1／N」を目標として掲げた時には否定的な声が現場から上がっていた。

生産技術開発部の黒田部長はこう振り返る。

「『1/N』に挑戦するんだといくら言っても、できない理由、やれない理由ばかり上げてくる。個人別目標を考えるようにと伝えても、『テーマが見つからない』といいながら、やんわりと回避しようとする人も多かった。製造現場でも『大量生産のほうが安くつくれるのに、なんでこんなことやるんだ』という否定的な声をよく耳にした」

「よりよくする」をコア能力として確立しているデンソーの自律的な現場でさえ、さらなる高次の取り組みに対しては当初は抵抗を示し、そう簡単には受け入れなかった。それが現場というものだ。

それに対し、黒田部長や藤井敬之部品エンジニア部長、瀧口昌之試作部長らの部長層はぶれることなく、粘り強く新たな戦略、方針を現場に展開していった。なぜ「1/N」が必要なのかをしつこく説いて回り、理解を求めた。

黒田部長は「根比べだった」と回想する。そして、経営陣や幹部の熱気や本気さはじんわりと伝わり、現場は徐々に動きはじめた。

「活動のための活動」のままでは大きな成果は望めない。実現すべき戦略が明示され、その戦略と活動の「一貫性」(consistency)が担保され、現場がその必要性を理解し、納得したときに、現場は本気で取り組みはじめるのだ。

2――信条で活動を下支えする（信条的必然性）

活動を進めるにあたっては、「何にこだわってその活動を行うのか」という共通の信条を明確にする必要がある。

戦略的必然性が「これはやらなきゃいけないんだ」という目的性を付与するのに対し、仕事をするうえでの心構えや規範である信条は、活動を実践するうえでの精神的基盤となる。共通の信条が活動を下支えするのだ。

信条はそれぞれの会社の実践上の「こだわり」を示すものである。

そのこだわりは「勝手な思い込み」では意味がない。「それにこだわることが自社を成功へ導く最も合理的なやり方を示すものだ」と現場が理解し、納得しなければならない。信条とはけっして情緒的、精神的なものではなく、活動の合理的な理由付けを与えるものである。

先ほどデンソースピリットが明文化されたのが2005年だと説明した。明文化こそされていなかったが、デンソーには長年培ってきたこだわりが現場で脈々と継承されていた。

なかでも「全員参加・全社一丸」は最もデンソーがこだわる言葉として浸透していた。全員参加（総智・総力）の重要性を現場が体感した大きなきっかけは、デミング賞への挑戦だった。

当時専務として牽引した岩月達夫氏は社内報でこう語っている。

「5000人の諸君が苦しみをともにし、喜びをともにする態勢の中にあるということを知って何物にも代え難い喜びを感じたのであります。これさえあれば何もいらぬという気持ちがいたすのであります」

受賞の栄誉を記念して1962年には記念碑が建立されたが、その裏面には受賞当時の全従業員5136人の氏名が刻まれている。「総智・総力」の原点はここにある。「全員参加で一丸となって取り組むことが成功への道なのだ」ということが実証され、現場が納得しているからこそ、その信条を守ろうとするのだ。

多くの企業が共通の信条を共有し、競争力強化につなげようという努力をしている。それは「ウェイ・マネジメント」とも呼ばれ、自分たちが大切にしてきた信条を明文化し、冊子をつくり、全社員に配るなどの取り組みが行われている。

しかし、そうした取り組みをしている企業の多くでは、残念ながら信条が現場に根付くまでには至っていない。「冊子を配っておしまい」という表面的な取り組みで終わってしまっていることも多い。

「○○ウェイ」という冊子はあっても、現場に共通の信条など存在しない企業が数多くある。そのような冊子がなくても、現場に信条が宿っている企業もある。

大事なのは冊子をつくることではない。それが現場で生きているかどうかだ。

デンソーでのEF活動や「1/N」活動が本気の取り組みとなっているのは、デンソーならではのこだわりが現場に浸透し、息づいているからにほかならない。

❖

フェーズ2　小さな成功を積み重ねる

3――現場の愚直さを引き出し、「非凡な活動」に変質する(平凡の非凡化)

「2つの必然性」は、現場に使命感をもたらし、目的を遂行するための「知識創造スパイラル」へと駆り立てる。

明確な目的が示され、こだわりという信条を共有した現場は、たとえ困難な壁や障害があっても、それらを自らの知恵で乗り越えようとする。

さらに、現場の粘り強い取り組みを引き出すには、「目に見える成果」を早期につくることが大切だ。たとえ小さくても成功体験を積み重ねることで、現場の愚直さはさらに強化されていく。

ドラッカーは「知識労働者の動機づけに必要なものは成果である」と指摘する。[7]「目に見える成果」によって自らの貢献を認識することによって愚直さは高まる。

デンソーの「1/N」活動においても、当初は「そんなことができるんだろうか?」と半信半疑の人たちも数多くいた。その人たちを本気にさせるには、小さな成功を早期に生み出し、「できる」という自信をもたせることが必要だった。

段取り替え時間の短縮も、一気に短くなったわけではない。毎年数十秒ずつ短縮し、

7年の年月をかけて「1分段取り」を実現させていった。

黒田部長は「20点の企画書でいいから、やりはじめろ」と現場を鼓舞する。ある程度考えたら、手を動かし、形にしてみる。目に見える形になることによって、少しずつでも前進していることが実感できるからだ。

「合理的な必然性」の担保、そして小さな成功体験の積み重ね。これらが現場の愚直さを引き出し、平凡な活動が「非凡な活動」へと変質していく（平凡の非凡化）。やがて活動は能力へと転換し、組織内にビルトインされる。

組織能力化するということは、現場での取り組みや結果が「当たり前」になるということだ。意識をしなくても、当たり前のようにできる状態になることである。デンソーの深谷紘一前社長（現相談役）は「当たり前」についてこう指摘する。[8]

今日の当たり前が高いレベルにあり、自他ともにとことんしっかりと活動すれば多くの場合、他社と十分に戦え、新ビジネスの獲得につながっていくと信じたい。その結果、顧客、世の中から〝そこまでやるものか、デンソーの当たり前は〟〝すごい！さすが！〟と思われ、さらにそれは我々のやる気向上へと好循環されていく。この今日の当たり前はさらに自他ともに誇れるレベル、明日の当たり前にかさ上げされていかなければならないと考えている。

デンソーの現場はＥＦ活動を通じて「『保つ』ことが当たり前」から「『よりよくする』ことが当たり前」へと変貌させ、そのコア能力を高めてきた。

そして、「１／Ｎ」活動の取り組みによって、「よりよくする」という「今日の当たり前」を活かしつつ、「『新しいものを生み出す』ことが当たり前」という「明日の当たり前」を生み出そうとしている。能力構築とは「明日の当たり前」をつくり出すことにほかならない。

❖

フェーズ３　能力を活かす新たな戦略を策定し、独自の企業文化を形成する

新たな能力構築に成功し、ほかの企業にはないレベルの「当たり前」を獲得した企業は、２つの大きな果実を手にすることができる。それらは戦略レベルと信条レベルにおける高次の企業価値であり、差別化された競争力となる。

４――能力に立脚した戦略の策定

コア能力の進化は戦略実行に活かされるだけでなく、新たな戦略策定の基盤となりうる。ほかの企業にはない差別化された組織能力を活かした戦略を策定することが可能となる。

「組織能力に立脚した戦略策定」（capability-based strategy）は実行可能性がすでに担保

されているので、その実行が迅速であると同時に、組織能力を有していない他企業ではとりえない差別化された戦略である可能性が高い。

デンソーが挑戦している「1/N」設備は独自の生産戦略であり、デンソーのこれからの海外展開の大きな柱のひとつだ。それを可能にしているのは、デンソーの現場が培ってきた「よりよくする能力」である。

地道な改善をベースとする「よりよくする」というコア能力があってこそ、「新しいものを生み出す」ことは可能となる。逆にいえば、「よりよくする能力」を有していない企業が、「1/N」設備を自社開発することは難しい。

さらに、デンソーの現場が確立しつつある「新しいものを生み出す」能力を活かせば、現場起点で新たな製品やサービス、プロセスなどを生み出すことが可能となる。

戦略が能力を規定するのではない。差別化された能力こそが独自の戦略を規定するのだ。

5——企業文化の醸成

共通の信条が現場で実践され、成功体験を積み上げ、組織能力化することによって、独自の企業文化（corporate culture）が形成されていく。企業文化は目には見えないが企業の重要な資産であり、競争力の基盤となるものだ。

組織文化論の大家であるE・H・シャインは企業文化を次のように定義している。[9]

文化の本質はこのような集団として獲得された価値観、信念、仮定であり、組織が繁栄をつづけるにつれてそれらが共有され当然視されるようになったものである。集団として獲得する過程から生じたという点が大切である。もともとは、創業者やリーダーの頭にしかなかったのである。それが共有され当然視されるのは、組織の新しいメンバーが創業者の信念、価値観、仮定のおかげで組織が成功を収めているのを見て取り、これらは「正しい」に違いないと思うようになることによる。

デンソーの社内報『デンソー時報』（2013年6／7月号）に面白い記事を見つけた。デンソー社員に「デンソーらしい○○力とは？」を尋ねるアンケート調査で、なんと76％の社員が「総智・総力」をデンソー「らしさ」として上げているのだ[10]。

何かひとつのことに向かって全社一丸となってやり切る力が、デンソー独自の文化にまで高まっている証左だろう。デンソーの現場は「総智・総力こそが成功につながる」ことを実体験として体感しているからこそ、それを大切に引き継ぎ、企業文化と呼べるレベルにまで高まっているのである。

4 H型モデルの有効性を検証する

【ケース2】――ヤマト運輸

❖ H型モデルはほかの企業にも当てはまるか

活動が能力へと転換し、「非凡な現場」へと進化するH型モデルの一連の流れを今一度おさらいしておこう。

1 現場力という組織能力を構築するには、その能力を磨くための「活動」を始めなければならない。
2 その活動は「戦略的必然性」と「信条的必然性」という2つからなる「合理的な必然性」で担保されていなければならない。
3 「合理的な必然性」が愚直な活動へと導き、小さな成功体験を積み上げることによって粘り強く継続し、さらに愚直性が高まる。
4 愚直な活動は時間の経過とともに「当たり前」となり、やがて「能力」へと転換する。
5 構築された新たなコア能力はそれを活かした新たな戦略の策定に結びつき、さらには独自の企業文化として定着する。

「戦略―能力―信条」が一体となったH型モデルは、はたしてデンソーだけに当てはまるものなのだろうか。それとも、ほかの企業においても適用可能なモデルなのだろうか。

ここではその有効性を検証するために、非製造業の代表例であるヤマト運輸をケースとして取り上げ、検証してみたい。

私はヤマト運輸の現場を何ヶ所か訪問する機会に恵まれた。そこで私が見たものは、大きな使命感を抱き、自律的に考え、行動する「非凡な現場」だった。「よりよくする能力」「新しいものを生み出す能力」が確立し、それがヤマト運輸の独自の競争力にまで高まっている。

ヤマト運輸の現場力がなぜ非凡なのかを、H型モデルを当てはめて考えてみたいと思う。

ヤマトグループはヤマトホールディングスの傘下で多様な事業を展開しており、ヤマト運輸はその中核会社だ。ここではヤマト運輸という呼称で統一する。

宅配便最大手のヤマト運輸が「宅急便」を開始したのは1976年。

それまでは関東地方中心の大口配送（B2B）をメインの事業としていたが、1971年に創業者から社長を引き継いだ小倉昌男氏が個人から個人へ、一個単位で荷物を運ぶビジネス（小口貨物配送サービス）へと大胆な戦略転換を行った。

「スキー宅急便」「ゴルフ宅急便」「クール宅急便」「コレクトサービス」などの新商品を次々と開発し、新たな需要を創造させることに成功してきた。開業初日の取り扱い個数がわずか11個だった「宅急便」は、2013年度には16億7000万個まで拡大し、重要な社会インフラを担っている。

❖

センターでの配送員の取り組み

私が最初に訪ねたヤマト運輸の現場は、横浜市都筑区にある都筑仲町台センターだ。センターというのは宅急便集配の最前線で、日本全国に約6000ヶ所ある。

仲町台センターは港北ニュータウンを中心に担当し、人口流入が続くエリアである。担当世帯数は約5000世帯。これを8人の配送員、5台の車でカバーしている。1日の平均配荷個数は約800個。ほぼ同数の集荷も行っている。

3人の配送員の方々に忙しい合間に話を伺った。そのときの取材ノートを読み返すとこんな記述がある。

「まるで自衛隊の人たちと話しているみたいだ」

これが私の率直な印象だった。「どうしたらもっとよいサービスを提供できるのか」をいつも真剣に考えている様子が伝わってきた。その使命感は半端なものではない。

荷物が増えつづけているこのセンターでは、日々の業務を淡々とこなすだけではすまない。効率性、生産性を高めるための努力が不可欠になる。

なかでも、最大の課題は「持ち戻り荷物」だ。

午前中に配達すべき荷物が、受取人不在などのために「持ち戻り」となってしまい、午後以降に再配達をせざるをえなくなることが多く、現場では頭を悩ませていた。再配達の手間がかかると同時に、本来集荷に充てるべき午後の時間が奪われてしまう。

そこで、このセンターでは本社の支援を仰ぎながら、「集配改革」に取り組んだ。それはパート社員を活用した「チーム集配」と呼ばれるものだ[11]。

「持ち戻り」を減らすには、在宅確率が高い午前10時までに配達できるかどうかが鍵となる。しかし、配送員ひとりがどんなにがんばったところで、身体はひとつしかない。

そこで、地域に詳しい主婦層を中心としたパート社員を配送員のパートナーとして付け、チームを組むことで午前10時までの配荷率を高めようとしている。

しかし、理屈としては正しくても、実際にこれを運用しようとすれば、現場ではさまざまな壁にぶつかる。たとえば、配達エリアを熟知していないパート社員が期待どおりの効率で配荷できるのか、さらには業務上不可欠であるハンディ端末をパート社員も使いこなすにはどう指導したらいいのかなど、実行上のハードルはけっして低くない。

こうした課題を、仲町台センターは自分たちの知恵と努力で乗り越えていた。

パート社員が配荷先が素早く特定できるように、色分けされたエリアマップを作成したり、ハンディ端末の簡便な操作マニュアルも自分たちでつくっている。

また、車の荷台にはパート社員でも配達すべき荷物が確実にわかるように、曜日と方面を指定する大きな表示が色分けされて施されている。こうした現場ならではの小さな創意工夫を凝らし、新たな仕事のやり方を定着させようとしていた。

この取り組みは大きな効果をもたらし、現場主導の改善によって「持ち戻り」荷物を半減させている。受取人に対するサービスは改善し、配送員の生産性も高まった。さらに空いた時間を集荷に充てることで、収入増大にも結びついている。

ヤマト運輸のセンターは、荷物の集配だけを淡々と行う「保つ」現場ではない。自らの知恵で仕事のやり方や仕組みを進化させ、「よりよくする」を実践する非凡な現場だった。

❖

「まごころ宅急便」は現場の思いから生まれた

次に、私はヤマト運輸の岩手主管支店を訪ねた。現場発の新規事業の取り組みについて話を伺うためだ。

お会いしたのは、営業企画課長の松本まゆみさん。彼女は「まごころ宅急便」という新たな商品を企画し、その立ち上げに奔走していた。[12]

「まごころ宅急便」とは65歳以上の要援護者が食品や日用品などの生活必需品を電話で

注文し、地元のスーパーが品物を揃え、ヤマト運輸が届けるという新たなサービスである。高齢化が進み、「買い物難民」が増えている過疎の地域では、こうしたサービスのニーズは大きく、とくに東日本大震災の被災地では状況はより深刻である。

このサービスの特徴はたんなる「買い物代行」だけではなく、品物の配達時にヤマトのセールスドライバーが利用者の体調や困り事を聞き、それぞれの地域の社会福祉協議会に情報を届ける「安心見守りサービス」を行っていることだ。

岩手県内の高齢者単独世帯、高齢夫婦世帯は約8万2000世帯（2005年国勢調査）で、全世帯の17％に上る。病気や自殺などで独居高齢者が死後に発見されるケースは年間200人にも達している。

「買い物難民」「孤独死」という2つの深刻な問題に対するひとつの答えが、この「まごころ宅急便」という試みだ。2010年に西和賀町で試験的に開始し、大槌町、釜石市での取り組みが始まっている。

この商品を考案・企画し、推進しているのが松本さんだ。じつは松本さんは新規事業立ち上げの専門家ではなく、バリバリの「現場叩き上げ」である。

1998年にパートの配送員としてヤマト運輸に入社。2008年に正社員になり、その翌年には盛岡駅前センター長になった。

そのころの体験が「まごころ宅急便」という新商品を考えだすきっかけとなった。

ある日、松本さんは88歳の独居女性の家にいつものように息子さんからの荷物を届けた。

「何かいつもと様子が違う……」と感じたものの、次の配達もあったため、声をかけることができなかった。その夜、その女性は孤独死し、発見されたのは死後3日経ってからだった。

「あのとき、どこかに連絡していれば助かったかもしれない。少なくとも孤独死は防げた……」。松本さんは自責の念に駆られ、仕事も手につかなくなってしまった。

高齢者が安心して暮らせる社会をつくらなくてはいけない。そのためにできることがあるのではないか。「まごころ宅急便」は、こうした松本さんの強烈な原体験と思いから生まれた。

松本さんは自分の思いを企画書としてまとめ、上司である主管支店長にぶつけた。「考えが甘い。こんなんじゃビジネスとしてやっていけない」と何度も突き返されたが、それは上司の松本さんに対する叱咤激励でもあった。

企画は社内の審査を通り、松本さんは集配の現場を離れ、プロジェクトリーダーとしてこの新商品を実現するために奔走している。

「まごころ宅急便」は、現場が「新しいものを生み出す」好例だ。現場の気づきやアイデア、思いが起点となり、いままでにはなかった新しい価値が創出される。

ヤマト運輸は現場起点で生み出された数々の商品によって成長し、発展を続けている。

5 ヤマト運輸における「合理的な必然性」

❖「サービスが先、利益は後」という「戦略的必然性」

この2つの事例を現場で見聞することによって、私はヤマト運輸の現場に「よりよくする能力」「新しいものを生み出す能力」が内包されていることを体感した。ヤマト運輸の現場は間違いなく「非凡」である。

なぜヤマト運輸の現場には、そうした高次の能力が備わっているのか。

そこには現場での活動が能力へと転換する「合理的な必然性」が存在している。まず初めに、「戦略的必然性」を見てみよう。

宅急便という事業には「荷物の密度がある線以上になれば黒字になり、ある線以下であれば赤字になる」という特性がある。中興の祖である小倉昌男氏は荷物の密度を高めることが成功の鍵であり、そのためにはサービスを向上させて、差別化を実現することが何より大切だと考えた。

宅急便を開始したとき、小倉氏は業務会議でこう強調した。[13]

「これからは収支のことは一切いわない。その代わりサービスのことは厳しく追及する」

そして、「サービスが先、利益は後」というモットーを打ち出した。これこそがヤマト運輸の戦略の根幹である。現場の配送員一人ひとりがどうすればサービスをよりよくすることができるのかを常に考え、実践することが顧客満足を生み出し、荷物の密度を高めることにつながる。そして、結果として利益はついてくる。

サービスを提供するのは現場だ。だからこそ、現場に権限委譲し、自律した現場をつくることが、ヤマト運輸の戦略を実践するうえでの重要な柱となる。

仲町台センターの配送員たちが創意工夫し、「チーム集配」による生産性向上をめざし、「よりよくする」ことに挑戦するのは、こうした戦略を現場が理解し、納得しているからにほかならない。

また、ヤマト運輸は新たな需要を掘り起こし、生み出していくことを戦略の柱として掲げている。その戦略を実現するには、顧客の「代弁者」である配送員の気づきやアイデアがきわめて重要だ。

第3章で見たように、「クール宅急便」「スキー宅急便」「ゴルフ宅急便」などの革新的な商品は、現場の気づきから生まれている。ヤマト運輸の需要創造の起点は常に現場である。

岩手で「まごころ宅急便」の立ち上げに奔走する松本さんのように、現場起点で「新しいものを生み出す」ことがヤマト運輸の成長の柱なのだ。

ヤマト運輸の現場が「よりよくする能力」「新しいものを生み出す能力」を確立しているのは、会社の戦略が現場に正しく展開され、それを現場の一人ひとりが理解し、納得し、実践しようとしているからにほかならない。ヤマト運輸では活動を「何のために行うのか」という「戦略的必然性」が担保されている。

3つの社訓による「信条的必然性」

それでは「何にこだわって行うのか」という「信条的必然性」はどうだろうか。

ヤマト運輸が創業以来こだわりつづけているのは、社員の自律であり全員経営である。

小倉氏は現場の自律性について次のように語っている。[14]

「全員経営」とは、全社員が同じ経営目的に向かい、同じ目標を持つが、目標を達成するための方策は社員一人ひとりが自分で考えて実行する、つまり社員の自律的な行動に期待するのである。社員に目標は与えるが、会社側はやり方について命令したり指図したりせず、社員がその成果に責任をもって行動する、というものである。

社員の自律性を下支えするのが、1931年に制定された社訓だ。これこそがヤマト運輸の信条であり、共通の価値観である。現場では社訓が毎日唱和され、同社で働く人たちの心の拠り所となっている。社訓を実践する現場のエピソードがDVDとしてまとめられ、社員教育で使われている。

社訓は次の3つだ。

❶ヤマトは我なり
❷運送行為は委託者の意思の延長と知るべし
❸思想を堅実に礼節を重んずべし

社員一人ひとりが会社の代表であるという自覚、意識をもち、主体的に行動すること、お客様（委託者）の心を受け継ぎ、責任と誠意とまごころをもって荷物を取り扱うこと、そして礼節を重んじ、社会の一員として法と倫理を遵守することが唱われている。

社訓はたんなるお題目ではない。何にこだわって日々の活動を行うのか、ヤマトらしさとは何かを明示し、現場での実践を促すものである。

社訓を大切にし、日々遂行することが顧客満足を生み出し、ひいては個人、企業の成功につながることを示している。だからこそ、ヤマト運輸では社訓が浸透、定着し、「信条的必然性」が担保されている。

岩手で「まごころ宅急便」の立ち上げに奔走する松本さんは、私にこう教えてくれた。

「社長の木川（ヤマトホールディングス・木川眞社長）は『為さざるの罪』といっています。何もせず、やれない理由や言い訳ばかりいっていてはダメだ。正しいと思ったら行動しようという意味です。私はその言葉に突き動かされています」

松本さんを現場で行動に駆り立てているのは、木川社長の信条・信念が伝わっているからにほかならない。経営者の思いを受け止めた現場はとてつもない力を発揮する。

このようにヤマト運輸では現場での活動が「戦略的必然性」「信条的必然性」によって担保され、本気の活動になっていることがわかる。

そして、現場での本気の活動が、実際に成功をもたらしている。センターでの地道な改善活動によってお客様の満足度が高まり、現場の生産性も高まっている。また、現場起点で生まれた新商品がヒットし、新たな需要創造につながっている。

こうした成功体験が現場での活動をより愚直なものにする。その結果、ヤマト運輸では「よりよくする能力」「新しいものを生み出す能力」がコア能力として定着し、大きな優位性の源泉となっている。ヤマト運輸においても、H型モデルは機能しているのだ。

デンソー、ヤマト運輸のケースが教えてくれるように、現場力という差別化された組織能力を磨く鍵は、「合理的な必然性」を担保することにほかならない。現場で取り組む活動の必然性を理解、浸透させ、本気の取り組みによって成功体験を積み上げ、活動を能力へと昇華させる。

「戦略―活動―信条」を一体化させ、ひとつに収斂させることが、現場力という組織能力を磨き上げるためには不可欠なのである。

❖現場とは何か

▼現場とは過去（これまで）と未来（これから）をつなぐ結節点（いま・ここ）である。

▼現場は「天使」と「悪魔」の二面性をもっている。競争力の中核となる「非凡な現場」にもなりうるし、企業を存亡の危機に陥れる「平凡以下の現場」にもなりかねない。

▼現場は「価値創造主体」「業務遂行主体」「人材育成主体」という3つの「顔」をもっている。

❖現場力とは何か

▼戦略実行の相対的な重要性が増す中、現場の組織能力（現場力）を高めることが持続的な競争優位につながる。

▼現場力は「保つ能力」「よりよくする能力」「新しいものを生み出す能力」という3つの異なる能力が重層的に形成されたものである。

▼「平凡な現場」のコア能力が「保つ能力」に留まる一方、「非凡な現場」は「よりよくする能力」「新しいものを生み出す能力」をコア能力化することに成功している。

▼「非凡な現場」は「知識創造主体」という4つ目の「顔」を確立させている。現場で知識創造スパイラルが循環し、ナレッジワーカー（知識労働者）が育成されている。

❖「非凡な現場」をつくるための「合理的な必然性」

▼「平凡な現場」と「非凡な現場」の決定的な違いは、現場での「活動」を「組織能力」へと転換させることができるかどうかである。

▼「非凡な現場」では「戦略」「能力」「信条」の3つが一体化し、「合理的な必然性」が担保されている。

▼「合理的な必然性」とは「戦略的必然性」と「信条的必然性」の2つによって形成されている。何のために、何にこだわって活動に取り組むのかを全員が理解し、納得し、腹落ちさせている状態のことである。愚直さはそこから生まれている。

▼「よりよくする能力」「新しいものを生み出す能力」をコア能力化することによって、高次の能力を活かした新たな戦略の策定、独自の企業文化の創造につながっている（H型モデル）。

第Ⅱ部……「非凡な現場」をどのようにつくるか——【実践編】

第6章

現場力を進化させる道筋

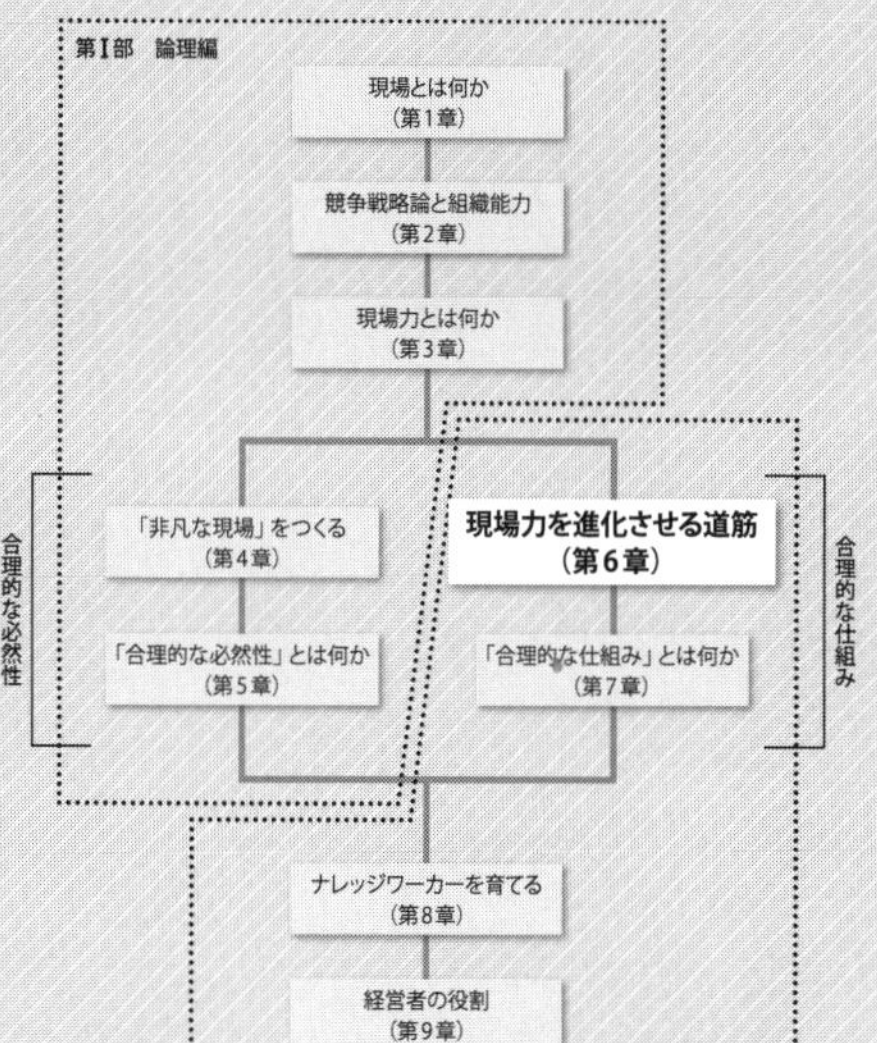

第Ⅰ部　論理編
現場とは何か
（第1章）
競争戦略論と組織能力
（第2章）
現場力とは何か
（第3章）
合理的な必然性
「非凡な現場」をつくる
（第4章）
「合理的な必然性」とは何か
（第5章）
現場力を進化させる道筋
（第6章）
「合理的な仕組み」とは何か
（第7章）
合理的な仕組み
ナレッジワーカーを育てる
（第8章）
経営者の役割
（第9章）
第Ⅱ部　実践編

1 現場力の「芽」をどう育てるか

【ケース3】――住宅金融支援機構

❖「合理的な仕組み」を埋め込む

第Ⅰ部「論理編」では現場の「正体」を探り、現場力という組織能力とは何かを考え、「非凡な現場」をつくるためのモデルについて考察してきた。

デンソーやヤマト運輸のケースで見たように、現場力を高め、競争力の柱にしようと思えば、「戦略―活動―信条」という一見関係性の薄い3つの要素を一体化させ、「合理的な必然性」を担保することが不可欠である。

現場の一人ひとりが「何のために」「何にこだわって」現場力強化の活動に取り組むのかを理解し、納得しなければ、現場の本気さや愚直さは生まれてこない。「合理的な必然性」とはH型モデルの「縦軸」に着目することによって生まれる。

しかし、「合理的な必然性」は、現場力強化の必要条件にすぎないのもまた事実である。必然性を担保することは大切だが、それだけでは現場力という組織能力を高めるためのエネルギーとしては不十分だ。

図表6◆1　H型モデルの「横軸」

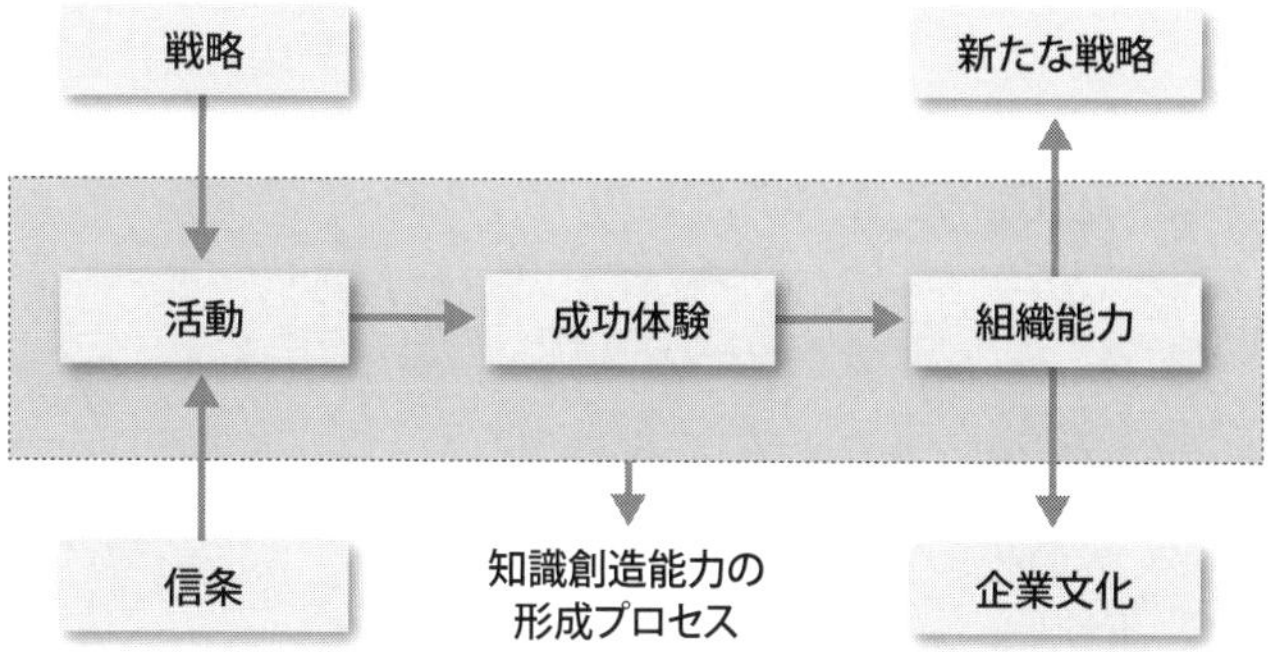

次に必要なのは、H型モデルの「横軸」である。活動から組織能力へと転換するこの横の流れこそが、現場における知識創造能力の形成プロセスである【図表6◆1】。

「よりよくする能力」「新しいものを生み出す能力」をコア能力化しようとするなら、この「横軸」に着目し、「活動」を「能力」へと転換させるプロセスにおいてさまざまな仕組み、仕掛けを講じることが必要不可欠だ。

新たなコア能力を構築する過程では、さまざまな障害や壁が存在する。

そうしたハードルを乗り越え、高次の能力を手に入れるには、効率的、効果的に能力を高め、後戻りさせない「合理的な仕組み」が欠かせない。この仕組みこそ現場力を競争上の優位性へと高めるための十分条件である。

現場力は「合理的な必然性」と「合理的な仕組み」が揃ってこそ進化するのである【図表6◆2】。

図表6◆2　「合理的な必然性」と「合理的な仕組み」（再掲）

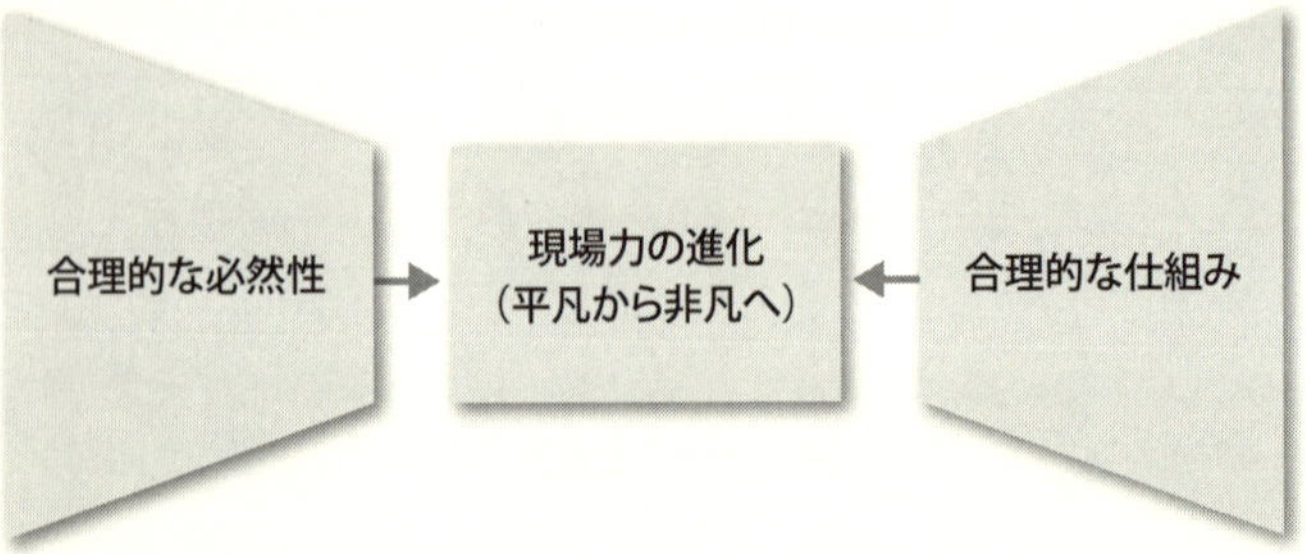

第Ⅱ部「実践編」では、「非凡な現場」をつくるために必要な後者の「合理的な仕組み」について、より具体的かつ実践的な視点で考えていきたい。

❖

なぜ住宅金融支援機構の取り組みが参考になるのか

そのとっかかりとして、2013年に私が出会ったひとつのケースを紹介したい。

その舞台は住宅金融支援機構（JHF：Japan Housing Finance Agency）という独立行政法人（独法）である。

「現場力を考えるのに、なぜ政府系の金融機関を取り上げるのか」と訝《いぶか》しむ人もいるかもしれない。たしかに全額政府出資の独法という組織は現場力のイメージとは程遠い。

しかし、私が出会った住宅金融支援機構での取り組みには、現場力のお手本ともいうべきキラッと輝くものが存在した。地味だけれど、地に足の着いた現場ならではの取り組みに私は感動さえ覚えた。まずはその概要から紹介したい。

❖

現場力向上をめざした「カイゼン活動」

住宅金融支援機構は2007年4月、旧住宅金融公庫の業務を継承し発足した。旧住宅金融公庫では住宅ローンを直接融資していたが、現在は民間金融機関が長期固定金利の住宅ローンを提供できるように資金の融通を支援することをメインの業務としている。直接融資は民間金融機関による貸付が困難な分野のみに限定されている。

民間金融機関と提携して提供している長期固定金利住宅ローン「フラット35」はよく知られている。「ずっと固定金利の安心」で人気が高く、取り扱い件数は60万件を超えている。

役職員数は920名（2014年4月1日現在）。本店以外に全国11都市に支店を設けている。

その住宅金融支援機構は、2012年度から現場力向上をめざした「カイゼン活動」に取り組んでいる。

以前から事務ミスなどの発生をゼロにする「ゼロディフェクト運動」やCSの向上を狙った「カイゼン運動」などに取り組んできたが、期間を区切った「運動」ではなく、日常的な気づきを行動に変える自律的な取り組みにするために「カイゼン活動」へと衣替えを行った。初の生え抜き理事長である宍戸信哉氏の旗振りの下、機構全体の取り組みとして展開されている。

年に一度「カイゼン発表全国大会」を行っており、全国29部署から職員投票などによって選ばれた部署がカイゼン事例を発表し、表彰される。

私は2013年11月に行われた全国大会の審査委員のひとりとして招かれ、6部署の取り組み事例の発表に接することができた。

❖

コールセンターの現場で起きていた問題

6つのカイゼン事例はどれも意欲的なものだった。「よりよくしよう」という意識に溢れていた。しかし、活動が始まってまだ日が浅いこともあり、「業務の本質にメスを入れる」という取り組みには至っておらず、これからいよいよ改善の「深さ」に挑戦する段階にあるとも感じた。

その中で、ひとつの事例発表に私は刮目《かつもく》した。それはお客様コールセンターの取り組みだった。

住宅金融支援機構のお客様コールセンターは埼玉県大宮市にある。業務委託で運営されており、コミュニケーター38名、スーパーバイザー8名の体制で、全国各地からの問い合わせに対応している。1日に受ける件数は平均600件。月間では1万4000〜1万5000件に対応している。

発表された改善の取り組みは、東日本大震災の被災者からの電話問い合わせに対する対応だった。

2011年3月11日の大震災以降、被災地の住民からの災害融資に関する問い合わせが急増した。自宅が被災し、住む家をなくした人、修理を必要とする人たちが住宅の建て替え、修理のために新たな住宅資金を借りることができるのかなど、深刻な悩みを抱えて電話をかけてくる。

しかし、災害復興住宅融資などの制度はあっても、その制度体系は複雑で、個々の被災者に適用できるのかどうかの判断は容易ではなく、現場はとても悩んでいた。

本店が作成したマニュアルや手引き書は用意されているが、経験や知識が豊富な数名のベテランコミュニケーターでなければ使いこなせず、被災で苦しむお客様からの相談に十分に応えられていなかった。「わかる人に代わってよ」「いつまで待たせてんだよ」という不満の声が大きくなっていった。

なかでも、原発被害者からの電話はいっそう深刻だった。

生まれ育った地元に戻ることすらできず、自宅が壊されたわけではないのに住むことができない。そうした人たちの心には行き場のない憤りが渦巻いている。コミュニケーターたちの間では、「原発被害者の方からの電話は第一声でわかる」とさえ囁かれていた。

災害融資がとても大切なものであることは認識していても、コールセンターでは「災害融資の電話はとりたくない」「電話口で泣かれてつらい……」などの声が上がっていた。

重くて、深刻な相談であることに加えて、自らがそうした電話にきちっと対応できないもどかしさが現場では蔓延していた。質問に自信をもって答えられないことが自信喪失を招き、そうした電話を敬遠する雰囲気さえ生まれていた。

経験を積むことができないので、いつまで経っても対応能力が上がらず、事態は好転しないという悪循環が起きていた。

❖

自分たちでなんとかしなくては

現場のコミュニケーターたちから「もっとわかりやすいマニュアルをつくってほしい」という声が上がってきた。すでにマニュアルや手引き書はあるが、現場では使い勝手が悪い、もっと「噛み砕いた」ものが欲しいという切実な要望が上がっていた。

しかし、コールセンターの管理者やベテランコミュニケーターたちは、それが難しい要望であることも知っていた。

業務の当事者ではない本店は、そもそもコミュニケーターが何に困っているのかさえわかっていない。「本店に頼るのではなく、自分たちでなんとかしなくてはならない」という意識が現場に芽生えてきた。

そこで、住宅金融支援機構の管理者、数名のスーパーバイザー、コミュニケーターを集めた「ミニミニプロジェクト」を発足させた。日中は電話応対で手一杯なので時間外に集まり、どうすれば状況を打開できるかの話し合いを始めた。

みんなで議論を始めると、少しずつ問題の本質が見えてきた。

コミュニケーターたちが抱えていた最大の問題は、融資を申し込む「借入申込書」の記入方法を的確にアドバイスできないことにあった。

たとえば、現住所を記入する欄がある。

通常の申し込みであれば何の問題もないが、被災された方からは「私の現住所はどこでしょう?」という質問が出てくる。仮設住宅などの仮住まいが現住所なのか、それとも壊れてはしまったが以前住んでいたところが現住所なのか、被災者には判断できない。

また、予定している住居の構造について記入する欄があるが、そこには「木造(①一般②耐久性)③準耐火」などの選択肢がある。「このどれに当てはまりますか?」と尋ねても、住宅の専門家でもない限り即答するのは難しい。

こうした煩わしさが被災者の怒りを買い、その怒りがあるレベルに達すると「そんなこと知るか!」「いい加減にしろ!」と着火してしまうのだ。

手づくりの「1枚の申込書」が事態を激変させた

対応するコミュニケーターの側も災害融資の経験に乏しく、記入する項目が多いにもかかわらず、知識は限られている。

もちろんそうした項目に適切に記入できるようマニュアルは用意されているのだが、電話での応対をしながら分厚いマニュアルを使いこなすのは現場では非現実的だった。もっとストレスがなく申込書を記入するアドバイスができるようになれば、被災者そしてコミュニケーター双方にとってメリットは大きい。

比較的上手に対応しているスーパーバイザーやコミュニケーターたちの仕事ぶりを聞くと、それぞれが独自の工夫をしていることがわかった。

彼女たちは自分が不慣れな項目やよく理解していない事柄についてあらかじめ申込書自体に手書きの書き込みを行っていた。それによって、その申込書だけを見ればいちいちマニュアルをめくらなくても電話で応対できるように工夫していた。

「ミニミニプロジェクト」のメンバーたちは「これだ！」と直感した。

みんながそれぞれ工夫しているノウハウを持ち寄り、1枚の申込書にみんなの知恵を凝縮させれば、その申込書だけを見れば被災者からの電話に対応できるようになる。1枚の申込書に現場のノウハウをすべて盛り込もう。改善の方向性が定まった。

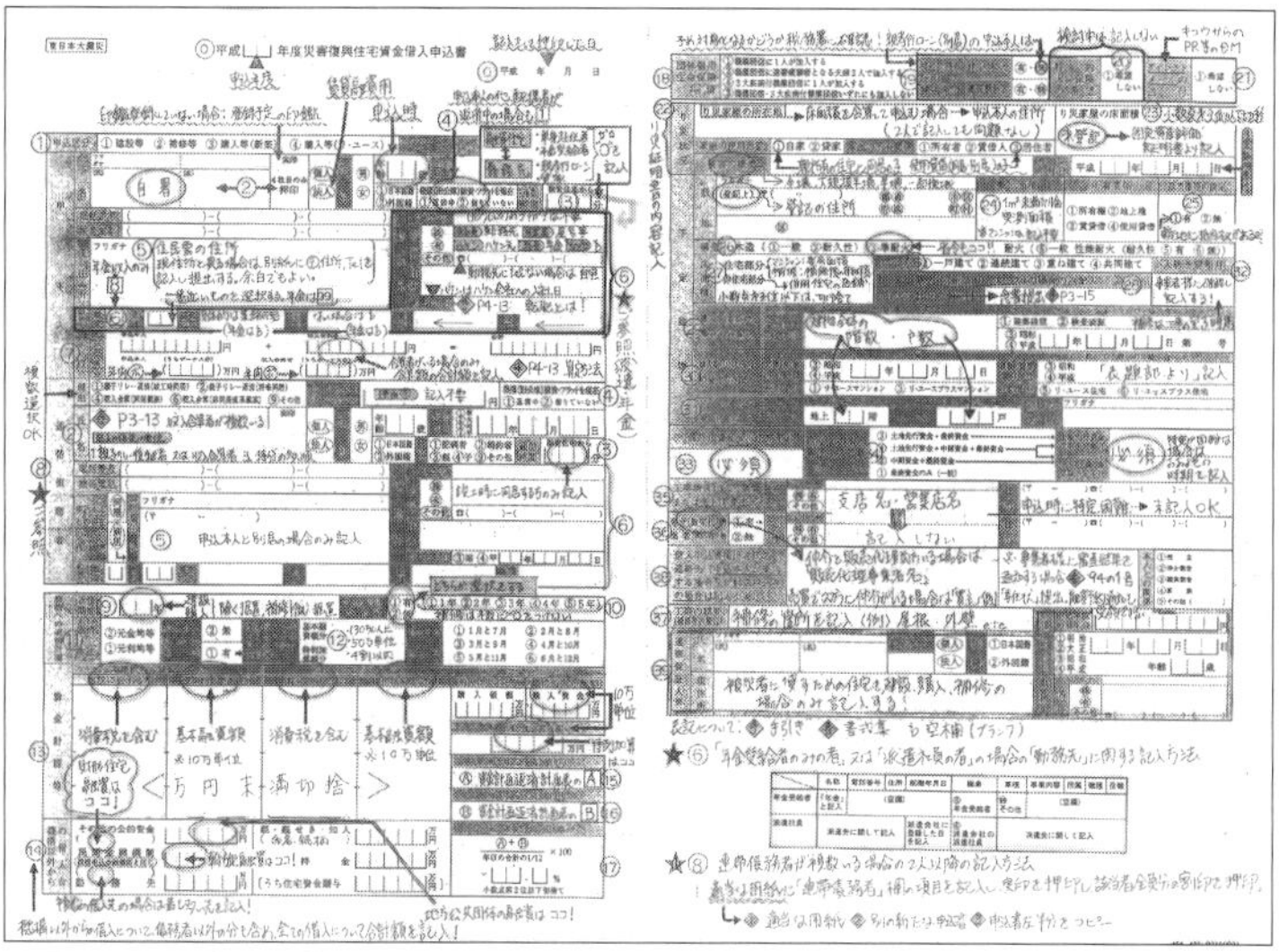

現場の知恵が詰まった「1枚の申込書」

ひとつにまとめる作業は、ベテランのスーパーバイザーが通常業務を終えたあと、残業して行った。コミュニケーターたちと何度も相談しながら、書き込む内容を吟味していった。

そして、「手書き」にこだわった。みんなのノウハウは手書きでなければ伝わらないと考えたからだ。

「ミニミニプロジェクト」が発足してから約3ヶ月が経ち、現場のノウハウを凝縮させた「1枚の申込書」が完成した。たった1枚の紙だが、現場の知恵が詰まった生きたノウハウ集だ。

それはただちに現場に導入され、それをもとにした教育も実施された。そして、いまではほぼ全員のコミュニケーターが災害融資の問い合わせに自信をもって対応している。

現場でなければできない

住宅金融支援機構の改善事例を読んで、「こんな改善ならうちの会社でも行っている」と思う方も多いかもしれない。たしかに、住宅金融支援機構のケースはデンソーの「1／N」の取り組みに比べれば、小さな改善事例のように見える。

しかし、私がわざわざページを割いてでも住宅金融支援機構のケースを紹介したのは、この取り組みにこそ現場力の本質が詰まっていると考えるからだ。コールセンターが行った取り組みは、現場の暗黙知を形式知化することによって現場の問題を自律的に解決し、顧客への価値を高める知識創造活動にほかならない。

1日約600件もの電話応対をしているときには、住宅金融支援機構のコールセンターは「業務遂行主体」にすぎなかった。それはそれでとても大事なことなのだが、「保つ」ことばかりに専念し、「よりよくする」という意識に乏しく、その能力は確立されていなかった。それが「カイゼン活動」を通じて、自らよりよくしようとする「芽」が出はじめたのだ。

しかも、「1枚の申込書」の改善は、現場だからこそできた取り組みだ。

現場でなければ「1枚の申込書」をつくることはできない。日々顧客と接し、現場で対応した人でなければわからない、気づかない問題に住宅金融支援機構の現場は真正面から向き合ったのだ。

「本社は何もわかっていない」「本店は何もやってくれない」と愚痴をこぼす前に、当事者である現場自らが「よりよくする」ことに取り組むことが現場力という組織能力を磨く第一歩である。

「非凡な現場」として紹介したデンソーの現場も、最初から非凡だったわけではない。「保つ」ことだけに汲々としていた現場の意識と行動が変わり、「よりよくする能力」「新しいものを生み出す能力」をコア能力へと高めてきたのだ。

住宅金融支援機構のような独立行政法人でも、「非凡な現場」の構築は十分に可能だと私は信じている。なぜなら、このケースのように現場力の「芽」はどの組織にも潜んでいるからだ。

デンソーの現場で行われている「1回の段取り替え」。住宅金融支援機構のコールセンターでつくられた「1枚の申込書」。それぞれは「1回」「1枚」にすぎない。しかし、そこにこそ現場力の本質がある。

そして、現場力の「芽」を育て、「花」を咲かせ（展開・拡大）、「実」をつける（能力化）ためには、その過程を支える「合理的な仕組み」を構築し、機能させることが不可欠なのである。

2 「点」から「面」へ、「面」から「立体」へ

❖ 組織能力をステップアップさせる

すでに指摘したとおり、現場力は「保つ能力」「よりよくする能力」「新しいものを生み出す能力」の3つのステージを経てレベルアップしていく。

「保つ能力」は企業経営において重要な基盤能力だが、それだけでは差別化された能力とは呼べない。組織能力で差別化を実現するには、「よりよくする能力」以上の能力構築が必要となる。

なかでも、「よりよくする能力」は現場力のコア能力である。

「よりよくする」ことを組織として持続的に行える能力を磨き、コア能力へと高めることが、現場力強化の当面の目標である。

「よりよくする能力」の構築に成功した現場は、経営者がより高次の経営目標を設定することによって、自律的にそのための課題に挑戦し、「よりよくする」を超越させ、「新しいものを生み出す能力」へと昇華させていく。デンソーが「変種変量生産への挑戦」を打ち出し、現場が「1/N」を実現させているのがその好例だ。

しかし、「よりよくする能力」をコア能力へと高める取り組みは一筋縄ではいかない。「よりよくする」ための活動を始めても、それが能力へと転換するにはいくつかのステージを経なければならない。

それは「点」から「面」へ、さらに「面」から「立体」へと進化する。

「点」とは「よりよくする」という具体的な成功事例をつくり出し、新たな能力構築に向けて本格的に動き出す段階である。住宅金融支援機構のコールセンターにおけるカイゼンはお手本となる取り組みだが、まだ「点」にすぎない。

「よりよくする」成功事例が組織内に拡大し、組織全体にそうした活動が浸透した状態になるのが「面」である。このステップでは、成功事例がさまざまな部門、部署で生まれてくる。

さらにそうした取り組みが10年以上継続し、「よりよくする」活動が当たり前となり、質的にも深みが生まれている状態が「立体」だ。ここまでくれば、活動はコア能力へと昇華し、経営上の大きな競争力となる。

「新しいものを生み出す」というステージにおいても、「点→面→立体」というステップが存在する。しかし、「よりよくする能力」をコア能力として確立している現場は、能力をさらに進化させることに対する意識が高いため、よりスピーディに新たな能力構築を行うことができる。

❖

「3ツ星」の現場をめざして

この進化の道筋は、ミシュランの「星」にたとえるとわかりやすいかもしれない。「新しいものを生み出す能力」を構築させているデンソーは、いわば「3ツ星」を獲得した店といえるだろう。

それでは「保つ能力」をもつ現場はどうか。

「保つ能力」だけではまだ「星なし」の状態だ。「保つ能力」は基盤能力として大事だが、それだけでは差別化された組織能力とは呼べない。

「星ひとつ」を獲得するには、「よりよくする」取り組みが組織全体で広がり、浸透している「面」の状態になっている必要がある。したがって、「点」は生まれているものの、今後その広がりを加速させる必要のある住宅金融支援機構は、まだ「星なし」の状態といえる。

「面」が10年以上、持続的に行われて「立体」になっている状態が「星2つ」だ。ここまでくれば組織的に確立されたコア能力であり、「星2つ」にふさわしい現場と呼ぶことができる。

現場力は、「保つ能力（星なし）」→「『点』レベルのよりよくする能力（星なし）」→「『面』レベルのよりよくする能力（星ひとつ）」→「『立体』レベルのよりよくする能力（星2つ）」

図表6◆3　現場力の進化のステップ

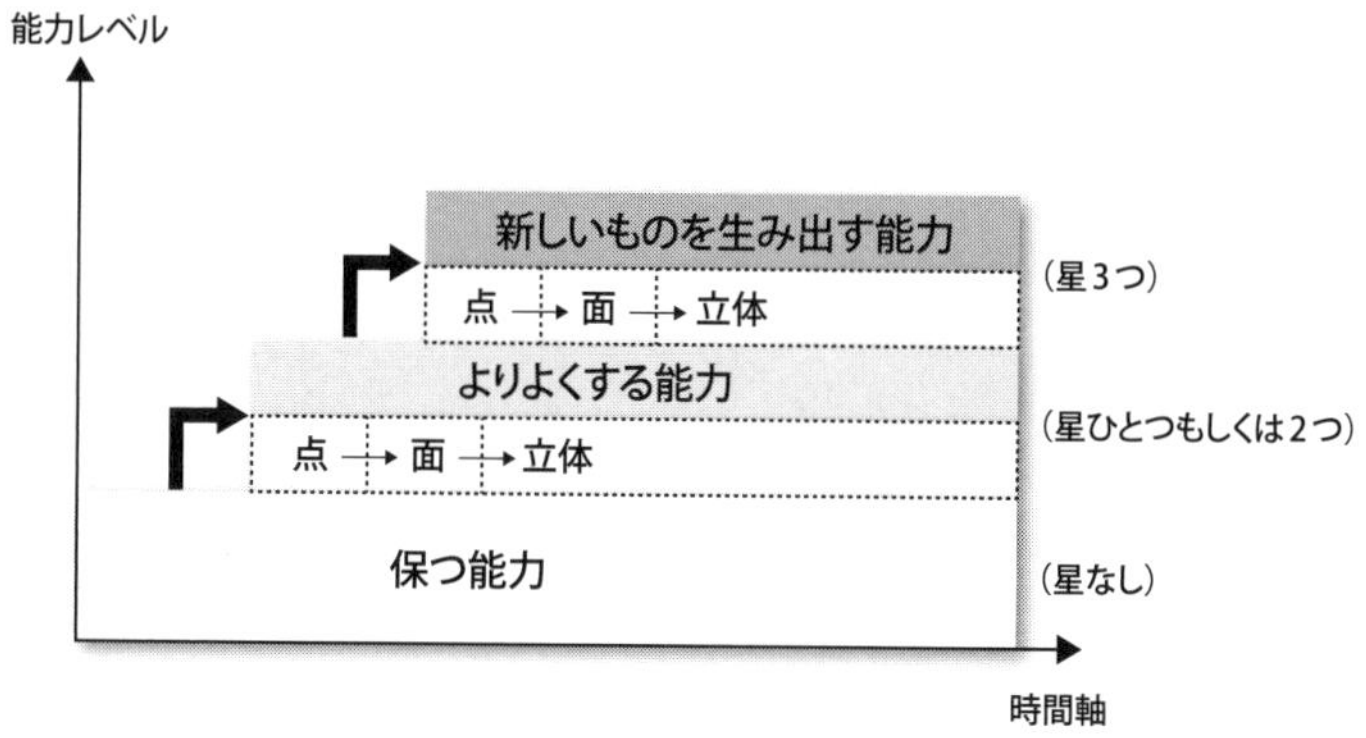

→「新しいものを生み出す能力（3ツ星）」というステージを経て、進化を遂げていく【図表6◆3】。

「新しいものを生み出す能力」においても、「点→面→立体」と進化する。しかし、すでに「よりよくする能力」を確立している現場はその進化のスピードが速い。

ミシュラン同様、「星」を獲得することは大切だが、それを維持することはより難しい。能力は鍛錬を怠れば、たちまち劣化する。たとえ「星」を獲得しても、その維持には不断の努力が必要である。

3 「非凡な現場」をつくるための4つの基本認識

❖ なぜ頓挫してしまうのか

現場力を高めていく道筋が見えてきた。

この道筋を辿っていけば、「よりよくする能力」を「点」から「面」へ、そして「面」から「立体」へ、さらには「新しいものを生み出す能力」へと進化させていき、差別化された組織能力を構築することができるはずだ。

しかし、いくら道筋が見えても、その実現は容易ではない。

新たなコア能力をめざすその道程では、さまざまなことが起こりうる。抵抗、反発、離反、惰性、失敗、挫折、自信喪失……。

住宅金融支援機構の「1枚の申込書」は地に足の着いた現場力のお手本となる取り組みだが、そうした意識と行動を組織全体に広げ、当たり前のように定着させ、コア能力化させることは容易なことではない。だからこそ、「非凡な現場」をつくるには「合理的な仕組み」が不可欠なのだ。

「合理的な仕組み」とは何かを議論する前に、その仕組みを支える根本的な前提条件について触れておきたい。それは「経営としてのコミットメント」である。

現場力という組織能力は自然発生的に生まれてくるものではない。経営の意思によって生まれ、その意思の伝承によって磨かれるものである。

あまりにも当たり前すぎて指摘するのもはばかられるが、現実には「コミットメントの欠落」によって能力構築に失敗するケースがじつに多い。覚悟のない取り組みから「非凡な現場」が生まれるはずもない。

実際に私が体験したある事例を紹介しよう。

ミニ事例❸

社長の交代で企業の取り組みが二転三転するX社

私が『現場力を鍛える』を出版した直後、大手製造業X社の社長が私に会いたいと面談を申し込んできた。私の著書の内容が社長の思うところと合致したらしく、ぜひ現場力を強化したいので、いろいろとアドバイスをしてほしいと要請を受けた。

私は快く引き受け、事務局とともに現場力強化のシナリオを描き、改善の取り組みや人材教育、表彰制度などを整えつつ、焦らずじっくり前に進めていった。

丸3年が経過し、成功事例が生まれはじめたとき、その社長が交代になった。

「当然、新社長もこの路線を継承するのだろう」と思いきや、彼はまったく違う路線を打ち出し、プロジェクトはうやむやのうちに霧散してしまった。新社長は現場力強化のプロジエクトにはあまり関与しておらず、何の思い入れもなかったのだ。

それから5年ほどが経過し、社長がまた交代した。

前社長就任以来、X社とは接点が途切れていたが、その新社長からいきなり「会いたい」と要請があった。

訪ねてみると、「現場力を強化したいので、ぜひ手を貸してほしい」という。

私が「8年ほど前、前々社長のときにも支援させていただいたんですよ」と皮肉っぽくいうと、その事実さえ知らなかった。前々社長が現場力強化に取り組んでいたころ、彼は海外現法の責任者として海外赴任しており、プロジェクトの存在すら認識していなかったのだという。

結局、私は新社長の要請を断った。この会社では現場力は根付かないと判断したからだ。

その後、X社の現場力が高まったという話は残念ながら聞こえてこない。


社長の気まぐれや思いつきで取り組みを始めても、社長が代わればまったく違う方針が打ち出される。そんな状態で、現場力という組織能力が確立するはずもない。

方針転換が一概に悪いわけではないが、少なくとも現場力という組織能力を確立するという経営方針が打ち出されたのであれば、たとえ社長が交代しようと、その方針は引き継がれ、経営の持続的コミットメントによって裏打ちされていなくてはならない。

経営者の気まぐれは、現場に大きな影を落とす。一生懸命取り組んでも、社長が代われば、また違うことをいいはじめる、経営の方針はコロコロ変わると気づいた現場は、本気で活動をしなくなる。そんな状態で、活動が能力化することはありえない。

新たな能力構築の舞台は現場だが、それは現場だけで確立するものではない。経営のコミットメントなしに、現場がコミットすることなどありえないのだ。

❖

4つの基本認識とは何か

「非凡な現場」づくりに対して経営が持続的なコミットメントをするということは、その難易度の高さを経営陣が正しく認識し、たとえハードルが高くてもぶれずに取り組むという覚悟をもつことにほかならない。

ここで「非凡な現場」をつくるにあたっての「基本認識」を整理しておきたい。仕組みは思想によって支えられていなければならない。ぶれない思想があってこそ、仕組みは機能する。

「非凡な現場」をつくるとはどういうことなのか、どのような考え方にもとづいて「合理的な仕組み」を構築する必要があるのか、それを明確にすることが効果的な仕組みの設計・構築・運営に結びつく。

次の4つの基本認識はどれも基本的なことばかりだが、現場力という組織能力を高める取り組みを途中で頓挫させないためには、経営トップから現場のスタッフに至るまで全員が腹に落として理解することが大切だ。

❖

基本認識① 自律分散型組織の構築には手間暇がかかる

現場力という組織能力を構築することは、ボトムアップ型の自律分散型組織をめざすことにほかならない。

現場の一人ひとりが自ら考え、行動する組織はある意味でひとつの理想だが、その構築は手間暇のかかるとても面倒なことであるのも事実である。

組織のあり方というのはけっして自律分散型組織ばかりではない。トップダウン型の管理集中型組織もひとつのやり方であり、それにはそれなりの長所、利点もある。しかも、管理集中型組織の構築は、自律分散型に比べて比較的容易だ。

経営トップが大きな方針や方向性を示し、あとは本社・本部が現場でそれが実践され、実現に向かっているかを徹底的に管理し、うまくいっていないのであれば本社主導で手を打つ。実行を担う現場の一人ひとりは、本社・本部から与えられた目標を遂行することに専念する。官僚制的組織に見られる構図である。

中央集権的に物事は決まり、進んでいくので、経営のスピード感は増す。経営者や本社・本部にあらゆる権限を集中させる。その「ハンドルさばき」に経営を委ねるのが管理集中型組織の運営だ。

こうした官僚制的組織の長所と欠点について、野中先生は次のように指摘する。[1]

官僚制的な組織構造は、個々の機能をコントロールし結果が予測できることを重視するから、状況が安定しているときにうまく機能する。それは、きわめて形式化、専門化、中央集権化されており、業務プロセスを組織的に調整するための標準化に大きく依存しながら定型業務を効率よく大規模に行うのに適している。（中略）しかし、官僚制的なコントロールは、個人の自発性を殺《そ》ぎ、不確実で急激に変化する時代には逆機能になるコストを伴う。

大切なのは、自律分散型でいくのか、管理集中型でいくのか、その基本思想をしっかりと固めることだ。別の言い方をするなら、「求心力」の経営をめざすのか、それとも「遠心力」を活かすのかということである。

もちろんどんな組織においても軽重の違いこそあれ、自律分散型と管理集中型の両方の要素が入り混じっている。

たとえば、遠心力主体の経営においても求心力は必要だ。遠心力だけが強くなれば、「糸の切れた凧」のように組織はバラバラとなり、空中分解してしまう。

しかし、そもそも遠心力を信じ、育て、活かそうとするかどうかは、とても大きな経営判断である。

「自律分散型組織をめざす」と口ではいっておきながら、実際には現場には何の権限も与えられず、管理強化ばかりが先行する企業は数多く存在する。それではいつまで経っても、自律分散型組織は生まれない。

カジュアル衣料チェーン「ユニクロ」を展開するファーストリテイリングは、2014年3月に国内店舗に勤めるパートタイマー、アルバイト約1万6000人を正社員として雇用すると発表し、大きな注目を浴びた。人材の確保が深刻な問題となっている中で、この経営方針の転換は「非正規から正規へ」という流れと一般的には捉えられている。

しかし、その本質はたんなる人事制度変更などではない。本部主導という「求心力の経営」を推進してきたユニクロが、「個店経営」という自律分散型組織へ方向転換するというきわめて大きな路線転換の宣言である。[2]

問題は「個店経営」を推進することができる現場力を構築できるかどうかにかかっている。

身分を非正規から正規へ変えることによって短期的に現場のモチベーションは上がるかもしれないが、それだけでは「個店経営」に不可欠な「よりよくする」「新しいものを生み出す」という組織能力を構築することにはつながらない。

現場力を活かす自律分散型組織をつくるのはとても手間暇がかかる面倒なことだということを自覚し、経営としての覚悟をもった取り組みを行うことがなにより肝心なのである。

❖

基本認識② 「保つ能力」と「よりよくする能力」はまったく異なる能力である

現場力を柱とする自律分散型組織を構築するのに手間暇がかかる最大の理由は、「保つ能力」と「よりよくする能力」がまったく異なる能力だからである。

自律分散型組織とは、現場自らが戦略の実現に向けて、環境変化を読み取りながら、常に「よりよくする能力」を実践する組織のことである。「保つ能力」と「よりよくする能力」の間にはとても大きな隔たりがある。

現場は価値創造のための業務遂行を行うのが本分だ。「保つ」ことには現場は執着するが、知識創造を自らの意思で行い、「よりよくする能力」を磨くことは二次的なものと受け止めるのが一般的である。高い「身体能力」に加えて、粘り強い「思考能力」が求められる。「よりよくする能力」をコア能力として確立するには、組織的かつ持続的な鍛錬が不可欠である。

しかし、多くの企業の経営トップや本社・本部は、その違いの認識が著しく不足している。「よりよくする」という取り組みをとても安易に考えている。それでは「よりよくする」をコア能力にすることはできない。

「よりよくする」が異なる能力であることを認識していないY社

ＩＴ企業のY社では、社長の肝入りで全社改善運動を始めた。システム構築を主たる事業として展開しているが、品質問題が多発し、生産性も低く、収益は低迷していた。

本社主導でさまざまな取り組みを行ったが、事態は好転しなかった。そこで、現場主導の改善によって生産性を高めたり、品質問題を減らしたいという狙いがあったのだ。

私はその初年度の事例発表会にゲストとして招かれた。

いくつかの現場での取り組みが優秀事例として発表された。正直、その内容は初歩的なものが多く、深みや奥行きに欠けていたが、それまで改善などまったく意識していなかった現場が、「よりよくする」ことに取り組み始めたこと自体に価値があると私は感じていた。

にもかかわらず、事例発表を聞いていた担当専務は締めの挨拶でこういった。「改善の内容はまだまだレベルが低い。もっと経営に大きなインパクトを与えるようなものを期待している」

専務は檄を飛ばしたつもりなのかもしれない。しかし、それはまったくの逆効果だ。

「よりよくする能力」は足元の改善を粘り強く積み重ねることでしか高めることはできない。専務は現場に対してまずは労をねぎらうとともに、改善という取り組みの意味や深さを語り、「足元からよくしていこう」と先導していくべきだったのだ。

そもそも、「肝入り」で始めたはずの社長自身が発表会に出席していないことが、会社の姿勢を表している。私の予想通り、Y社の改善運動はいつの間にか消えていってしまった。

「保つ能力」と「よりよくする能力」はまったく異なる能力である。

「よりよくする能力」をコア能力へ高めるということは、新たな組織能力の開発に取り組んでいるのだという意識をもつことが不可欠である。

❖

基本認識③ 「最低でも10年」のつもりで時間軸を長くとる

「基本認識①自律分散型組織の構築には手間暇がかかる」と「基本認識②『保つ能力』と『よりよくする能力』はまったく異なる能力である」の2つから導き出される結論は、「よりよくする能力」「新しいものを生み出す能力」をコア能力へと高めるには、とても時間がかかるということだ。

「現場力構築の支援をしてほしい」という依頼をよく受けるが、私は最初に「10年間やるつもりがありますか?」と必ず聞く。大企業の場合、「最低でも10年はかかる」と私は伝えている。ちょっとした思いつきで始めるくらいなら、むしろやらないほうがましだとも言っている。

最初の「点」をつくることはさほど難しいことではないだろう。しかし、それを「面」

にし、「立体」へと進化させ、コア能力化させていくには相応の時間が不可欠である。

トヨタ自動車名誉会長の豊田章一郎氏は『日本経済新聞』の「私の履歴書」で、次のように振り返っている。[3]

創意くふうやQCサークル活動も全社挙げて取り組み、74年の創意くふうの一人あたりの提案件数は前年の6・8件から9・1件になり、10年後の84年には40件を超えた。

一人あたりの提案件数40件はすごい数字だが、さすがのトヨタでも最初からそれだけの件数が現場から上がってきたわけではない。最強の現場力を誇るトヨタの製造部門の改善能力も、時間をかけてじわりじわりと磨き込み、その能力を着実に高めてきたのだ。

「よりよくする能力」「新しいものを生み出す能力」が最初から備わっている現場など存在しない。

現場力を強化しようと決断したなら、「中期三ヶ年計画」を最低でも3回（計9年）回すという時間軸の中で、重点的かつ継続的な柱として打ち出すべきだ。その間に経営トップが交代しようと、現場力の強化にはぶれずに取り組むことを経営としてコミットする必要がある。

❖

基本認識④ まずは本社が変わる

現場力は現場で生まれるが、それは現場の自助努力によって自然発生的に生まれてくるものではない。経営の意思と本社のサポートがあってつくり上げていく組織能力である。現場力の強化には本社の関与が不可欠である。関与とは「環境づくり」と「支援」である。現場での活動が進展しやすい環境を整え、現場での取り組みをさまざまな面で支援する。それなくしては、現場での活動は必ず暗礁に乗り上げ、頓挫する。

そのためには、「本社がまず変わる」ことが不可欠である。

現場にばかり改善を押し付け、自らは制度や仕組みを改善しようとしない本社の下で、「非凡な現場」が生まれるはずもない。本社こそが「よりよくする」を実践し、範を示さなければならない。

現場力を高めるために本社は何をすべきか、本社と現場の役割分担はどうあるべきかを見直し、現場の声に真摯に耳を傾ける。現場を主役にし、側面支援に徹する本社に生まれ変わらなくてはならない。

新幹線の車内清掃を担い、「魅せる清掃」「新幹線劇場」として名高いJR東日本テクノハートTESSEIを育て上げた矢部輝夫氏（前専務）は、こう語っている。[4]

もともと、スタッフは、こうしたらいいのにとか、いろいろな思いを持っていたのに、それが抑えられていた。本社はそれを知らなかった。見ようとしなかった。今の生き生きと働く姿が、本来の彼ら彼女らの実像なんじゃないでしょうか。
スタッフが変わったのではなくて、マネジメントが変わった。本社が変わったんですよ。

現場力は現場だけの話ではない。経営者も含めた本社のあり方が、まずは問われているのである。

❖

業務にメスを入れる

こうした4つの基本認識を踏まえ、現場では具体的に何を「よりよくする」べきなのだろうか。

その主たる対象は「業務」である。「業務遂行主体」である現場が、自ら業務にメスを入れ、仕事のやり方、仕事の手順、仕事の仕組みを見直す。その結果、業務が常に改善され、進化している状態こそが「よりよくする」ということである。

なぜ現場は業務を「よりよくする」ことに取り組まなければならないのか。それは業務には自らの「膨張」を招く3つの特性があるからだ。

❶業務は肥大化する

組織の成長、発展とともに業務は増えつづけ、雪だるまのように膨張する。業務が自然になくなることはない。だからこそ、不要な業務、ムダな業務、付加価値の低い業務を洗い出し、常に効率化を進めなければならない。

❷業務は個別化する

現場の担当者は自分に合ったやり方で業務を行いたいと考える。ほかにもっとよいやり方があっても、自分のやり方に固執し、業務は属人化する。だからこそ、業務には標準が不可欠である。

❸業務は陳腐化する

最も効率的な業務を定めても、それが明日も最適だという保証はない。外部環境は常に変化する。だからこそ、業務も常に進化しつづけなくてはならない。

「よりよくする能力」が現場になければ、効率性、生産性は著しく劣化し、やがて企業は競争力を失う。「保つ能力」だけではコストは肥大化し、熾烈な競争に勝ち残ることはできない。

とはいえ、「よりよくする」ことに不慣れな現場は、そもそもどのような視点や切り口で「よりよくする」テーマを設定していいのかさえわからない。「保つ」ことに専念してきた現場は、何が問題なのかを見抜き、何を「よりよくする」のかというテーマ設定の段階でつまずく。結果として、表面的な取り組みでお茶を濁そうとする現場も多い。

業務にメスを入れ、現場の問題解決力強化に息長く取り組んでいる企業の事例を紹介しよう。

ミニ事例5

グループ全体の問題解決力強化に取り組む日本郵船

私は2004年から日本郵船（NYK）が行っているグループ企業も含めた問題解決力ワークショップのファシリテーターを務めている。

これは自社もしくは自職場の問題を洗い出し、実際にその問題解決を実践することによって問題解決力を養成するアクションラーニング形式の人材育成プログラムである。

毎年20数名が参加し、約9ヶ月間にわたって自社・自職場の分析、テーマ設定、真因探求、解決策の検討、実施、効果検証を行う。2014年に10年目を迎えた息の長い取り組みだ。すでに250名近い人がこのワークショップを卒業し、培われた問題解決力をそれぞれの現場で活かしている。

しかし、このプログラムを開始した当初、受講生が設定するテーマはどれも当たり障りのない無難なものが多かった。

たとえば、「職場のファイル棚の整理ができていない」とか「会議用の資料など紙の使用量が多い」などを取り上げる人が相当数いた。もちろんそうした問題をないがしろにするわけではないが、9ヶ月をかけて取り組むテーマとしてはあまりにも小さすぎる。

テーマの見直しを迫られた受講生たちは、そもそもどのような問題をテーマとして取り上げればいいのか悩む。本質的な問題を見つけ、適切なテーマを設定するには、それなりの訓練を積まなければならない。

しかし、10年経った現在では、受講生たちは経営に大きなインパクトを与える問題に真正面からぶつかるようになっている。

「抜本的なコストダウンをどう実現するのか」「顧客満足度を高めるためにサービスをどのように改善したらいいのか」「事故をゼロにするためにどのような安全対策を講じたらよいのか」など、競争力強化に直結するテーマを自ら取り上げるようになった。

そのきっかけはアドバイザーの任命だった。

このワークショップで問題解決に取り組み、成果を上げ、優秀賞を獲得した受講生数名に翌年のアドバイザーに就任してもらい、テーマ設定の段階からさまざまな助言をしてもらうようにしている。それによって、ノウハウが伝承されると同時に、受講生たちの問題意識も高まり、より本質的なテーマに挑戦するようになったのだ。

いまでは中国の現地法人からの参加者も増えている。問題解決力は海を越えて広がろうとしている。

「よりよくする能力」をコア能力へと高める旅は終わりのない旅だ。目先の成果に一喜一憂するのではなく、じっくりと組織能力を高めていくことが何より大切である。

4 「究める現場」をめざす

【ケース4】──サンドビック瀬峰工場

❖

同じ活動でも、絶対的な「深さ」の違いがある

「点」から「面」へ、さらには「面」から「立体」へと続く組織能力開発のプロセスは、たんに組織的な広がりや時間的な継続性だけを意味しているわけではない。それは「深さ」への挑戦でもある。

「よりよくする」のレベルが深まり、次元の異なる域に達する。これこそが現場力という組織能力の真骨頂である。

同じような活動を行っていても、そこには絶対的な「深さ」の違いが存在する。「ほどほど」や「そこそこ」で終わっている現場と「とことん」を追求している現場には歴然とした違いがある。

5Sのような基本的と思われる活動においても、そのレベルには著しい違いがある。基本的なことだからこそ大きな差がつくともいえる。

「深さ」とは何か、「そこまでやる」とはどういうことかがわかる好事例を紹介しよう。5Sという活動を徹底的に究め、グローバル企業の主力工場として存在感を高めているサンドビック瀬峰工場である。

日本法人の建て直し、強化を牽引しているサンドビック株式会社社長の藤井裕幸氏の『究める力』[5]には、現場改革の生きた知恵が詰まっている。「究める」とはどういうことなのかが伝わってくる良書である。

❖

「世界三大工場」の一角

スウェーデンに本社をもつサンドビックグループは、世界130ヶ国に展開するハイテクエンジニアリング分野のエクセレントカンパニーである。2012年度のグループ連結売上高は985億スウェーデンクローナ（約1兆5000億円）。グループ全体の従業員数は約4万8000人である。

サンドビックの主要事業のひとつが超硬切削工具である。自動車や航空機、造船、工作機械、精密機械、エネルギー産業などの精密加工に欠かせない切削工具であり、ミクロン（1000分の1ミリ）単位の精緻な加工が要求される。サンドビックはこの分野における世界最大のメーカーであり、圧倒的な世界シェアを有している。

「超硬」とは、地球上で最も硬い物質であるダイヤモンドに次ぐ硬度を意味している。鉄よりも硬く、耐久性に優れた超硬合金（炭化タングステンと炭化チタン）を原料にしている。超硬切削工具に使われる超硬チップを生産する工場が日本にある。宮城県栗原市にある瀬峰工場だ。1976年に設立された。

サンドビックグループの切削工具部門の生産工場は、世界に50ヶ所ある。その中で、瀬峰工場はジモ本社工場（スウェーデン）、ウェストミンスター工場（米国）と並び、「世界三大工場」と位置付けられている。

品質、コスト、リードタイムのすべてにおいて世界トップクラスの競争力を誇る工場だ。サンドビックグループのみならず、日本という先進国におけるモノづくりがどうあるべきかを教えてくれるロールモデルといえる工場である。

❖ 5Sを究める

瀬峰工場をはじめて訪問したときの衝撃を私は忘れられない。

私はこれまでに数え切れないほどの工場を見てきたが、これほどクリーンな生産財工場を見たことがない。

大量の油を使い、原料や仕掛品などが頻繁に工場内を移動する生産財の工場では、クリーンを追求するといっても自ずと限界がある。しかし、瀬峰工場では油の臭いがまったくしない。機械からの油漏れがないので、床もピカピカである。

鈴木幹治工場長は「百貨店の三越よりきれいにする！」と宣言し、それが実現されている。「生産財の工場でもここまでできるのか」と私は目を見張った。

このクリーンさを生み出しているのが、徹底した5Sである。

行っていないところを探すのが難しいくらい、日本企業の工場では5Sが行われている。しかし、そのレベルや深さはまちまちである。

瀬峰工場の5Sは「究極の5S」と呼んでいいほどのレベルに達している。

原材料や治具類はまるで店舗の商品棚のように整然と陳列されている。工具類は探すムダや紛失などを防止するように「形跡管理」が施されている。「形跡管理」は文房具などにも適用され、どの机の引き出しを開けても、すべての文房具はあるべき場所に整然と

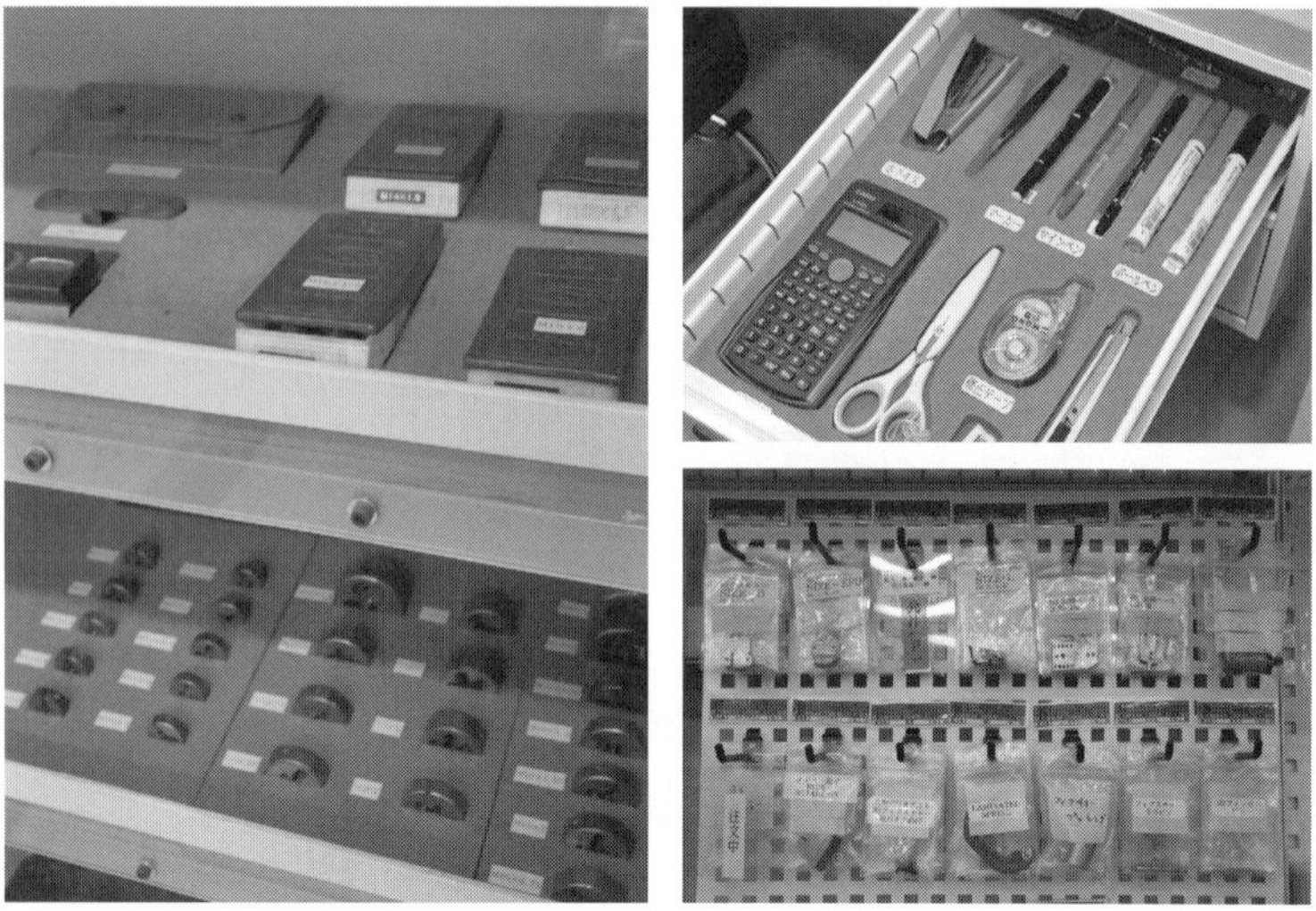

サンドビック瀬峰工場が実践しているさまざまな5S

置かれている。

機械や設備はまるで新品のような状態が保たれている。外観だけでなく、内部まで磨き込まれている。

なかでも、驚かされるのは「部品管理の5S」だ。

小物の消耗部品は毎回の使用個数ごとにビニールの小袋に入れられ、専用のボードにハンガーで吊るされている。一見すると、市販の消耗部品がそのまま置いてあるように見えるが、社員自らがボードを製作し、小袋に詰め、きめ細かく管理している。ボードには発注漏れを防ぐ工夫も施されている。

工場内の通路の壁には、現場が自主的に取り組んだ5Sの事例が取り組み前後の写真入りで貼り出されている。

その数は優に100を超える。その5Sのレベルや深さは、他企業の現場とは雲泥の差である。

まさに5Sを「究める」に挑戦しつづけているのである。

「儲かる5S」を実践

瀬峰工場の5Sの最大の特徴は「儲かる5S」にある。

ただたんに工場内をクリーンにするだけでなく、競争力強化につながる5Sを常に意識し、展開している。

実際、部品管理の5Sにより、在庫のムダや発注漏れによるロスがなくなり、工場全体で1000万円近いコストダウンに結びついている。

1個数百円の消耗部品でも、工場全体で取り組めばこれだけの節約になる。藤井社長はこう指摘する。[6]

「重要なのは、工場内のすべての作業がスピードアップし、アウトプットを増やすことで実際にキャッシュを増やすこと。必要なものを探すのに手間取るような無駄が減り、清掃と清潔の徹底で設備や機械の故障や異常も減らせたり、早期発見ができるようになり、いわゆる『チョコ停（一時的なトラブルによる機械の短期的停止）』も減り、生産が止まることもなくなります」

掛け声だけの5Sが蔓延する現場が多い中で、瀬峰工場は5Sを「究める」ことによって卓越した競争力をもつ「非凡な現場」をつくり上げている。

❖

工場閉鎖の危機からの再生

それでは、瀬峰工場では最初から5Sが徹底され、このクリーンさが確保されていたのかというとそうではない。藤井社長も著書の中で「改革前の瀬峰工場は、壁も床も原料の粉で汚れ、非常に重たい雰囲気でした」と吐露する。

当時、瀬峰工場は閉鎖の危機にさらされていた。

藤井社長がサンドビックに入社したのは2000年。そのとき、スウェーデン本社は瀬峰工場の閉鎖、中国工場の拡大・強化を決めていた。

藤井社長は「もう一度だけチャンスが欲しい」と本社を説得し、「追加投資は一切しない」「2年間で目標が達成できなければ、工場は即時閉鎖」という厳しい条件付きで、最後の挑戦に賭けた。

藤井社長が最初に取り組んだのが、5Sの徹底だった。

工場で5Sは基本中の基本だが、その基本ができていない。足元から自分たちを見つめ直し、自分たちで物事を変えることができるという実体験を積ませることが不可欠だと藤井社長は考えた。

ただし、普通のレベルの5Sではダメだ。閉鎖の危機から立て直すぐらい力のある収益改善につなげる「儲かる5S」をやろうと藤井社長は腹を固めた。

5Sによって目に見える成果が出はじめると、藤井社長は矢継ぎ早にさまざまな施策を展開していった。リードタイム半減（LT10）、製造コスト30％削減（CR30）という高い目標を掲げ、工場の競争力強化に精力的に取り組んだ。

そして、1年後には21日かかっていたリードタイムは10日に短縮し、機械の稼働率向上、金型段取り替え時間の削減などによって、コスト削減目標もクリアーし、中国工場を抜くまでのレベルに達した。

これだけの実績を残せば、本社もその力を認めないわけにはいかない。本社は瀬峰工場の存続を決定した。

瀬峰工場では改善提案による「よりよくする」活動も定着している。その数は年間3000件を超える。藤井社長は「瀬峰工場は従業員の改善提案でできているといっても過言ではないくらい、改善提案のデパート」と自負する。

5Sと改善を軸にした新たな能力構築によって、瀬峰工場はサンドビックグループの世界三大工場のひとつと呼ばれるようになったのである。

「シャドー5S」への進化

瀬峰工場の5Sはさらなる進化を遂げている。その一例が「シャドー5S」だ。これは「誰も見ないところ」「誰も行かないところ」などの「隠れた場所」（シャドー）に着目し、そこでも5Sを徹底させようとする取り組みである。

そのきっかけは鈴木工場長がドイツのある自動車工場を見学したときの気づきにある。ドイツの製造現場だから表向きの整理整頓は行われている。しかし、たまたま目に入った棚の上にホコリがあることに彼は気づいた。

表面的には5Sが行われているように見えても、人目につかないところや普段人が出入りしないところは、5Sが疎かになりがちである。

「うちの工場は大丈夫か？」と感じた鈴木工場長は帰国後、早速「シャドー」に着目し、徹底させる取り組みを始めた。

機械や設備の上部、天井や配管、人の出入りがほとんどない機械室……。そうした誰も気にしないようなところにまで5Sを行き届かせ、ピカピカに磨き込んでいる。鈴木工場長はこう教えてくれた。

「人目につくところばかりをきれいにする5Sは所詮、『やらされ5S』『みせかけ

5S』にすぎない。人が見る見ないに関係なく、すべてをきれいにし、磨き込む。瀬峰工場ではそれが当たり前」

5Sという基本的な活動でも、ここまで「究める」ことができる。そして、それは現場の意識とマインドを確実に変え、新たな能力構築の土台となる。

工場の通路には、ある女性従業員が考えた標語が貼られている。

「心をみがき、機械をみがき、技術をみがけ」

この言葉に瀬峰工場のすべてが凝縮されている。

第7章

「合理的な仕組み」とは何か

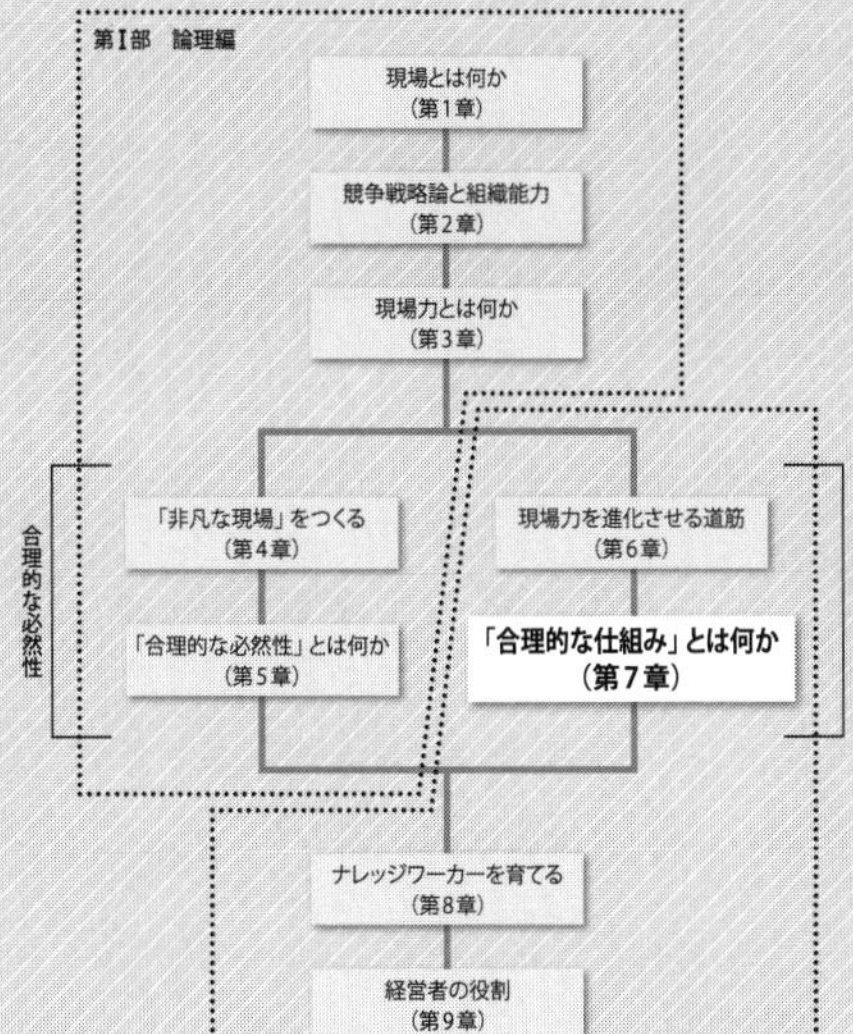

第Ⅰ部　論理編
現場とは何か
（第1章）
競争戦略論と組織能力
（第2章）
現場力とは何か
（第3章）
「非凡な現場」をつくる
（第4章）
「合理的な必然性」とは何か
（第5章）
現場力を進化させる道筋
（第6章）
「合理的な仕組み」とは何か
（第7章）
合理的な必然性
合理的な仕組み
ナレッジワーカーを育てる
（第8章）
経営者の役割
（第9章）
第Ⅱ部　実践編

1 「点」を「面」にする

【ケース5】――良品計画

❖「よりよくする」を能力化させる

前章では現場力という組織能力を高める進化の道筋、実践するうえでの基本認識を考え、どこまで深く「究める」ことができるかについて言及した。

本章ではそれを実践するうえで欠かすことができない「合理的な仕組み」とはどのようなものかを具体的に見ていきたい。

そのヒントとなる好事例がある。「無印良品」を国内で展開し、海外では「ＭＵＪＩ」として高い人気を誇る良品計画だ。

「非凡な現場」というと、デンソーのような製造業を思い浮かべる人が多いが、近年、日本のサービス業、小売業は現場力強化に力を入れ、着実に成果を上げている。第Ⅰ部で紹介したヤマト運輸同様、良品計画も経営トップと現場が一体となった粘り強い取り組みで現場力を競争力にまで高めている。

いまでこそ良品計画では全社で業務改善が定着し、「よりよくする能力」をコア能力として確立させているが、以前はそうではなかった。

10年以上にわたる経営トップと本社、現場が一体となった取り組みによって、「よりよくする能力」を「点」から「面」へと広げ、活動を能力へと転換することに成功している。いまでは「星2つ」以上の高い現場力を誇っている。

そして、そこには「よりよくする能力」をコア能力化するために必要な「合理的な仕組み」とは何かを考えるヒントが詰まっている。「点」を「面」にするために不可欠な「合理的な仕組み」とは何か。良品計画の取り組みを追いながら考えてみたい。

❖

「良品集会」で行われていること

2014年2月のある日の早朝、東池袋の本社近くの講堂に良品計画の全国の店長、そして本部スタッフ総勢300人以上が集結した。

半年に一度開催される「良品集会」へ出席するためである。会場の前方席には販売現場の責任者である店長たちが陣取り、役員や本部スタッフたちは後方に控えている。主役はあくまで店長たちである。

良品集会は経営トップである松井忠三会長、金井政明社長から直接会社の方針や計画について話を聞き、意思統一をはかる絶好の場である。また、毎回外部からのゲストスピーカーも招かれ、環境変化や社外の動きに目を向け、学習する場でもある。

このときは中国最大の不動産デベロッパーである万科企業股份有限公司の創業者・王石董事会主席の話に耳を傾け、中国企業のダイナミズムを体感した。午後には、販売部門と商品部門に分かれた集会も行われている。

この良品集会の冒頭で毎回行われているのが、全社で展開している改善提案活動の半期表彰式である。

業務改善に積極的に取り組み、成果を上げた店舗が表彰される。2013年度下期の改善提案は約2200件。そのうち、168件が採用され、実際に業務改善に結びついている。

このとき受賞したのは、「社長賞」1店舗、「優秀店舗賞」1店舗、「改善提案賞」4店舗、「事務局特別賞」5店舗の計11店舗。各店長は壇上に上がり、社長の金井さんから表彰状と金一封を受け取る。晴れがましい瞬間である。[1]

この表彰式では、別の活動に対する表彰も行われている。それは本部主導で行われている「WH運動」に対する表彰である。

「WH」とは「良い事は2倍、ムダは半分」を合言葉に、本部の各部門がテーマを決めて店舗と連係しながら取り組む業務改善である。2013年度下期は27部門が47のテーマを掲げ、17テーマが会長の松井さんから表彰を受けた。表彰タイトルも「首位打者賞」「打点王賞」「ホームラン賞」「チームプレー賞」「ゴールデングラブ賞」などユニークだ。

「首位打者賞」を受賞した業務改革部と情報システム担当の共同チームは「品出し業務

の半減」に挑戦した。売上貢献度の高いアイテムから効率的に品出しを行うデータにもとづいた効率的なオペレーションを構築し、店頭欠品の撲滅をめざした。年間5000万円近い改善効果が見込まれている。

良品計画がボトムアップによる業務改善提案を始めて10年以上が経過する。最初は手探りで始まった活動だが、いまでは社内に定着し、「よりよくする」ことがコア能力として埋め込まれている。

❖

国内、海外ともに好調な業績

なぜ良品計画で業務改善が定着し、競争力の大きな柱となっているのか。それを正しく理解するには同社の歴史を辿る必要がある。

良品計画は「無印良品」を展開する製造小売業である。海外では「MUJI」ブランドで展開し、各国で人気を博している。

その設立は1980年。西友のプライベートブランドとして家庭用品9品目、食品31品目でスタートした。既存ブランドに対するアンチテーゼを基本コンセプトとして、ノーブランドの自社商品を開発しようという発想で誕生した。

1989年に西友から独立し、株式会社良品計画が設立された。

「わけあって、安い」をキャッチフレーズに、シンプルなデザイン、ムダの排除、包装の簡素化などを追求する方針は時代にマッチし、消費者の強い支持を受けた。現在は衣料品から家庭用品、食品など日常生活全般にわたる商品群を展開し、その品目数は7000を超える。

近年の良品計画は卓越した業績を上げている。

2014年度の営業収益は対前期比17・1％増の2206億円。経常利益230億円、当期純利益171億円は過去最高を記録した。小売業において2桁の経常利益率を上げるのは驚異的だ。

国内では「生活美学の専門店」として「感じ良いくらし」を提案。「衣・生・食」の合同プロモーションなどを展開し、国内直営店の売上高は対前期比6・7％を達成した。成熟市場においても価値訴求に成功すれば十分に成長が可能であることを証明している。

さらに、海外では営業収益、営業利益とも大きく伸長させている。

2014年2月末現在の海外直営店舗数は220店舗。中国は100店舗に達し、今後も毎年30店ほどの新規出店を計画している。

さらに、米国西海岸への展開やオーストラリアに1号店を開店するなど海外が大きな成長ドライバーとなっている。近い将来、海外店舗数が国内直営店舗数（287店舗）を超えるのは間違いない。

国内の従業員数は約1400名（嘱託社員、セールス・エキスパート社員を含む）。それ以外に約4400名（1日8時間換算）のパートタイマー、アルバイトが勤務している。

グローバルベースでは従業員数約4100名、パートタイマー、アルバイトなどの臨時従業員数は約7000名。海外の拡大に伴い、総従業員数は1万人を突破した。

❖ 赤字転落の要因

1989年の独立以来、順調に成長を遂げてきた良品計画だが、2001年に大きな曲がり角を迎えた。「無印神話」と呼ばれるほどの成長を続けてきた良品計画が、2001年8月中間期に38億円もの赤字に転落したのだ。赤字は設立以来はじめての事態だった。

そのとき、社長に就任し、再建の陣頭指揮を執ったのが現会長の松井さんだ。松井さんの著書『無印良品は、仕組みが9割』は企業再生の具体的なお手本と道筋を示す良書である。

松井さんの再生の柱となる考え方は、「仕組み」を軸とする風土づくりにある。松井さんは良品計画が赤字転落に陥った大きな要因のひとつが「経験至上主義」にあると考えた。

経験と勘に依存するセゾングループが出身母体であり、ともすると社員が上司や先輩の背中だけを見て育つ「経験至上主義」がはびこっていた。新規出店の開店前日の様子を伝える生々しいエピソードが松井さんの著書に描かれている。[2]

その時、他店の店長が応援に駆けつけました。

そして売り場を一目見るなり、「これじゃあダメだよ、無印らしさが出てない」と、いきなり商品の並べ替えを始めたのです。

新しい店の店長は戸惑っていましたが、ベテラン店長に物申すわけにもいかず、結局スタッフ総出で並べ替えました。

ようやく並べ替えが終わったころ、今度は別の店長がやってきました。そして、「ここはこうしたほうがいい」と、直しはじめました。

そのような調子で、応援に来た店長がそれぞれ売り場を変えてしまうので、夜の一二時を回っても、まだ作業は終わりません――。

その様子を見て、松井さんは「まずい。このままでは無印良品の未来はない」と強い危機感を感じた。

個人のセンスや感覚、経験だけに依存していたのでは、組織力は高まらず、店ごとのバラツキは大きくなってしまう。

誰が店長になっても「80～90点の店」がつくれるようにしなければ、会社の再生は果たせないと考えたのだ。

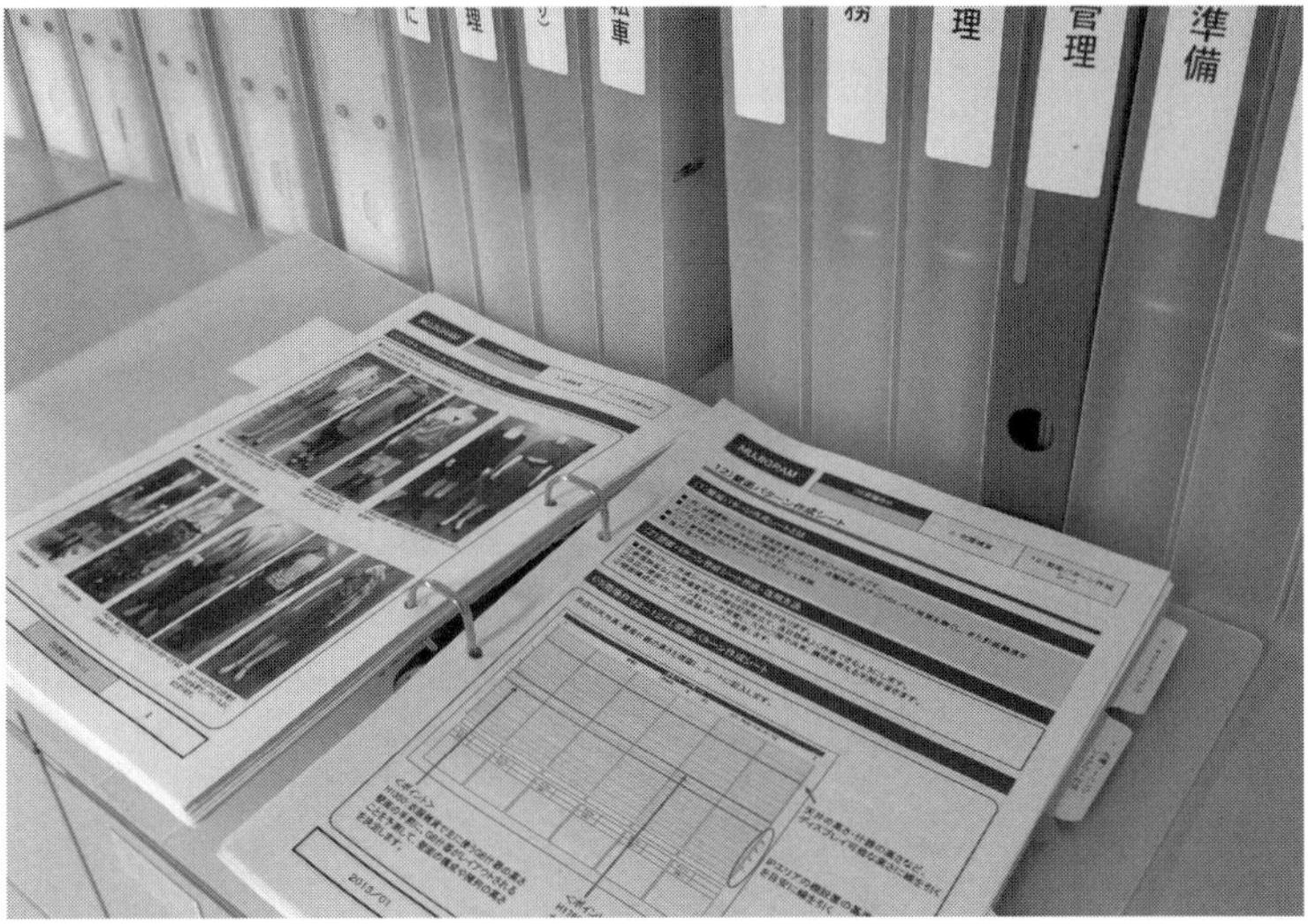

良品計画の店舗運営用マニュアル「MUJIGRAM」

❖

マニュアルにこだわる

そこで松井さんが徹底的にこだわったのが「マニュアル」である。

個人の経験や勘に頼っていた業務を「仕組み化」し、組織のノウハウとして蓄積させるためには、マニュアルという「標準」がまずは整備されていなければならない。無印良品の店舗はどうあるべきかを「標準」として確立させ、誰もがそれを守ることが改革の第一歩だった。

じつは、それまでにも店舗運営用のマニュアルは存在した。しかし、その内容は不十分なもので、誰も見ないマニュアルになっていた。みんなが準拠すべき基準がないまま、店づくりが行われていたのだ。

新しく作成した店舗運営用マニュアルは「MUJIGRAM」と呼ばれている。売り場におけるディスプレイから接客、発注にいたるまで店舗運営に関するすべてのやり方が網羅されている。「売り場づくり」や「レジ業務・経理」など業務ごとに13冊に分かれ、総ページ数は2000ページを超える。

新入社員が読んでも理解でき、すぐに仕事ができるように平易な言葉で具体的に説明されており、写真やイラスト、図もふんだんに盛り込まれている。

たとえば、シャツの「たたみ方」は分解写真を入れて説明されている。「きれいにたたむ」だけではあいまいさが残り、バラツキが出てしまう。「きれい」の価値基準は人によって異なるからだ。

無印でのたたみ方を手順に分解し、あいまいさを排除することによって、誰もが同じ作業をすることができ、結果としてすべての店舗で統一したディスプレイが可能となる。

松井さんはマニュアルづくりの要諦をこう指摘する。[3]

マニュアルの基本は、読む人によって判断軸がぶれるようなつくり方をしないこと。

一〇〇人いたら一〇〇人が同じ作業をできるようにするのが、血の通う仕組みを根付かせるためにも重要なのです。

じつは良品計画には、もうひとつマニュアルが存在する。それは店舗開発部や企画室など本部の業務をマニュアル化した「業務基準書」である。そのページ数は「MUJIGRAM」の3倍以上、6600ページを超える。

一般に本部業務はマニュアル化には馴染まないと考えられがちだが、マニュアルの目的のひとつが「仕事の内容を誰にでも引き継げるようにする」ことだと考えれば、本部でもマニュアル化すべきものはいくらでもあると松井さんは指摘する。

良品計画再生の第一歩は徹底した「標準化」からスタートしたのである。

❖ 現場の知恵を活かす

マニュアルは「仕組み化」の大きな柱だが、ひとつの要素にすぎないのもまた事実である。店舗という現場は生き物である。環境変化を受け、現場は時々刻々と変化せざるをえない。また、それぞれの店舗は、立地も規模も客層も異なる。標準は重要だが、なかには標準が合わない店舗もありうる。マニュアルや標準が神格化し、マニュアル至上主義、標準至上主義になってしまったのでは本末転倒だ。

大事なのは、マニュアルを「現場の知恵で進化させる」ことである。良品計画の仕組みが卓越しているのは、マニュアルを「よりよくする」サイクルが回り、それが組織能力として確立していることにある。松井さんはこう指摘する。[4]

無印良品でも、最初のマニュアルは本部主導で作成していました。けれども、店舗で頻繁に使われ、すべての店の業務を統一するというレベルにまでは達しませんでした。

なぜなら、「現場を知らない人」がつくっていたからです。

現場の問題点を知っているのは、やはり現場の人間です。

埃がたまりやすい場所がある、棚の角が出ていて作業がしづらいといった、ちょっとした問題点は、本部の人間がたまに視察に訪れるくらいでは、なかなか気づきません。

マニュアルをつくるときは、この知恵を拾い上げる、つまりボトムアップの仕組みを整えることが大切です。

マニュアルは、それを使う人が、つくるべきなのです。

現場の気づきや知恵を吸い上げるためのツールとして機能しているのが「改善提案」と「顧客視点シート」である。

店頭で実際に業務に従事しているスタッフの改善要望を吸い上げ、「MUJIGRAM」に反映させるのが「改善提案」だ。年間で5000件近い改善提案が現場から寄せられ、毎月20〜30件程度が採用され、「MUJIGRAM」は随時更新されていく。

改善提案はパソコンの画面から入力する。企画や宣伝、販売など本部の該当部門にまず上がり、そこで「MUJIGRAM」に反映させるべきかどうかが検討され、載せるべきとなった段階で「MUJIGRAM」を維持・管理する業務改革部に上がってくる。

基本的には全店で採用できる改善提案だけを「MUJIGRAM」に反映させる。いくらよい提案でも、実現の難易度が高いものや一部の店頭でしかできないものは採用しない。「MUJIGRAM」という「標準」を進化させることが改善提案の目的である。

もうひとつの「顧客視点シート」は店頭でお客様からいただいたご意見やお客様の様子などから必要と思われることをスタッフが入力する仕組みである。年間で1万件近いシートが寄せられ、業務改善やサービス改善に活かされている。

業務改革部店舗サポート課の光武秀一さんはこう指摘する。[5]

「マニュアルを現場の今を反映したものにするために常に更新しないといけない。この運用は大変だが、運用を含めて仕組みにしておかないといけない。マニュアルというのは『それに合わせることが最もよい結果を生み出せる』と現場が判断し、積極的に活用するものでなければならない」

年間5000件近い改善提案、年間1万件もの顧客視点シートが現場から上がり、そうした知恵によってマニュアルが常に進化していく。個人の力に依存するのではなく、集団の力、組織の力を最大限に活かし、競争力にまで高めている。

しかし、その道程はけっして簡単なものではなかった。松井さんも「MUJIGRAM も軌道に乗るまでは5年ほどかかった」と吐露する。

地道な活動を10年以上にわたってコツコツと続けることによって、良品計画は「よりよくする」を能力化させることに成功している。

❖

現場だからこそ気づく

実際の現場での取り組みを知るために、埼玉県川口市のキュポ・ラ川口店を訪ねた。2013年度下期に「社長賞」を受賞した店舗だ。

キュポ・ラ川口店は、JR川口駅東口のショッピングセンター内にある。2001年にオープンし、4名の正社員、21名のパート・アルバイトスタッフで切り盛りしている。埼玉エリアマネージャーの小森谷大輔さん、店長の橋向美穂さん、そして瀬田雅紀さんに話を伺った。

本部の資料によると、この店舗が社長賞を受賞した理由はこう述べられている。

「品出しリストや新勤務管理システム等販売部門政策に対しての改善提案に優れ、店舗が直面するどんな問題にも前向きに業務改善案を出してくれました。店舗全体で改善提案に励んだ事が伺えました」

キュポ・ラ川口店における業務改善提案の一例を紹介しよう。

各店舗ではスタッフの勤務管理シートの承認をパソコン上で毎月行っている。パソコン上では「スキャン―シフト―承認」の順で並んでいるのだが、実際に現場で作業を行う際には「シフト―スキャン―承認」の順でチェックを行っている。実際の作業手順と画面上に設定されている手順が合っていないのだ。

そのため、いちいち画面上で入力の位置をスクロールさせなければならず、効率が悪く、ストレスも感じる。

しかも、これはキュポ・ラ川口店だけの問題ではなく、全店に共通し、毎月発生する非効率だった。実際の業務に携わる現場だからこその気づきである。

この改善提案を受けて、本社の人事課は早速、システムの修正に取り掛かり、現場の非効率やストレスはなくなった。現場目線のこうした地道な業務改善提案が全社の業務システムの質を高め、店舗の効率化、活性化にもつながっている。

❖ 現場の「気づき」を活かせない理由

キュポ・ラ川口店が本格的に業務改善に取り組むようになったのは、瀬田さんが着任してからである。

日々の仕事に追われ、店舗の活性化が不十分だと感じた瀬田さんは業務改善をうまく使って、スタッフの活性化につなげたいと考えた。以前勤めていた店舗でも、業務改善を上手に活用して現場の活性化につなげていた。

現場で日々の業務に携わっているスタッフたちは、業務改善につながるちょっとした気づきやヒントをもっていた。「こうすればもっとラクになるのに……」といったアイデアも現場にはあったが、日々の仕事に追われ、そうした現場の知恵は顕在化せずに眠ったままだった。

「よりよくする」ための「気づき」はあるのに、それが活かせない理由は何かを瀬田さんは突き止めようとした。そうした「障害」を取り除けば、業務改善は進むはずだと考えたのだ。すると、3つの理由が浮かび上がってきた。

❶気づきを指摘する仕組みがない

ひとつめの理由は、スタッフが改善のヒントに気づいたにもかかわらず、それを指摘する仕組みがないことだった。せっかくの気づきもそれを表面化させなければ、「まあ、いいか」と消えてしまう。

瀬田さんは何かに気づいたら、簡単に記入できるシートを用意した。

「顧客視点」「改善提案」「店内改善」の3つの切り口で、意見や問題点、改善策を記入するシートだ。スタッフが何かに気づいたときにこのシートに簡単に記入してくれれば、現場の気づきが消え去ることはなくなる。

❷気づきをパソコンに入力する時間がない

2つめの理由は、そうした現場の気づきをパソコンから入力する時間が確保できないことだった。せっかくシートが集まっても、それをパソコンから入力し、本社の関連部署に送らなくては、現場の気づきは本社には届かない。やがてタイミングを失い、うやむやになってしまう。

そこで、瀬田さんは比較的手隙の時間帯をあらかじめカレンダー上でブロックし、集中して入力する時間を確保した。これによって、現場の気づきが本社に届くようになった。

❸スタッフの熱意や関心にバラツキがある

3つめの理由は、スタッフによるバラツキだった。一部のスタッフは熱心に業務改善に取り組むが、まったく関心を示さないスタッフもいる。それでは店舗全体の取り組みにはならない。

瀬田さんはスタッフ別の業務改善提案件数をグラフ化し、貼り出すことにした。「見える化」することによって、スタッフの競争意識やゲーム感覚を煽ろうと考えたのだ。

こうした地道な対策を講じることによって、キュポ・ラ川口店の業務改善は少しずつ広がり、加速していった。

まずは、「数を増やす」ことに注力した。ちょっとした気づきでいいので、どんなことでも積極的に上げるように働きかけた。やがて、「なるほど」と思わせる質の高い気づきも上がるようになっていった。

キュポ・ラ川口店が2013年下期に行った業務改善提案件数は74件。採用された件数は7件。いずれも全国で2位の数字だった。

こうした地に足の着いた取り組みが評価され、社長賞の受賞につながった。

2 循環を支える仕組み

❖ 「よりよくする」循環をつくる

良品計画の事例を見ると、マニュアルという標準を起点として「よりよくする」循環が埋め込まれ、その持続的な取り組みを支える仕組みによって活動が能力へと転換していることがわかる。

第I部で見たように、現場力を高めるには「合理的な必然性」が必要だが、それに加えて「合理的な仕組み」が備わってこそ、活動は能力化する。「合理的な必然性」と「合理

図表7◆1　「よりよくする」循環

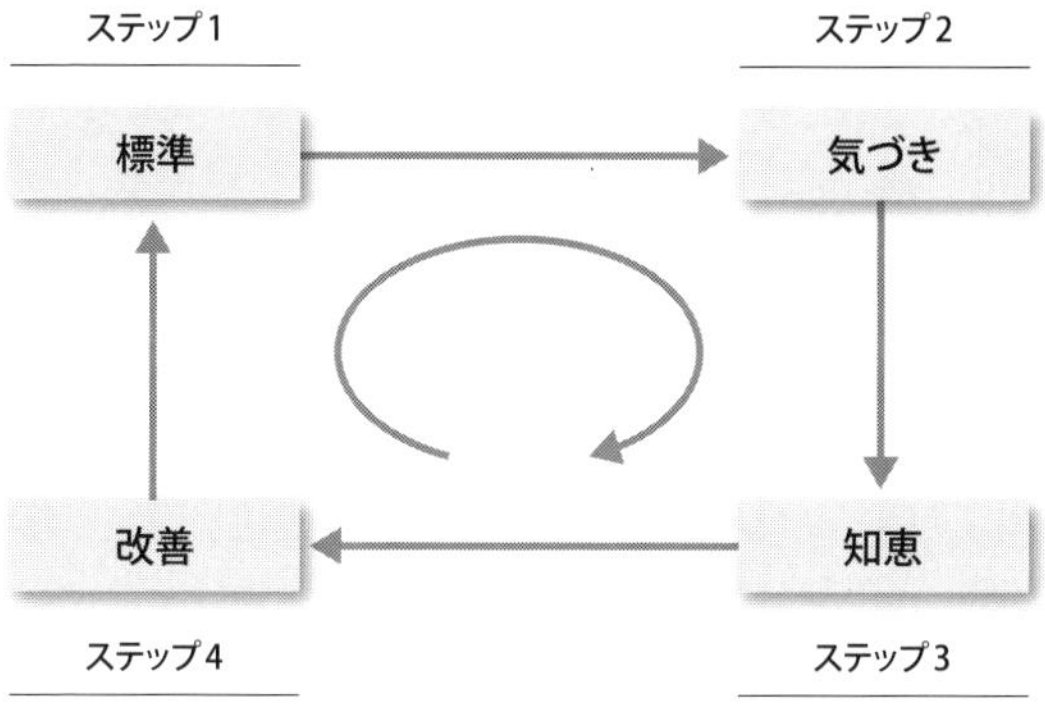

的な仕組み」は現場力強化の両輪である。

「よりよくする」は「標準→気づき→知恵→改善」というステップを踏んで循環する【図表7◆1】。良品計画の事例をもとにその循環を辿ってみよう。

【ステップ1】標準

現場に「標準」は欠かせない。「標準なき現場」は「法律なき社会」と同じだ。共通の拠り所がなければ、無秩序と混乱を招く。

標準化された業務手順、ルール、ガイドラインなどが整備され、それを全員が理解し、徹底させることが、「よりよくする」を実現するための第一歩だ。

松井さんがマニュアルにこだわり、2000ページを超える「MUJIGRAM」を整備したのは、属人的な仕事のやり方が蔓延していた現場に共通の手順、やり方を示す必要があると感じたからだ。

マニュアルがあっても、マニュアルが軽視され、マニュアルどおりに業務が行われていない現場は山ほど存在する。それでは「標準がない」のと同じことだ。

標準を作成し、標準を徹底させる。「よりよくする」循環はここから始まる。

［ステップ2］気づき

「標準」は現場の拠り所だが、100%完璧なものではないのもまた事実だ。現場を取り巻く環境は時々刻々と変化する。それぞれの現場が置かれている状況も現場によって異なる。標準と現実の間に乖離が生まれ、それが非効率や品質の劣化をもたらす。

この乖離に「気づく」ことが現場の重要な任務である。なぜなら標準の遂行当事者である現場しか、乖離や矛盾に気づかないからだ。キュポ・ラ川口店のスタッフは、勤怠表の入力手順に「違和感」を感じた。「MUJIGRAM」で規定されている標準作業が現場の実態に即していないことに気づいたのだ。

気づきとは「違和感」のことである。流れるように設計されているはずの標準がどこかで滞り、スムーズにいかない。現場の感じる「違和感」にこそ「よりよくする」ヒントが隠されている。

［ステップ3］知恵

いくら「違和感」を感じても、それをそのまま放置していたのでは進化は生まれない。「違和感」はどこかに問題がある証拠である。「違和感」を感じていない本部がそれを解消することはできない。「違和感」を体感している現場自らが知恵を絞ることが必要だ。

入力手順に「違和感」を感じたキュポ・ラ川口店のスタッフは、どうすれば解消できるのかを考えた。「知恵」を絞るとは「考える」ということだ。

「違和感」がなぜ起きているのか、どうすればなくすことができるのかを考え、工夫する。それこそが知識創造である。「思考する現場」とは、知恵を生むことができる現場にほかならない。

［ステップ4］改善

知恵はそれが実践され、形にならなければ意味がない。知恵が具体的な改善につながり、目に見える成果を上げることが何より重要である。自分の仕事の範囲内であれば、自らの知恵をすぐに活用することは容易《たやす》いが、全社の改善につなげるためには「気づき」と「知恵」を提案し、「改善」に結びつける必要がある。

「入力手順の見直し」というスタッフの提案は本部に採用され、「MUJIGRAM」の変更という改善に結びついた。それによって店頭における「違和感」は一掃され、全社にインパクトをもたらす業務改善につながった。

改善という行為自体は、その内容によって現場自らが実践する場合と本部が行う場合がある。キュポ・ラ川口店のスタッフの提案はどの店舗にも共通する問題解決であり、「MUJIGRAM」を管理する本部が標準を改訂することによって全社的な改善効果をもたらした。

一方、個別店舗固有の改善などの場合、提案者自らが実践者でなくてはならない。自らが手を動かし、試行錯誤しながら実践することによって、自分たちで「よりよくする」ことができることを体感することはとても大事なことである。

❖

「合理的な仕組み」の4つの要素

良品計画の現場では、「標準→気づき→知恵→改善」という循環がグルグルと回りつづけている。改善は無限だ。一つひとつは小さなことでも、それを全員参加で毎日続ければ、とてつもなく大きな成果を生み出すことができる。「微差」は積み重ねれば、決定的な差になりうる。

「標準→気づき→知恵→改善」という循環の仕組みだけを説明すれば、きわめて普通でありきたりのように見える。「そんなことはいまさらいわれなくてもわかっている」と思う人もいるだろう。

しかし、実際にはこの当たり前の循環が回らずに、機能していない企業がじつに多い

図表7◆2　合理的な仕組み

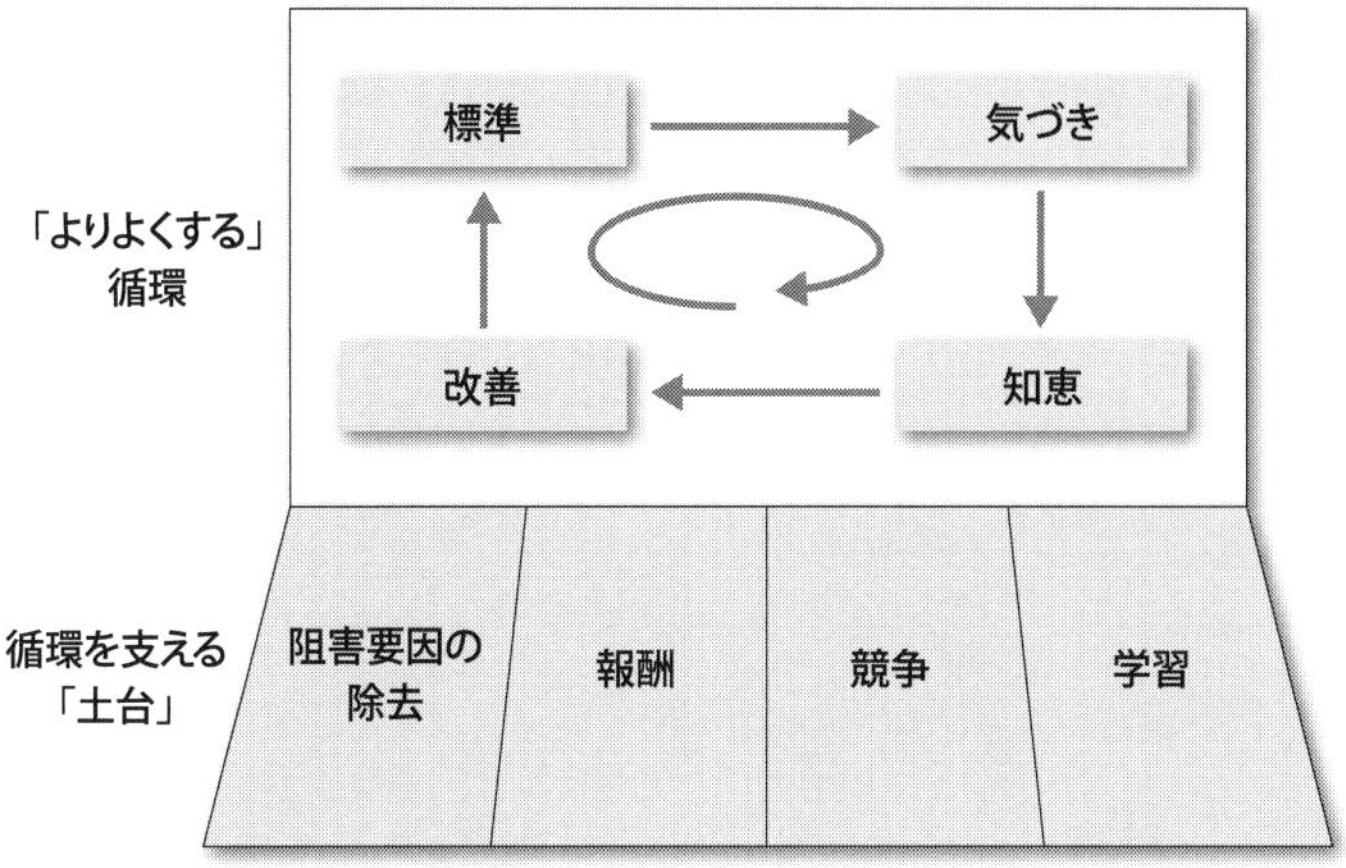

のである。

一見当たり前のように見える循環だが、「よりよくする能力」「新しいものを生み出す能力」がコア能力になっている企業では、この循環を起こし、継続させるためのさまざまな工夫が施され、循環を支える「土台」として機能している。

循環と土台から成る「合理的な仕組み」が機能しているからこそ、循環が回りつづけ、活動が能力へと転換しているのである。

循環を支える「土台」を構成する4つの要素をひとつずつ見ていこう【図表7◆2】。

❖

要素1　阻害要因の除去

現場には循環を妨げるさまざまな阻害要因が存在する。

「保つ能力」がコア能力に留まっている現場では、「よりよくする」ことはいまだ「余計なこと」「二次的なこと」にすぎない。一つひとつは小さなことだが、ちょっとした阻害要因が現場にとっては、できない理由、やらない理由になってしまう。

現場は小さなことで挫折する。阻害要因をひとつずつ丁寧に取り除くことで、循環を機能させ、活動を能力へと転換させることが肝要だ。

良品計画の現場においても、阻害要因を取り除く地道な努力が行われている。「ちょっとした工夫」が循環を生み出すポイントになる。

阻害要因は「時間的阻害要因」と「意識的阻害要因」の2つに大別できる。

❶時間的阻害要因

現場が「よりよくする」ことを行わない最大の「言い訳」は、「忙しい」「時間がない」だ。せっかく現場で改善の気づきがあっても、それをシートに記入したり、パソコンから入力するのが面倒、その時間がとれないという理由でうやむやになってしまうことがじつに多い。

瀬田さんは現場のスタッフが気づいたこと、思いついたことを簡単に書き留めるシートを用意したり、ある程度たまったシートをパソコンから入力する時間をあらかじめ確保し、集中的に処理する環境を整えた。こうした工夫によって、現場の知恵が埋もれないようになったのである。

❷意識的阻害要因

現場が「よりよくする」ためのヒントに気づき、提案しても、それが採用されずに成果につながらなかったり、その検討に時間がかかりすぎれば、現場の意欲は減退する。「提案しても採用されない」「フィードバックがない」「時間がかかりすぎる」などの阻害要因は、「本気でやっても意味がない」という意識を現場にもたらす。

良品計画ではこうした阻害要因を取り除くために、改善提案を受ける本部側の対応を強化している。提案を受けた本部側の部署は1週間以内に提案者にフィードバックし、採用の可否、今後の対応などを伝える。

すべての提案が採用されるわけではないが、本部から迅速なフィードバックがあることによって、「また提案しよう」という現場の意欲は維持される。迅速なフィードバックは現場の意識を高め、循環を機能させるための重要な「潤滑油」なのだ。

❖

要素2 報酬

「よりよくする能力」をコア能力として確立するプロセスにおいては、こうした活動を奨励し、報いることが必要である。成果につながる改善提案を行ったチームや個人を認知し、報酬を与えることによって、こうした活動の重要性が認識されるとともに、競争意識が芽生える。

良品計画では改善提案が厳正に審査され、半期ごとに行われる良品集会の場で社長、会長から直々に表彰を受ける。それは現場にとって名誉であり、晴れがましいことでもある。

報酬には「非日常型」と「日常型」の2種類がある。

「非日常型の報酬」は良品集会における表彰のように、半年、1年ごとにイベント的に報酬を授けられるものである。現場にとっての努力目標にもつながり、高次の組織能力を構築するうえで有効である。

しかし、より重要なのは「日常型の報酬」である。

現場でのちょっとした取り組みや工夫をこまめに褒め、関心を示すことがとても大事である。「よりよくする」は認知（recognition）と報酬（reward）によって習慣化する。

とりわけ、「ありがとう」「いいね」といったちょっとした日常的な声掛けこそが現場をドライブさせる。「ちゃんと見ているよ」「知ってるよ」というサインを送ることが、現場にとってはなによりの報酬である。

現場では「100－1＝0」という声をよく耳にする。

100人のうちの誰か1人でもミスをしたり、事故を起こせば、全体の評価に影響し、結果は0だという意味だ。だから、全員がミスを起こさないように徹底させなくてはならない。

これはオペレーションの管理という意味では正しいが、現場の目線で見れば、たとえ

1人がミスを犯しても、残りの99人はきちんと責務を果たし、貢献している。「マイナス1」に眼を光らせ、なくすことは大事だが、「99」にも光を当てることを忘れてはならない。ひとつずつの小さな「よりよくする」活動をこまめに認知し、日常的に褒めることによって、「よりよくする」が習慣化し、「組織のくせ」となる。

「よりよくする能力」がコア能力として確立した現場においては「よりよくする」ことが当たり前になっているので、報酬の重要性は相対的に低下する。しかし、活動を能力化する途上においては、現場の努力を「見える化」し、日常的、非日常的に報いることが不可欠である。

要素3 競争

競争とは現場間の競争意識を煽り、切磋琢磨によってそれぞれの能力をさらに引き上げることだ。良品集会で優秀店舗が表彰され、「見える化」されるのは、他店舗の店長たちにとって大きな刺激となる。

全国レベルではなく、同じエリア内での競争意識も重要だ。

良品計画では同一エリアの複数店舗が「ブロック」を形成し、定期的に店長会議を開いている。キュポ・ラ川口店と同じブロックには、浦和パルコ店、まるひろ南浦和店、浦和美園店の計4店舗がある。キュポ・ラ川口店の改善の取り組みは店長会議で共有され、他店でも同様の取り組みが徐々に広がっている。

エリアマネージャーである小森谷さんや瀬田さんが積極的に他店を回り、指導することも行っている。ブロック内の4店舗は互いに刺激し合い、競争しながら、学習し合う関係を築くことに成功している。

ブロック単位の提案件数は全国でトップとなり、その結果、キュポ・ラ川口店が「社長賞」を受賞した2013年度下期には、浦和パルコ店が「改善提案賞」を、まるひろ南浦和店は「事務局特別賞」を受賞した。改善の輪がブロック内に広がり、個店の能力の向上がブロックの能力向上へとつながっている。

同様に、各店舗内でもスタッフたちの改善提案件数を「見える化」し、競争意識を煽っている。健全な競争は現場のもつ潜在能力を覚醒させ、引き出す重要な要素である。

❖

要素4 学習

学習とは社内外の卓越した能力をもつ現場から学び、自らの現場への応用を研究することによって、自社の取り組みにさらに磨きをかけることである。ロールモデルとなる現場を知ることによって、「自分たちもまだまだできる。やらなければならない」という意識は掻き立てられる。

松井さんは社内で標準化を進め、マニュアルをしっかりとつくらなければと思い至ったとき、模範となるような他社の事例を勉強することから始めようと考えた。

松井さんがお手本としたのは、同じ小売業の世界でマニュアル活用に優れたファッションセンターしまむらだった。しまむらでは現場から毎年5万件以上の改善提案が寄せられ、3年もするとマニュアルが一新するといわれるほど「よりよくする能力」が確立された会社である。

ゼロから手探りで始めるより、範を探し、そこからヒントを求める。よいものは貪欲に吸収するという姿勢が能力構築を加速する。社内外の範となる事例を学習、研究することによって、それだけ「高いスタート地点」から始めることができる。しかし、学習と「物真似」は違う。いくら優れた事例があっても、それをそのまま真似ただけでは成果にはつながらない。ビジネスの特性や現場の置かれている状況がまったく異なる社内外の事例を導入したところで、かえって現場の混乱を招くだけだ。松井さんはこう指摘する。[6]

当たり前ですが、会社が違えば、何もかもが異なります。扱う商品やその数、社員の数、取引先、店舗の大きさなど、何一つとして同じところはありません。そういった要因が異なれば、マニュアルも異なったものになるのは自然の道理なのです。

外に目を開き、外から学習しようとする姿勢はとても大事なことだ。内に閉じていたのでは、なかなか新しい発想、アイデアは浮かんでこない。

大切なのは「答え」ではなく「ヒント」を求めようとする姿勢だ。答えを導くのはあくまでも自分たちであることを自覚し、実践する組織こそが真の「学習する組織」なのである。

❖

ていねいに、きめ細かく、じっくりと

「よりよくする能力」をコア能力にするための「合理的な仕組み」とは何かを、良品計画を題材に考察してきた。

どの企業でも似たような活動は行っている。しかし、それが能力化につながり、競争力の柱となっている企業もあれば、途中で頓挫し、かえって現場のやる気を削ぐ結果になってしまっている企業も多い。その差は「よりよくする」循環とそれを支える「土台」から成る「合理的な仕組み」が埋め込まれているかどうかなのだ。

「点」を「面」にし、やがて「面」を「立体」へと導くための要諦は、次の3点に集約される。どれもきわめて常識的なことだが、これらを確実に担保することこそが、「非凡な現場」へと進化するためのポイントだ。

❶ていねいに

「ていねいに」とは活動の目的や背景を経営トップ自らの言葉で粘り強く現場に語りかけ、腹落ちさせる努力である。

良品計画では半年ごとの良品集会で松井さん、金井さんが十分に時間をとり、店長たちや本部スタッフに会社の方針や活動の振り返りをじっくりと話す。足繁く現場にも通う。経営陣と現場の長である店長たちが「一枚岩」になるプロセスに時間をかけ、ていねいに取り組むことが必要である。

❷きめ細かく

「きめ細かく」とは現場での取り組みを阻害するさまざまな要因を、現場目線のきめ細かい対応で取り除く努力である。

繰り返すが、現場は些細なことで挫折する。十分に自律できていない現場は、ちょっとしたことで躓き、先へと進まなくなる。

キュポ・ラ川口店の瀬田さんが現場の阻害要因を突き止め、きめ細かく対応しているように、現場のリーダーや本部のスタッフが「やらない理由」「やれない理由」に目を向け、阻害要因を取り除く努力が不可欠である。

❸じっくりと

「じっくりと」とは焦らず、時間をかけるということである。能力構築には時間がかかる。臨界点に達するまでは、一歩ずつ着実に前に歩を進めることが必要である。

「合理的な仕組み」とは「ていねいに」「きめ細かく」「じっくりと」を担保する仕組みでなくてはならない。

表面的には似たような取り組みを行っていても、その成果に歴然とした差が出るのは、この3点にどこまで配慮されているかの違いである。

❖

「追い詰める」のではなく「追い込む」

ここまで見てきたように、活動を能力へと転換させ、「よりよくする能力」「新しいものを生み出す能力」をコア能力へと高めるには、2つの条件が揃わなければならない。改めてその2つを確認しておきたい【図表7◈3】。

❶合理的な必然性（必要条件）

何のために、何にこだわって活動を行うのかを一人ひとりが理解し、納得し、腹落ちしている（H型モデル）。

図表7◆3　「合理的な必然性」と「合理的な仕組み」

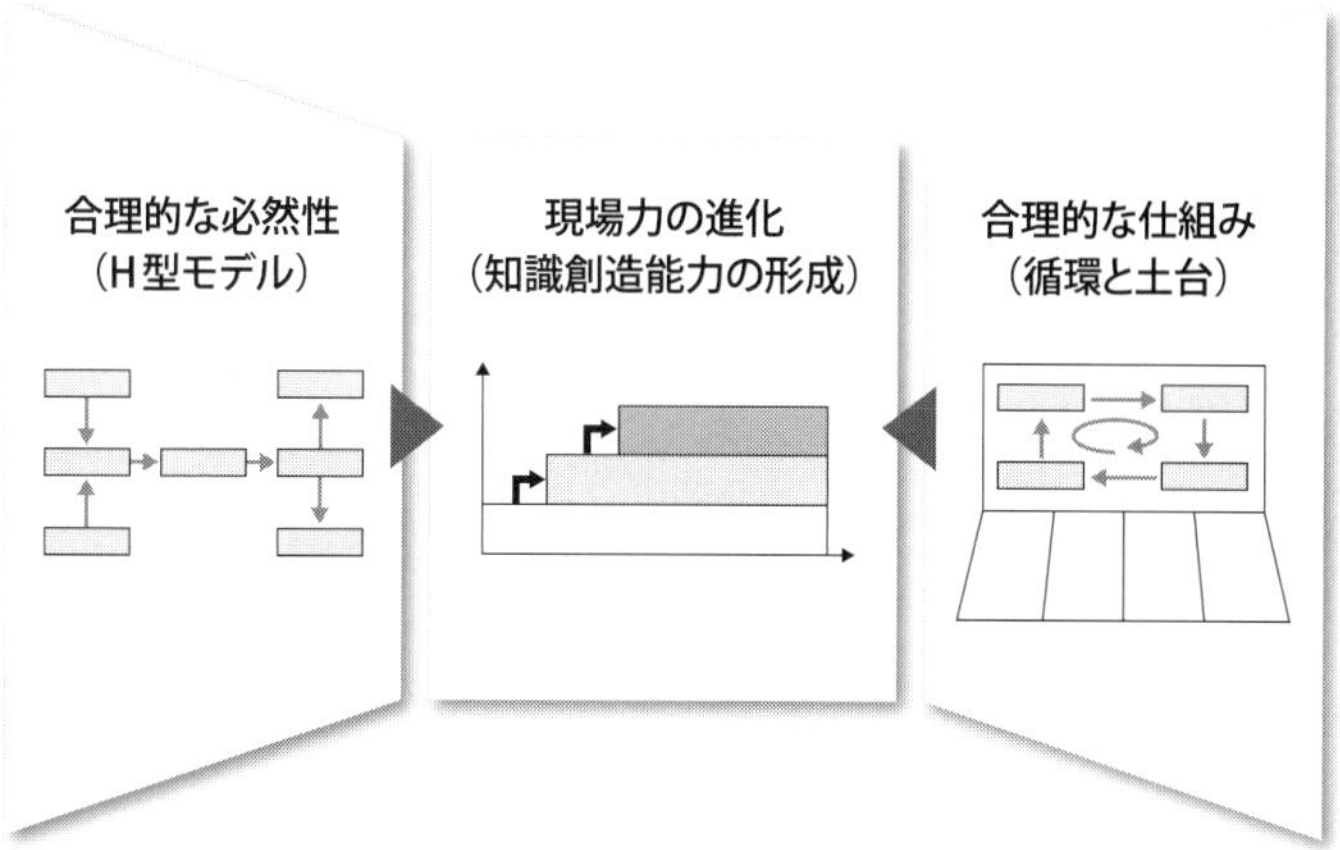

❷合理的な仕組み（十分条件）

活動を能力へと転換するプロセスにおいて、能力形成に必要な要素が整い、循環的な仕組みとして機能している（改善の循環とそれを支える土台）。

「合理的な必然性」と「合理的な仕組み」が揃うことによって、活動は能力へと転換し、「非凡な現場」は生まれる。現場力の強化は理詰めでなくてはならない。

真に自律型の現場をつくろうとするなら、高圧的なアプローチで現場を強要してもうまくはいかない。「追い詰める」のはかえって現場の反発を招くだけだ。

「追い詰める」のではなく、「追い込む」ことが肝心である。

環境を整え、現場目線で阻害要因を取り除き、現場が自らの意志でやらざるをえない、やるしかないという状況にまで追い込む。一見、遠回りのようだが、時間をかけてていねいにつくり上げた能力は本物である。

第8章

ナレッジワーカーを育てる

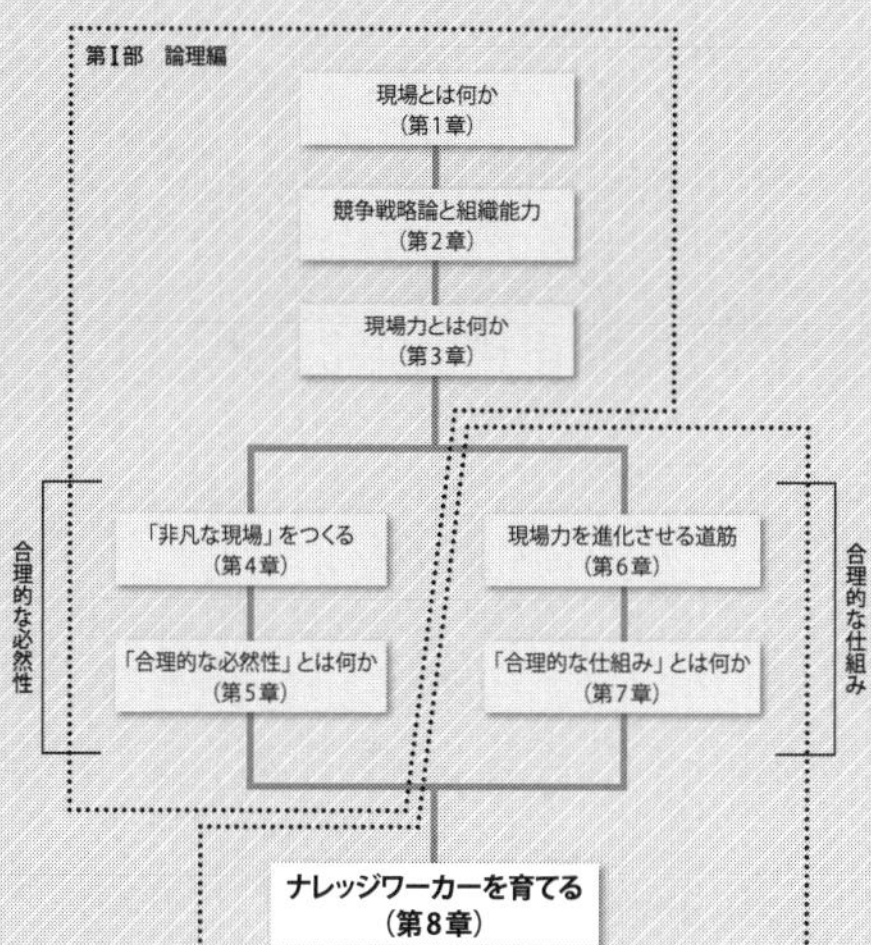

第Ⅰ部　論理編
現場とは何か
（第1章）
競争戦略論と組織能力
（第2章）
現場力とは何か
（第3章）
合理的な必然性
「非凡な現場」をつくる
（第4章）
「合理的な必然性」とは何か
（第5章）
現場力を進化させる道筋
（第6章）
「合理的な仕組み」とは何か
（第7章）
合理的な仕組み
ナレッジワーカーを育てる
（第8章）
経営者の役割
（第9章）
第Ⅱ部　実践編

1 「無名の知」を活かす

❖

マニュアルワーカーからナレッジワーカーへ

現場力という組織能力の進化は、ナレッジワーカーが存在しなければ成立しない。現場で業務に従事する一人ひとりが業務遂行に留まらず、知識創造に取り組むことが組織能力の高度化につながる。

現場において知識創造能力を形成するには、「点」を「面」にし、「面」を「立体」へと進化させなければならない。そして、その取り組みはナレッジワーカーを丹念に育て、増やすことにほかならない。

本章ではそのナレッジワーカーを育てるための要諦について考えていきたい。

現場力はひとりの「天才」に依存するものではない。

一人ひとりは飛び抜けた才に溢れていなくても、現場での気づきや発見をもとに思考し、知恵を絞り、創意工夫する。現場で汗をかく無名の人たちの知恵（無名の知）を最大限に活かすことこそが現場力の源泉だ。

しかし、人という資産を活かすのは容易なことではない。ドラッカーはこう指摘する。[1]

マネジメントのほとんどが、あらゆる資源のうち人がもっとも活用されず、その潜在能力も開発されていないことを知っている。だが現実には、人のマネジメントに関する従来のアプローチのほとんどが、人を資源としてではなく、問題、雑事、費用として扱っている。

……………………

「よりよくする能力」「新しいものを生み出す能力」をコア能力に高めるためには、業務遂行に留まってしまっているマニュアルワーカーを、知識創造ができるナレッジワーカーへと変身させなければならない。現場力において最も価値ある改善とは、マニュアルワーカーをナレッジワーカーへと変身させることにほかならない。

トヨタ自動車で「改善の神様」のひとりと呼ばれている方からこんな話を伺ったことがある。

「何のために改善するのかが大切だ。コストダウンや品質改良など改善による目先の効果も大事だが、もっと大事なのは改善をやろうとする人間、改善ができる人間を育てることだ」

この言葉のもつ意味はとても深く、本質的である。多くの企業は目先の効果ばかりを狙って改善を行っているが、経営においてより重要なのは、組織として継続的に改善ができる人材を育て、組織能力を構築することだ。

愚直な取り組みによって、活動は能力へと「孵化」する。そして、そこから誕生するのが現場力を支えるナレッジワーカーである。

目的が「目先の効果」にあるのか、それとも「ナレッジワーカーを育てること」にあるのか。「平凡な現場」と「非凡な現場」の違いはそこにあるといっても過言ではない。

❖

現場を「研究」する

ナレッジワーカーは現場で育つ。いや、現場でしか育てることができない。

方法論や手法、ツールを座学で学ぶことはできるが、現場は知識を超越した存在だ。学んだ知識をそれぞれの現場の実態に当てはめ、試行錯誤しながら「よりよくする」「新しいものを生み出す」を実践することが不可欠である。

現場で泥まみれになりながら、問題と向き合い、知恵を絞る。失敗を繰り返しながら、そこから学び、「よりよくする」とは何かを身体で会得する。そこで得た経験は本物だ。それこそが「実践知」である。

トヨタ自動車の製造現場では「自主研」と呼ばれる取り組みが長年にわたって行われている。自主研究会の略だが、現場では「自主研究」と「自主研修」の2つの意味が込められているという。

ベテランのナレッジワーカーにとっては、さらなる進化と深化をめざすために「研究」する場であり、経験が浅い人たちにとっては、ベテランとともに研究に参加することで高度な「研修」を受ける場でもある。

研究は基礎研究や研究開発を担う一部の技術者たちだけのものではない。それぞれの現場の業務や設備、仕組みが研究対象であり、現場の従業員は「研究マインド」をもたなければならない。

トヨタの製造現場で働く人たちは、たんなる作業者ではない。彼らは「研究者」であり「実践者」でもある。

「もっとよいやり方はないか」「もっと工夫できないか」を常に考え、業務のあり方、設備のあり方、仕組みのあり方、管理のあり方を研究し、自分たちで分析し、創意工夫する。トヨタの競争力の本質は、現場にナレッジワーカーという「研究者兼実践者」が存在することにある。

❖

「身分」の違いの意味

日本国内の現場では、非正規社員が増えている。非正規社員の数は1906万人(2013年)であり、10年前より約400万人増えた[2]。雇用者に占める割合は36・6%に達している。3人に1人以上は非正規社員だ。非正規の月額賃金は20万円弱で、正社員より約12万円少ない。

身分、雇用条件などが大きく異なる人たちを束ねなければならない現場のマネージメントは、正社員主体の時代と比べ、はるかに複雑で、難易度が高い。

そうした中で、現場で働く非正規社員を正社員として登用する動きも出始めている。

すでに触れたように、ファーストリテイリングは国内約850のユニクロ店舗で働くパート・アルバイトの半分強にあたる1万6000人を地域限定で働く正社員にする方針を決めた。

北海道で食品スーパー3強の一角を占める生協大手コープさっぽろは、契約社員1000人以上をエリア職の正社員として登用することを決めた。イケア・ジャパンはパートの待遇を見直し、正社員と同じ職務なら時給換算で正社員と同等にすることを発表した。

こうした「正社員化」の背景には、深刻な人手不足がある。

2014年3月の有効求人倍率は前月比で0・02ポイント増の1・07倍となり、6年9ヶ月ぶりの高水準となった。有効求人倍率は2013年11月から1倍を超える水準が続いている。

コープさっぽろの大見英明理事長はこう語っている。[3]

「小売りの売り場は、接客の丁寧さなどが大切で、従業員のやる気や意欲で支えられているといっても過言ではない。戦力として貢献してくれたパートや契約社員が他社に引き抜かれないよう囲み込む必要がある」

「正社員化」の流れは、現場に一定の効果をもたらすだろう。非正規社員は半年や1年ごとに雇用契約を会社と結ぶことが多く、契約を打ち切られる「雇い止め」の不安に常にさらされている。

限定正社員は雇用期間の定めがないので、長期雇用が期待できる。雇用の安定確保は、ナレッジワーカーを育てるうえでの阻害要因のひとつを取り除くことにつながる。

しかし、「正社員化＝ナレッジワーカー化」ではないのもまた事実だ。身分を保障したからといって、それだけで直ちに新たな能力の開発に結びつくわけではない。

正社員から限定正社員への「格下げ」が進む、賃金は非正規社員と変わらないままの「名ばかり正社員」になりかねないという声もある。

また、「正社員vs.非正規社員」というこれまでの構図が、「正社員vs.限定正社員vs.非正規社員」というより複雑な「身分」制度へと変わり、現場がより混乱するという指摘さえある。

❖

多様な「身分」と組織能力は反比例しない

正社員、非正規社員の違いだけでなく、現場にはさまざまな「身分」の人たちが共存し、仕事をしている。請負会社、協力会社、納入会社など所属先は異なり、待遇も違う。それを一本化することなど非現実的だ。

リーマンショックの影響で仕事が激減し、すべての派遣社員を雇い止めにした中部地方のある製造業の現場を訪ねた際、現場のある班長は涙ながらに私にこう語った。[4]

「本社は現場で誰が価値ある仕事をしているのかがまったくわかっていない。身分は派遣社員でも『この人がいなければ現場は回らない』という人もいる。そういう人は現場の宝だ。逆に、正社員という立場に胡坐をかき、何の貢献もしていない人もいる。現場は身分の違いを超えて、チームで仕事をしているんだ」

「正社員化」という流れは、景気の回復、人手不足という外的環境に起因している。環境が変われば、異なる経営判断がまた行われ、非正規化へ揺り戻しがくることも起こりうる。

現場は多様な「身分」の人たちの集合体だ。「非正規社員だから、協力会社の社員だからナレッジワーカーにはなれない」と決めつけてしまったのでは、現場力を高めることなど夢物語だ。

ミキハウスを運営する三起商行では、約1400人の販売員のうち約800人がパートやアルバイトだ。出産のため会社を辞め、出産後パートとして職場復帰する人も多い。なかには、ベビー用品の販売実績が社員時代の2倍になる人もいるという[5]。

「身分」はたとえパートでも、現場での存在価値はとても大きい。「身分」の違いを乗り越え、現場をひとつにまとめ上げ、たとえ「身分」が違っても、全員がナレッジワーカーをめざす。それこそが現実的なめざすべき姿である。

多様な「身分」と組織能力はけっして反比例するものではない。

2 ナレッジワーカーを育てる8つの鍵

❖「環境」を整え、「条件」を付与する

現場でナレッジワーカーを育て、「非凡な現場」をつくるには、いくつかの原理原則を

図表8◆1　ナレッジワーカー育成の2つの側面

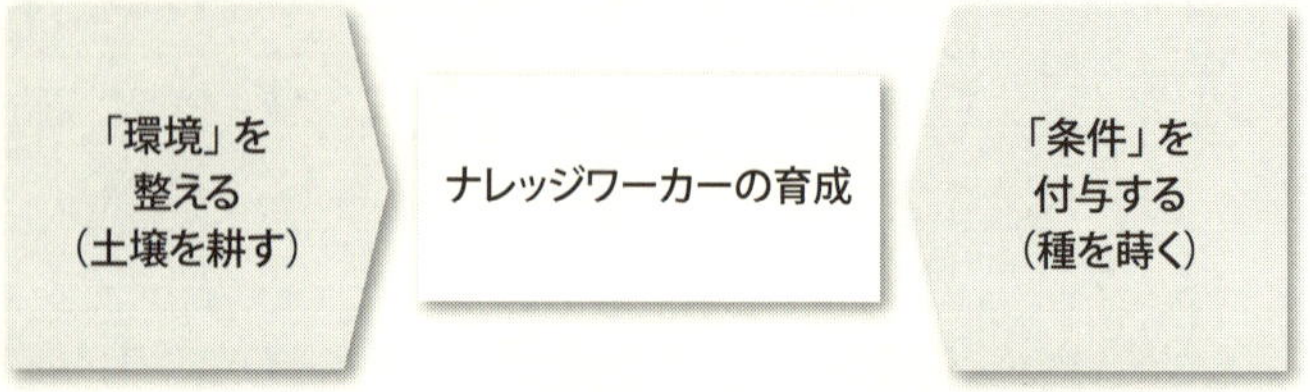

踏まえなければならない。

ナレッジワーカーは自然に生まれるわけではない。ナレッジワーカーが生まれる「環境」を整え、「条件」を付与しなければならない。

「環境」とはナレッジワーカーが育つ「土壌を耕す」ことである。そして、「条件」とはナレッジワーカーを育てるための「種を蒔く」ことである。

ナレッジワーカーを育てるためには、「環境」と「条件」という2つの側面から抽出した次の8つの項目を念頭に置かなければならない【図表8◆1】。

【「環境」を整える】

［第1の鍵］全員をナレッジワーカーに育てる
［第2の鍵］「コア人材」を育てる
［第3の鍵］チームで育てる
［第4の鍵］規律を埋め込み、自由度を高める

【「条件」を付与する】

［第5の鍵］あえて制約を課す
［第6の鍵］細部にこだわる
［第7の鍵］顧客を背負う
［第8の鍵］ミッションを担う

これらの「8つの鍵」について、事例を交えながらひとつずつ見ていこう。

❖

第1の鍵 全員をナレッジワーカーに育てる

現場力は組織能力であり、集合知である。現場で業務に携わる全員をナレッジワーカーに育て上げるのだという思いが何より大切だ。誰ひとりとしてマニュアルワーカーに留まっていてはならない。

「そんなのは絵空事だ。やる気のある人間もいれば、そうでない人間もいる。全員をナレッジワーカーに育てるなんて不可能だ」という声をよく耳にする。しかし、それは現場の可能性を信じていない人の諦めの声にすぎない。

現場をリスペクトし、その潜在力を信じる気持ちがあれば、全員をナレッジワーカーにすることはできる。

もちろん個人によって貢献度合いの大小は異なる。

しかし、人間は誰もが「よりよくしたい」という気持ちを潜在的にもっている。「よりよくしたい」という意識をもち、それを実践するのであれば、貢献の大小にかかわらずナレッジワーカーなのである。

ミニ事例6

全店で改善を進め、成功事例を共有するコープさっぽろ

コープさっぽろは、全道でスーパーマーケットを展開する生活協同組合だ。道内150万人の組合員が出資し、運営に参加している。

2013年度の事業高は2627億円。43億円の経常剰余金は過去最高を記録した。店舗数は全道に109店舗（2014年4月25日現在）。全道をカバーする宅配事業は週に30万人が利用している。

好調な業績を上げるコープさっぽろだが、その経営はけっして順風満帆ではなかった。長年にわたったワンマン経営、事業多角化の失敗、巨額の銀行借入金などによって、1996年に経営危機に陥った。リストラを断行するなど、「残るも地獄、去るも地獄」というほどの経営改革を行ってきた。

業績回復の要因のひとつが、組織全体をあげた現場力の向上である。

本部主導の画一的な取り組みだけでは、需要を掘り起こすことはできない。各店舗はそれ

ぞれの立地、客層、競合状況を考慮した独自の販促や重点商品の展開を行っている。

2006年から「かいぜんのカード」という取り組みをスタート。毎年元旦に全職員、パート職員が改善提案を書くもので、1万枚以上の「カード」が集まる。それらは本部に集められ、現場の気づきやアイデアをどのように活かすのかが検討される。そして、その結果は「かいぜん新聞」としてフィードバックされている。

各店舗独自の売り場改善も積極的に展開されている。効果を上げた取り組みは「店舗成功事例集」として毎週イントラネット上で共有している。

たとえば、アモール店のデリカコーナーでは二人のスタッフがそれぞれ新しいお弁当を考案し、売上げを競った。独自のPOPなども工夫し、仲間意識と競争意識で売り場の活性化に貢献したことが紹介されている。

月間の成功事例投稿件数は100件を超える。すべての店舗が参加し、お互いに学び合い、よりよい店舗づくりに励んでいる。現場での改善の取り組み、成功事例の共有は、店舗のみならず宅配事業本部や物流部門などでも行われ、大きな成果を上げている。

また、各店舗ではお客様アンケートをもとにした改善の取り組みを行っている。どのような声が寄せられ、どのような取り組みを行ったのかを写真付きの「店舗かいぜん新聞」として毎月店頭に貼り出し、全店でも共有している。

コープさっぽろはワンマン経営による失敗を、愚直な全員経営によって克服し、新たな未来を築こうとしている。

図表8◆2　「5-20-100」の理論

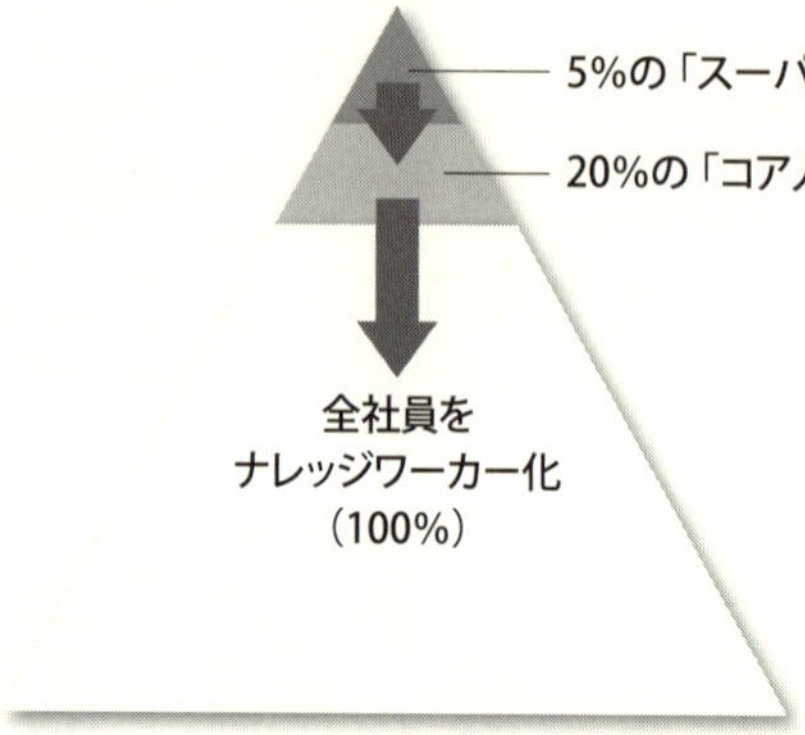

❖

第2の鍵　「コア人材」を育てる

「全員をナレッジワーカーに育てる」といっても、核となる人材が必要不可欠である。ナレッジワーカーのロールモデルの役割を果たし、経験の浅い人たちを指導、育成する「コア人材」の存在があってこそ、現場力という組織能力は形成される。

私はかねてから「5－20－100の理論」を提唱している【図表8◆2】。これは数多くの現場力強化のプロジェクトに関わった私独自の実践にもとづく経験則である。

「非凡な現場」をつくるには、20%の人材を「コア人材」にする必要がある。

5人に1人が「よりよくする」取り組

みを自発的に始めれば、組織内に確固とした流れが生まれ、やがてほかの80%の人たちもその流れに乗ろうとする。20%をコア人材に育て上げることが「非凡」と「平凡」の分岐点である。

しかし、最初から20%の「コア人材」が存在する企業は稀である。

通常の組織であれば、5%程度の「スーパーコア」となる人材からスタートするのが現実的だ。5%の「スーパーコア人材」が「よりよくする」取り組みを開始し、成果を積み重ねることによって、20%の人たちへと広げることが肝要である。

「5%のスーパーコア人材」「20%のコア人材」を育てるには、候補者を固有名詞ベースで洗い出し、リストアップすることが必要だ。そうした人材への集中的な動機付け、教育、支援を手厚く行うことが、組織能力へと高めるための鍵となる。

5%から始め、20%へと広げ、100%をめざす。

現場力という組織能力は「5―20―100」という手順を踏んで形成される。

ミニ事例 7

本気で現場長を育てるJR東日本

駅ビルやエキナカ商業施設の積極的展開やスイカ（Suica）の進化などで注目を集める東日本旅客鉄道（JR東日本）だが、その本業はあくまで鉄道である。

運営する70線区の総営業キロは約7500キロ、駅数は貨物駅5駅を含め1699駅、1

日の輸送人員数は約1680万人（2012年度）にも上る。

首都圏の主要な私鉄のひとつである東急電鉄の営業キロは約100キロ、1日の輸送人員数が約280万人であるのを見れば、その鉄道事業規模がいかに巨大であるかがわかるだろう。

いうまでもなく、鉄道事業の最大の使命は「安全」である。

きわめて広範囲な地域での事業を展開するJR東日本にとって、安全の確保は最大の使命であり、経営としての最優先事項である。

これまでにもさまざまな取り組みを実施し、ATS（自動停止装置）などの安全技術にも多額の投資を行ってきた。現在展開中の「グループ経営構想V」では、「究極の安全」に向けて総額3000億円の耐震補強対策などが進められている。

しかし、技術に対する投資だけでは真の安全は確保できない。予想外の自然災害やヒューマンエラーによるミスやトラブルも事故の原因となりうる。

JR東日本の現業機関は726ヶ所、社員数は4万4000人にも及ぶ。運転士、車掌、検修など、日々の運行を司る運輸車両部門だけでも、125ヶ所、2万1700人の社員が現場での業務に従事している。

これだけ巨大なオペレーションにおいて、現場の一人ひとりが常に緊張感を保ち、やるべきことをやるだけでなく、安全の確保に向けて能動的、自律的にどこまで動けるかがきわめて重要である。先端的な安全技術に対する投資に加えて、安全を直接司る人への投資をどこまでできるかが安全確保の鍵を握る。

事故の「再発防止」については安全技術や仕組みの確立が有効だが、「未然防止」を行うのは人間以外にはありえない。現場で業務に従事する一人ひとりが事故の予兆を感じ取れなくては、究極の安全確保は実現できない。

現場の日常業務において、「安全をつくり込める人」すなわち「安全の番人」を育成することこそが真の安全対策である。

JR東日本では2005年度から「現場長鍛錬塾」をスタートさせた。2014年に副社長を退いた石司次男氏（現アトレ社長）の肝入りで始まったプログラムだ。全現場長約130人を対象に、4回に分け、1泊2日の泊まり込み合宿で「安全」について徹底的に議論し、現場長の意識改革、行動改革を促す。

現場において安全を確保するコア人材は、現場を統率する現場長である。現場長が安全に対して「火の玉小僧」にならなくては、現場の社員一人ひとりが「安全の番人」というナレッジワーカーには育たない。

同様の研修を行っている鉄道会社はほかにもあるが、鍛錬塾の違いはそのコミットメント、本気さにある。

一般の研修では、経営幹部が登壇してもせいぜい小一時間の講話でお茶を濁すことが多い。しかし、鍛錬塾では役員である石司氏自らが1泊2日の行程すべてに付き添い、そのうち5時間以上かけて自らの思いを語る。

「現場長としてあなたは何をするのか」をテーマにグループ討議を行い、最後には一人ひとりが決意表明をする。時には厳しい投げかけ、詰問もある。

経営幹部と現場長が同じ時間を共有し、濃密な議論を繰り返す。鍛錬塾はたんなる研修ではなく、経営幹部と現場長が安全に対して同じ「熱」を帯びるための場である。

安全確保に燃える経営幹部が、自らの「分身」として現場長を育てる。そして今度は、現場長自らが自分の「分身」を現場で育てる。手間暇がかかり、遠回りのように思えるかもしれないが、そうしたプロセスを経なければコア人材は育たない。

人づくりのための投資は、けっしてお金をかけることだけではない。経営幹部がどれだけ自らの時間を投資したかにかかっている。

第3の鍵 チームで育てる

現場力を高めるには、コア人材を核としたチームを編成し、小集団で進めることが不可欠である。ドラッカーはその著書の中で「知識労働はチームとして組織される」と指摘している。[6]
チームで取り組むことの意義は2つある。ひとつめは「相互刺激性」だ。
それぞれが互いの意見をぶつけ合い、刺激し合うことによって、アイデアはスパイラルアップしていく。チームで揉むことによってひとりでは思いつかないような斬新なアイデアが生まれてくる。デンソーの「アイデア千本ノック」はその好例だ。

現場の創造性は「健全な対立関係」によって生まれてくる。意見や発想を異にする対立軸をもつ人たちが議論を戦わすことによって、衝突が生まれ、そこからブレークスルーが生まれる。

2つめの意義は、「次世代コア人材の育成」である。

ナレッジワーカーは現場で育つ。同様に、次世代を担うコア人材はチームで揉まれることによって育つ。

チームから新たなコア人材が誕生し、核分裂を起こし、新たなチームが形成される。コア人材のDNAを「移植」し、全員ナレッジワーカー化を進めるためには、チームでの取り組みは欠かせない。

ミニ事例8

盤石なチームワークで「新幹線劇場」を演出するTESSEI

JR東日本テクノハートTESSEIはチームで新幹線の清掃業務を行う。1チームは22人。各チームには「業務総括主事」と呼ばれる管理者が1人ずつ配置され、主任、チーフアシスタント、一般スタッフでチームが編成されている。

TESSEIが誇る世界最速の「魅せる清掃」を実現するには、チームワークが必須だ。

それぞれの役割を果たすだけでなく、現場での助け合いや協力を臨機応変に行わなければ、7分間で完璧な清掃を終えることはできない。

チームが現場でチームとして機能するには、現場以外でのちょっとした工夫が欠かせない。TESSEIではメンバー同士の意思疎通を加速させるためのさまざまな工夫が行われている。

チームリーダーである業務総括主事は、毎日メンバー一人ひとりに必ず声をかける。たとえ一言でも会話を交わす。それによって、メンバーの体調やメンタル的な問題がないかを探っている。短い会話から気づくことはけっして小さくない。

また、清掃作業に行く前の控え室には椅子とテーブルが設置されているが、誰がどの椅子に座るかはその日の担当ごとに決められ、担当は日ごとに変わる。

同じメンバーだけで固定化するのを防ぎ、いろいろなメンバーと話し、お互いを知るきっかけをつくっている。

以前は仲のよいメンバーだけで固まり、派閥のようなものもできていた。それでは、情報伝達や意思疎通にも支障をきたす。チームとしての一体感も醸成されない。

座る場所を固定化せず、動かすことによって、メンバー同士が分け隔てなくコミュニケーションがとれるように配慮をしているのである。

そして、チームリーダーは「スモールミーティング」を頻繁に行う。たとえ5分でもメンバーが集まり、方針を徹底させ、現場の声に耳を傾ける。

こうした地道な努力が「最強のチーム」を生み出している。

人が集まっただけではチームにはならない。共通の目標を共有し、メンバー同士の関係性が構築できてこそのチームである。ちょっとした工夫、努力の積み重ねによってチーム力は形成され、強固になっていく。

❖

第4の鍵 規律を埋め込み、自由度を高める

創造は自由から生まれる。「よりよくする」「新しいものを生み出す」とはまさに現場起点の創造である。それを実現させるには、現場の自由度を高めなければならない。

自由度を高めるとは、権限を委譲することである。現場の判断に委ねたほうがよい結果をもたらすと思うものは、現場に権限を与え、任せることが大切である。それが現場の自律につながる。

経営である以上、管理（control）は必要である。しかし、いくら管理を強化したところで、そこから創造が生まれることはありえない。

めざすべき姿は、「自主管理」（self-control）ができる現場を育てることだ。

誰かに管理されるのではなく、自らが主導的に管理を行いながら、創造も進展させる。自主性、自発性、自律性の高い現場をつくり上げることこそが、管理強化の罠から脱する

最善の方策である。

とはいえ、現場にどれほどの自由度を与えるかは、現場の有する組織能力によって決まる。「保つ」ことすら満足にできない規律を欠いた現場に自由度を与えるのは自殺行為にほかならない。

逆に、「よりよくする能力」を確立している現場は、自由度を高めることによって、さらなる高次の能力へと進化することが期待できる。自由度の度合いを決めるためには、現場力のレベルを冷静に見極めることが肝要である。

ミニ事例❾

評価の「見える化」で自律的に進化するヤマト運輸

ヤマト運輸の宅急便の最前線であるセンターでは、配送員個人別に「マイUPシート」と呼ばれる個人評価シートが毎日「見える化」されている。約15の項目について、前日の業務パフォーマンスや目標との乖離、主管内の順位が数値化され、レーダーチャートで示される。

たとえば、出勤してから出庫するまでに要した時間（出勤―出庫）、センターに戻ってから退社するまでに要した時間（帰庫―退勤）、8時台に配達を完了した比率（8時台配完率）、午前中に配達を完了した比率（AM配完率）などの評価項目が点数化され、主管内総合順位や総合判定（S、A、Bなど）が出される。それぞれの配送員の弱点や課題が一目瞭然でわかる。

ただし、この仕組みは配送員個人のパフォーマンスをランキングし、単純に個人を「色分け」するためのものではない。

ヤマト運輸における評価の基軸になるのは、あくまでも「センター」単位である。「マイUPシート」はセンターの組織能力を評価し、高めるための支援ツールなのだ。

全国約6000のセンターのランキングが毎日「見える化」され、そのランキングを上げるために、それぞれのセンターが自律的に創意工夫し、センター員全員で知恵を絞る。

主管支店内でのランキングはとくに気になるという。「近くのライバルに勝ちたい」という競争意識は、現場の士気向上にもつながる。

課題を抱えている配送員に対しては、その課題克服のためにセンター長やサブセンター長が中心になって業務改善のアドバイスをする。時には、配送員と同乗して実地指導する。

「マイUPシート」は本社が現場を管理するための道具ではない。センター長を核とした現場が、自主的、自律的に自らの生産性や品質、サービスを高めるためのインフラなのである。

❖

第5の鍵　あえて制約を課す

現場は制約に充ちている。限られた経営資源、限られた時間、限られたスペース、限られた情報……。そうした制約の中で、「よりよくする」「新しいものを生み出す」ことを実現しなければならない。

しかし、この制約が現場を強くし、たくましくする要素であるのも事実だ。トヨタ自動車元副社長の大野耐一氏は「知恵というやつは、困らせにゃ出ん」と語っている。[7] 制約があるからこそ、現場は知恵を絞り、創意工夫する。そのプロセスからナレッジワーカーが誕生する。

逆に、制約のない現場からはナレッジワーカーは生まれてきにくい。あえて制約を課すことで、考える現場、創意工夫する現場が生まれる。「非凡な現場」は制約を糧にするのだ。

ミニ事例 10

連続的な「コネタ」で国民的アイスキャンディを生み出す赤城乳業

「ガリガリ君」は子どもから高齢者まで幅広い層に支持されている国民的アイスキャンディだ。その売上本数は4億8000万本（2013年度）に達した。2007年に2億本の大台を超えたあと、わずか6年で2倍以上になった。

定番のソーダや梨に加え、コーンポタージュ味やシチュー味、ナポリタン味などの斬新なフレーバーを次々に投入し、話題をさらっている。製造・販売する赤城乳業の売上高も、2003年の185億円から2013年には377億円へと躍進している。

「ガリガリ君」人気を支えているのが、ユニークな販促戦略にある。

さまざまな「コネタ」を連続的に仕掛けることによって話題をつくり、SNSなどを活用してクチコミを誘発、拡散させる。さまざまな企業とコラボを企画し、次々に展開する。「コネタ」の数は年間100を超える。

そのきっかけは、ギリギリの販促予算しかないという「制約」だった。

記録的な猛暑だった2004年に「ガリガリ君」の売上げは過去最高を記録したが、過去最高の翌年は必ず大幅ダウンを経験していた。

マーケティング部、営業部は限られた販促予算で、売上げの落ち込みを避けなければならなかった。そこで現場が知恵を絞り、お金のかからない「コネタ」を片っ端から仕掛けていった。

店頭で「ガリガリ君」の種類の多様さやストーリー性をアピールするための「レインボー売場」の展開、ファンクラブである「ガリガリ部」の創設、着ぐるみ、おみくじ、携帯ゲームや漫画などとのコラボ企画など、思いつくアイデアを形にし、次々に実行していった。

その結果、1億5000万本程度で何年も伸び悩んでいた売上本数は、2007年には一気に2億2000万本を超えた。現場発の連続的な「コネタ」の展開がブレークスルーを生み出したのだ。

赤城乳業の現場はそれ以降もぶれることなく「コネタ」を仕込みつづけた。その効果は絶大だった。

「ガリガリ君」発売以来、1億本突破に要した年数は19年。2億本突破は7年。それが3

億本突破は3年。さらに4億本突破はわずか2年でクリアーした。

もし当時の赤城乳業に潤沢な販促予算があったら、「ガリガリ君」はこれほどの国民的アイスにはなっていなかったかもしれない。「制約」から始まった連続的な「コネタ」が、赤城乳業独自の「成功の方程式」となったのだ。

❖

第6の鍵 細部にこだわる

現場力は「足元の改善」で鍛えられる。

現場には無数の問題が存在する。問題のない現場など存在しない。そうした問題を自分たちで発見し、解決する取り組みによってナレッジワーカーは育つ。

現場の生産性や効率性はちょっとした工夫で改善される。地に足の着いた細部にこだわった改善こそが、じつは劇的な効果をもたらす。

デンソーでの段取り替え時間の短縮や良品計画の業務改善事例を見ても、ひとつずつの改善はちょっとしたことのように見える。しかし、それらは実際の業務に従事している現場でしかできない本質的な改善である。競争という視点から見れば、「微差」は決定的な差になりうる。

「小さい」(small)と「精緻な」(subtle)はまったく異なる概念である。

「非凡な現場」が行っていることは、けっして「小さなこと」ではない。彼らは「細部」にこだわり、問題を根っこから解決しようとしている。

小さいことが悪いことではない。ナレッジワーカーは足元の小さな改善によって鍛えられる。小さな改善もできないのに、大きな改善ができるはずもない。

大事なのは、たとえ小さくても細部にこだわることだ。

表面的な取り組みではなく、本質を探り、どこをどうすればよりよくすることができるのかを考え、肝となる細部に徹底的にこだわる。深さは、細部にこだわるからこそ生まれてくる。

「戦略は細部に宿る」といわれる。表面的には似たように見えるが、ちょっとした工夫、こだわりが細部に施されているかどうかが、戦略の優劣を決める。

細部にこだわり、「微差」を生み出すナレッジワーカーがいるからこそ、真に差別化された戦略となりうるのだ。

ミニ事例⑪

現場の創意工夫で人気動物園となった旭山動物園

いまや北海道の人気観光スポットとして定番となった旭山動物園。年間170万人近い入園者を集めている。

この動物園は現場力でどん底から這い上がってきた。

全国的な動物園離れや1994年に発生したエキノコックス症の風評被害で入園者数は激減。1996年の入園者数は過去最低の26万人まで落ち込み、廃園の危機に追い込まれていた。

そんな地方の小さな動物園が奇跡の復活を遂げた。2004年にオープンした「あざらし館」はマスコミにも大々的に取り上げられ、一気に全国区の動物園となった。

動物本来の動きを引き出し、伝える「行動展示」という展示方法は、動物園業界のイノベーションとして高く評価されている。

迫力あるダイブをするホッキョクグマ、水中を弾丸のような猛スピードで泳ぐペンギンなど、「命の輝き」を伝えるさまざまなアイデアは現場の飼育係員たちから生み出されている。

「行動展示」の原型といえるのが「ワンポイントガイド」だ。

動物園がどん底のころ、動物のすごさをわかりやすく伝えるために、動物の行動にスポットを当て、入園者に説明を始めたのが「ワンポイントガイド」である。

ある飼育係員が鳥のことを調べているうちに、「研究者が鳥に餌を与えようと果物を置いていたら、野生のアカハナグマに先に食べられてしまった。ロープに果物を吊るすなど工夫したが、ことごとくアカハナグマにとられた」というエピソードを知った。

この行動こそアカハナグマの「すごさ」だと感じた飼育係員は早速、展示方法を工夫した。運動場に1本の針金を渡し、針金にロープを結んでバナナを吊るした。アカハナグマには届かない高さだ。

バナナの匂いを嗅ぎつけたアカハナグマは壁をよじ登り、針金を渡って、ロープを手繰り寄せた。そして見事、バナナを手に入れた。

このアカハナグマは動物園育ちだったが、野生のアカハナグマと同じように木登りや枝渡りの能力を発揮し、アカハナグマならではの行動を見せた。このアカハナグマの習性や能力を入園者たちに解説したところ、大好評だった。「行動展示」の進化はここから始まった。

「あざらし館」「ペンギン館」「ホッキョクグマ館」などの大規模な展示施設ばかりに注目が集まるが、じつは旭山動物園の真骨頂はこうした小さな創意工夫にある。動物を知り尽くしている飼育係員の知恵が、あらゆる展示施設で活かされている。

たとえば、キリンの長い舌を見てもらうための餌かご、ゾウやサイが砂浴びできる運動場、キタキツネが斜面に穴を掘って潜む習性を利用した観察トンネルなど、ここかしこに現場の創意工夫が施されている。

それぞれの創意工夫はちょっとしたアイデアだが、それぞれの動物の習性や特徴がわかっていなければできない深いものだ。旭山動物園の真のすごさは、細部にこだわるナレッジワーカーたちによってつくられている。

❖

第7の鍵　顧客を背負う

サービス業や小売業の現場のように顧客接点を担っている現場は、日々顧客と接し、その交流が「よりよくする」を加速するモチベーションや刺激材となりうる。自分たちの知恵や努力に対する顧客の反応がダイレクトに返ってくるからだ。

一方、製造現場などは、顧客とのダイレクトな交流がなく、顧客を日常的に意識することは容易ではない。その結果、どうしても内側に閉じた活動になりがちである。

しかし、何のために現場が存在するかの根本を辿れば、それは顧客に対して価値を生み出すことにほかならない。現場が担う機能や役割によって顧客との距離に遠近の違いはあるが、すべての現場は顧客とつながっている。すべての現場は顧客を背負っている。

顧客から遠い現場が「よりよくする能力」を加速させ、ナレッジワーカーを育てるには、「顧客を背負う」という自覚をもたせる工夫が必要である。

ミニ事例⑫

顧客を背負い、品質を劇的に改善させたマザーハウス

マザーハウスは2006年に山口絵理子さんが立ち上げたベンチャー企業。「途上国から世界に通用するブランドをつくる」というハードルの高いビジョンを掲げ、

バングラデシュやネパールでバッグや衣類を生産。日本や台湾で販売している。国内に11店舗、台湾で4店舗を展開し、順調に業績を伸ばしている。従業員も日本、台湾、バングラデシュ、ネパールを合わせると200名を超えた。

彼女がバングラデシュと出会ったのは、大学4年生で米国・ワシントンDCの国際援助機関・米州開発銀行にインターンとして勤めていたとき。現地に足を運ぶこともせず、組織内でのステップアップばかりを考えている職員たちに違和感を感じ、当時アジア最貧国だったバングラデシュに徒手空拳で飛び込んだ。

ダッカの大学院に通う傍ら、大手商社の現地法人で働いていた彼女は、ジュートという素材に出会った。「このジュートで先進国の人たちが欲しがるバッグをつくろう」と考え、会社を立ち上げた。

しかし、その道のりは苦難の連続だった。政情不安、インフラの未整備、提携工場の裏切り……。そうした困難を彼女はひとつずつ乗り越えてきた。

その中の難問のひとつが品質だった。「安かろう、悪かろう」の品質が当たり前だった社員たちに、先進国の顧客が求める水準の品質を教え込み、徹底させるのは気が遠くなるような作業だった。

その難問を突破するひとつのきっかけとなったのが、HISとのタイアップによるツアーの企画だった。日本からバングラデシュを訪ね、マザーハウスの工場を見学するなどを盛り込んだツアーだ。

当初は「途上国の可能性をリアルに感じてもらいたい」という思いからHＩSに持ちかけ、2009年から始まった。これまでに15回、延べ200人以上が参加する人気企画になっている。

結果として、このツアーはバングラデシュの工場で働く人たちの意識を変える大きな起爆剤となった。

工場では日本からのツアー客一人ひとりに工員が一人つき、二人一組のペアを組んで、オリジナルのエコバッグを製作する。どんなバッグをつくりたいのかを聞き出し、型紙からつくり、生地を切ったり糊をつけたりの共同作業を行い、一緒にひとつのバッグをつくる。バッグが出来上がると、全員が集まり、ひとつの輪をつくって発表会を行う。そして、ツアー客と工員がそれぞれ感想を述べ合う。なかには、感極まって涙するツアー客もいる。

ツアー開始後、商品の品質は劇的に改善した。工員のモルシェドさんは、「お客様と直接触れ合うことで、どんなものが好きなのか、どんなことを求めているのか、どんな品質を望んでいるのかを直に学ぶことができる」と語り、ツアーを心待ちにしている。

山口さんはツアーの効果をこう分析する。[8]

「自分たちのモノづくりはお客様のためにある。そんなお客様が目の前にいて、商品を使っていただいていること、そのことが生産者にとって『がんばる意味』『がんばった結果』なんだということが本当の意味で腑に落ちる経験になっている」

顧客から最も遠い現場が、顧客を背負ったとき、現場は間違いなく変わりはじめる。そして、マニュアルワーカーはナレッジワーカーへと変身を始める。

❖

第8の鍵　ミッションを担う

「顧客を背負う」ことがナレッジワーカーを育てる大きな源泉となるように、「ミッション（使命）を担う」現場もたくましく成長する。

「非凡な現場」として取り上げたデンソーの現場の根っこには、「日本にモノづくりを残す」という強烈な使命感がある。

デンソーに限らず、トヨタグループ企業の現場が強く、たくましい理由のひとつは、「モノづくりの空洞化を阻止するのは自分たちだ」という強烈な使命感によって現場が突き動かされているからだ。

しかし、ほとんどの現場には「ミッション」ではなく、「タスク」（作業）しか与えられていない。その結果、与えられた作業だけをこなす「作業マシン」と化してしまっている。

一方、「非凡な現場」にはミッションが示され、現場はミッションを担っている。そして、そのミッションを遂行するために現場は知恵を絞り、ナレッジワーカーが生まれる。

JR東日本テクノハートTESSEIの現場が「非凡な現場」になったのは、「車両清掃」というタスクだけを果たす現場から、「お客様に気持ちよく利用していただく」というミッションを遂行する現場になったことが大きな要因である。清掃はそのためのひとつの手段となり、それ以外に自分たちにできることがないかと現場は知恵を絞りはじめる。ミッションを担う現場はとてつもなく大きな力を発揮する。現場にミッションを与えることがナレッジワーカーの育成を加速するのだ。

ミニ事例⑬

「自分の親に食べてもらう」を実践する葉隠勇進の給食サービス

ホテル事業、子育て支援事業、自動車運行管理事業など多様な事業を展開するソシオークグループにおいて、給食サービス事業を展開するのが葉隠勇進株式会社である。小学校・中学校、学校給食センター、医療施設、高齢者・障害者施設などで手づくりのおいしさを提供している。

給食といっても、各事業所によってそのサービスの形態はさまざまだ。学校は1日1食だが、医療施設や高齢者・障害者施設は1日3食、1年365日休みなしが基本になる。

調理の内容も大きく異なる。

たとえば、特別養護老人ホーム、ケアハウス、デイサービスを複合的に営む養護施設の提供食数は、毎回約250食。

しかも、同じものを提供するわけではない。ご飯の種類だけで「通常食」「お粥」「ミキサー粥」など5種類、おかずも「一口大」「きざみ」「竹串刺し」など食べやすいように対応する。アレルギーや好き嫌い、さらにはお皿やスプーンにまで気を配り、毎回の食事を楽しんでももらうよう気を配る。

さらには年間行事用の食事も手づくりで対応している。毎月の誕生日会用のケーキ、夏祭り、秋祭り用の特別メニュー、お正月にはおせちやお雑煮も提供する。

こうしたサービスを5名程度の社員、20名程度のパート社員が、早朝から夜までのシフト勤務で対応する。けっしてラクな仕事ではない。

にもかかわらず、この現場のスタッフが意欲的に仕事に取り組むのは、自分たちの「ミッション」を自覚し、毎日の仕事に取り組んでいるからにほかならない。

その事業所の所長は、私にこう教えてくれた。

「『自分の親に食べてもらうつもりで調理しろ』と教えられてきました。自分の親だったら、どのくらい食べられるか、どのくらいの硬さだったら大丈夫かと気を遣いますよね。その気持ちで一人ひとりの入居者と向き合っています」

彼らはたんに調理という作業をこなしているのではない。「おいしい!」という言葉を聞くために、努力し、工夫を凝らすナレッジワーカーである。

ミッションを担う現場はたくましく、そして誇りをもっている。

3 支援するミドル

【ケース6】——天竜精機

❖ ミドルアップ・ミドルダウン

ナレッジワーカーの育成に、ミドル層（中間管理職）の関与は欠かせない。ミドル自身がナレッジワーカーとして手本を示し、部下のナレッジワーカー化を支援しなければ、知識創造が組織内に浸透し、定着することはない。

「結節点」としてのミドルの重要性について、野中先生は次のように指摘する。[9]

知識は、チームやタスクフォースのリーダーを務めることの多いミドル・マネジャーによって、トップと第一線社員（すなわちボトム）を巻き込むスパイラル変換プロセスをつうじて創られるのである。このプロセスは、ミドル・マネジャーを知識マネジメントの中心、すなわち社内情報のタテとヨコの流れが交差する場所に位置づけるのである。

図表8◆3　ミドルアップ・ミドルダウン

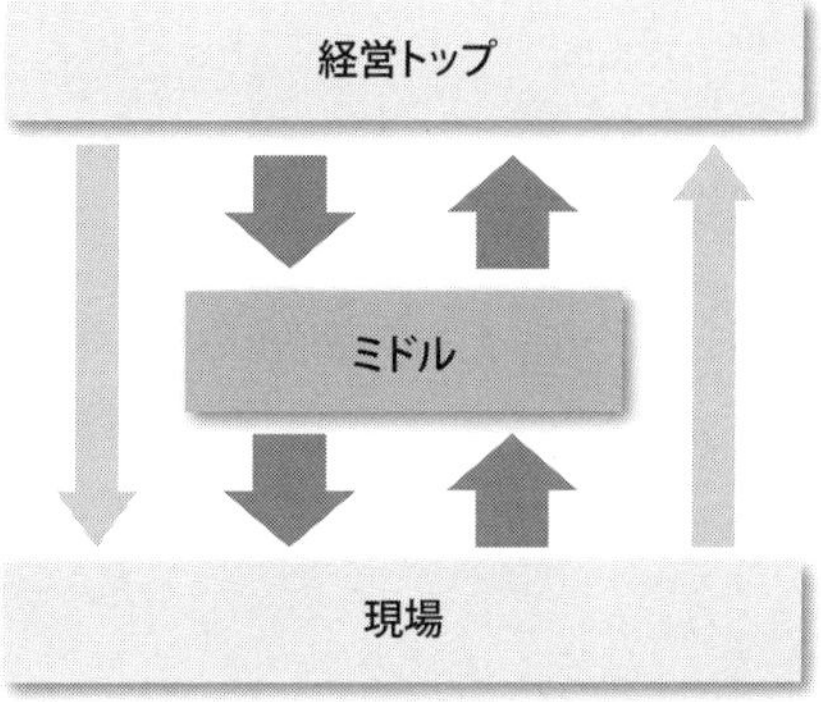

「非凡な現場」として取り上げたデンソーにおいては、「1／N」に関わる各部の部長クラスが経営トップの思いを受け止め、現場への展開を陣頭指揮した。

良品計画キュポ・ラ川口店の事例でも、エリアマネージャーや店長といった現場のミドル、そして本社業務改革部のミドルが、経営トップの意を受け、現場スタッフのリーダー的役割である瀬田さんをサポートすることによって、「よりよくする」循環が機能している。経営トップの思いだけでも、現場のやる気だけでも、この循環が持続的に回ることは不可能である。

いくら経営トップが熱く号令をかけても、それを受け止めるミドルが冷めていたのでは、経営トップの熱気は現場には伝わらない。伝わらないどころか、現場に冷や水をかけるようなことにもなってしまう。

コマツの経営構造改革を進め、再生を成し遂げた坂根正弘前会長（現相談役）は、構造改革の「4つのテーマ」の2番目に「ミドルアップ・ミドルダウン」を掲げた。経営トップの方針をミドルがしっかりと現場に方針展開し、現場の情報や知恵をタイムリーに経営陣に上げることによって、コマツはV字回復を果たした【図表8◆3】。

組織には「体温」がある。体温の高い組織もあれば、氷のように冷え切っている組織もある。組織の中核であるミドルがどれほどの体温なのかによって、組織全体の体温が決まるといっても過言ではない。

組織の体温は、それぞれの組織がもつ「熱伝導率」によって決まってくる。

物質には固有の熱伝導率がある。熱しやすい物質もあれば、熱しにくい物質もある。銀や銅のように熱が一気に伝わるものもあれば、ガラスのように伝わりにくいものもある。

そして、組織の熱伝導率はミドルによって決まる。

熱伝導率が高く、自らも熱を発するようなミドルが組織の中にどれだけ存在するかで、組織の体温は決まってくる。「よりよくする能力」「新しいものを生み出す能力」をコア能力へと高めることができるかどうかは、ミドルが鍵を握っている。

❖

ミドルの「支援」がナレッジワーカーを育てる

ミドルの重要性は認識していながらも、ミドルが十分に機能しておらず、沈滞している企業は多い。

私は2010年に『課長力』(朝日新聞出版)を出版し、組織内で機関車の役割を果たし、牽引する「突破する課長たち」6人を紹介し、ミドルの突破力をどうすれば高めることができるかについて言及した。

ミドル自身の勇猛果敢な突破力はもちろん重要だが、現場力という観点から見ると、ミドルにはまた別の役割が求められている。それは現場をその気にさせ、その潜在力をいかに引き出すかということである。

その役割は「突破」というよりはむしろ「支援」に近い。現場が当事者として突破するために、ミドルはどうあるべきか。ナレッジワーカーを育てるためには、ミドルの支援が不可欠である。

管理一辺倒だったミドルがサポート役に変身し、現場の活性化につなげている天竜精機の取り組みにヒントが隠されている。

❖

トヨタを退職し、天竜精機を継ぐ

中央アルプスと南アルプスに挟まれた長野県駒ヶ根市。風光明媚なこの街に天竜精機はある。

創業は1959年。社員数は約100名。無線通信機器部品の下請けとして出発し、いまはエレクトロニクス製品に使われるプリント基板の組み立て周辺機器やコネクターの自動組み立て機、加工専用機などを設計、製造している。

「カム」と呼ばれる重要な駆動部分を自社設計する独自技術をもち、ユーザーである大手電子部品メーカー、精密機器メーカーなどから圧倒的な信頼を獲得している。

現社長の芦部喜一氏が入社したのは2004年。それまではトヨタ自動車で技術職として勤務していたが、父親が亡くなり、急遽会社を継ぐことになった。

入社したころの会社の様子を、芦部氏はこう語っている。[10]

「うちの現場は以前から自律していた。自分で考え、自分で判断し、自分で行動する。そうした自発性は間違いなくうちのよいところだ。しかし、自律的な一方で、排他的でもあった。ほかの人の意見は聞かない。お互いに首を突っ込まないし、無関心でもあった。それでは、本当の競争力にはつながらない」

個としてはがんばっていても、チームとして機能せず、より大きな力にならない。芦部氏はそこに自社の弱点を見出した。

そして、経営に関心をもち、チーム意識を高めるために、さまざまな取り組みを始めた。

来訪者に対する会社説明や工場案内を各部門の人たちが持ち回りで担当したり、採用活動を若手社員に任せたり、手づくりの「社史」を編纂するなど、自分の仕事に埋没するのではなく、会社全体のことを考え、社員同士が関わり合う「場」を数多くつくっていったのだ。

ミドルの意識改革

そうした改革の大きな柱と位置付けているのが管理職の意識改革、行動改革である。従来の悪しき風土の根っこにあるのはミドルのマインド、行動様式にあると芦部氏は考えたのだ。当時のミドルをこう振り返る。[11]

「小さな会社なのに、管理職は現場に出ていこうとしない。部署間の連絡は直接顔を見て話さず、電話やメールでデータをやりとりするだけ。一緒に仕事を遂行するという意味でのコミュニケーションがまったくとれておらず、会社のタテ・ヨコに壁があり、共通の価値観がなかった」

管理職が変わらなければ、この会社は変わらない――。

そう判断した芦部氏は、部課長たちに「自分たちがどう変わるべきか」を考え、実践するよう仕向けた。管理職たちは、会社を離れたオフサイトミーティングを繰り返した。日頃あまり考えたり、議論したりしたことのないテーマを時間をかけて話し合った。

当初は、悪しき風土の「犯人扱い」に納得しなかったり、どう議論をしてよいのか戸惑う人もいたが、徐々に芦部氏の本気さを受け止めはじめた。

そして、「そもそも部課長とは何か」「管理職の役割とは何か」という根幹のテーマを議論するようになった。

そうした議論の中から、出てきたのが「支援」という考え方だ。

自分たちの真の役割は、一人ひとりの社員が「自分もこの会社の中でみんなの役に立っている」ということを実感できるように支援することなのではないかと行き着いたのだ。

部下の仕事がうまくいくように「支援」する。部下が成長するように「支援」する。会社の雰囲気がよくなるように「支援」する。「支援」こそが自分たちの存在価値だと打ち出したのだ。

「管理」から「支援」へ。ミドルの役割・ミッションが再定義された。

そして、2011年7月から天竜精機は部課長という役職名を廃止し、「支援職」に変更した。名刺からは部長、課長という肩書は消え、「支援職」とだけ書かれている。

それ以降、支援職たちは現場にも頻繁に赴き、社員たちと「真面目な雑談」をするようになった。社員一人ひとりに関心をもち、どうすれば成長できるのか、どんな支援ができるのかを常に考えている。

そうした意識の変化、行動の変化は、間違いなく現場に届き、現場の意識と行動も変わりはじめた。

❖

「機械づくり」から「人づくり」へ

現在では、オフサイトミーティングの参加メンバーを広げ、全社員の4分の1にあたる25名が参加する「拡大版オフサイト」を行い、経営の根幹に関わるようなテーマについて議論を行っている。

そのひとつが会社の将来ビジョンである。

これまでの天竜精機は、高い独自技術はあるものの、「いわれたとおりにやる機械づくり屋」だった。

これからはさらなる高みをめざし、「生産準備の右腕企業」へ転換したい。「拡大版オフサイト」から生まれた現場の決意表明だった。

その実現に向けた具体的なテーマも6つ掲げられた。納期をこれまでの3ヶ月から1ヶ月に短縮する「チャレンジ納期〈3 to 1〉」や「超高速マシーンの開発」など野心的なテーマが上げられている。

「拡大版オフサイト」を支えているのは、支援職たちである。芦部氏は支援職たちの笑顔を見ながら、こう語る。

「そろそろ『機械づくり』だけでなく『人づくり』が面白くてしょうがないというふう

になってほしい」

ミドルが変われば、会社は間違いなく変わりはじめる。芦部氏は「ミドルが輝かなかったら、部下だって輝かない」という。

支援職が「輝く支援職」へと変身することによって、天竜精機はさらなる競争力を獲得しようとしている。

4 グローバル化する現場

❖ 海外でナレッジワーカーを育てる

日本企業のグローバル化の進展に伴い、必然的にオペレーションが海外に拡大している。経済産業省によると、日本企業の海外子会社の売上高は2002年から2012年の間にほぼ3倍に膨らみ、海外での雇用者数は1500万人と2倍近くに達している。

国際協力銀行（ＪＢＩＣ）の調査によると、日本の製造業者の海外生産比率は1989

年には14％程度だった。それが2012年度には32・9％に達し、2016年度までに38・6％にまで上昇すると予測されている。

これがいわゆる「空洞化」と呼ばれる現象である。空洞化とは日本から現場が消え、海外に現場がシフトすることにほかならない。

この傾向は製造業に留まらない。これまで「内需型」と呼ばれていたサービス業、小売業においても海外シフトは加速している。

ジェトロの資料によると、日本の対外直接投資残高における業種別割合は、2005年末には製造業59・8％、非製造業40・2％だった。それが2011年末には製造業48・0％、非製造業52・0％と逆転した。

2010年と2012年の海外進出件数を比較すると、外食業は93件から257件に、流通・小売業は92件から186件に、理美容業は8件から23件に、教育業は6件から22件にといずれも急増している。業種を超えて、海外シフトは急速に進んでいる。

こうしたグローバルシフトに伴い、大きな経営課題となるのがオペレーションの品質、すなわち現場の品質である。

工場や設備、店舗や備品はお金さえ出せば日本と同じものを用意することができる。しかし、日本と同じレベルのオペレーション品質を海外で確保しようとすれば、人材の育成が生命線だ。言語、文化、宗教、風習などすべてが日本と異なる海外において、いかにナレッジワーカーを育て、質の高い現場を確立するかが海外戦略の要である。

❖

木に竹は接げない

海外シフトの加速化によって、海外の現場は当然現地の人材が中心となる。多くの日本企業が悩むのが、日本的な価値観や行動様式をどこまで現地に導入するべきか、そしてできるかという点である。

終身雇用や長期雇用がベースにあり、会社への忠誠心や帰属意識を期待できる日本と違って、転職が当たり前で、働くことは「稼ぐ手段」と割り切る傾向が強い海外で、そもそも現場力などというものが成り立つのか、ナレッジワーカーの育成など可能なのかという根本的な疑問にぶち当たる。

「郷に入っては郷に従え」という格言もあるように、「それぞれの地域・国の文化、風習に合ったオペレーションを確立すればいい」という割り切った考え方もありうる。価値観や行動様式が異なる人たちに、無理やり自分たちの価値観や行動様式を押し付けることは、かえって反発を招くという考え方にも一理ある。

しかし、多くの日本企業が海外シフトを行う最大の目的は、それぞれの企業が長年培ってきた高い品質の商品やサービスを海外で生み出し、販売することにある。そのベースとして、日本で大切にしてきた価値観や行動様式がなくては、海外で同等の価値を生み出すことは困難だ。

トヨタで長年海外事業に携わっていた方から、「木に竹は接げない」という言葉を教えていただいた。木と竹は別々のもの。それを無理やりつなげようとしても、つながるはずもないという意味だ。

この言葉は、「だから、海外でトヨタ的な運営は無理」という意味ではなく、「時間、手間暇はかかるが、1本ずつ木を育てなくてはダメだ」ということを示唆している。安易に現地に迎合するのではなく、自分たちが信じるもの、大切にしてきたことを現地に擦り込む努力と忍耐が不可欠である。

❖

「ジャパンスタンダード」を「グローバルスタンダード」へ

海外展開に大きく舵を切っているヤマト運輸も同様の考え方で海外展開を進めている。アジアネットワークの充実を打ち出し、2010年には単独で中国・上海、シンガポールで宅急便事業を開始。2011年には香港、マレーシアにも進出を果たしている。

日本のやり方、仕組みをそのまま移植するのが、ヤマト流の海外進出の基本的な考え方だ。サービスレベル、サービス内容、人材教育などは日本の成功モデルをベースにし、ヤマトならではのサービス、人づくりを海外で行うという「日本発」のモデル展開である。

人事や昇進の仕組みについても、日本の制度を踏襲している。全員が現場の配送員からスタートし、センター長、副区域長、区域長へと昇進するキャリアパスは海外でも同じだ。

現場力という日本企業独自の競争力を武器に海外で戦おうとするならば、「ジャパンスタンダード」を「グローバルスタンダード」へと高めなくてはならない。日本の現場の「当たり前」が世界で「当たり前」になることが、日本企業が世界で躍進する条件だ。

その一方で、日本に残る現場の位置付け、役割も大きく変化する。規模という面では、国内の現場の相対的な位置付けは小さくならざるをえない。

しかし、規模が縮小するからといって、国内の現場の価値が小さくなるわけではない。むしろ、海外拠点の現場力を磨くには、そのお手本となる日本の現場の品質、競争力をいままで以上に高めなければならない。

コマツの坂根正弘相談役は、「たんなるマザー工場ではなく、グレートマザー工場を目指せ」と発破をかける。[12]

コマツでは世界に分散する海外工場を「チルドレン」と呼ぶが、その「チルドレン」のレベルを向上させるには、日本のマザー工場が常に最先端を走っていなくてはならない。

海外における「コア人材」の育成など、ナレッジワーカーの育成は日本の「マザーベース」が担うべき重要な任務だ。日本の現場が「マザーベース」として進化してこそ、現場力のグローバル化は実現される。

❖

「現場力」から「Gemba-Ryoku」へ

モノづくりの分野においては、日本の「非凡な現場」が世界のお手本となることが多いが、製造以外の機能においては必ずしも日本の現場がすべて世界のお手本となるとは限らない。

たとえば、営業やマーケティング、サービスなどの機能は、それぞれの国・地域によって商習慣や制度、仕組みは大きく異なる。日本のやり方をそのまま押し付けても、それが海外で通用するとは限らない。

トヨタにおいても、生産は「日本発」だが、販売・マーケティングにおいては「世界発」を指向している。世界中に存在するトヨタの販売店の現場で行われているよい事例を集約し、それらをお互いに学び合うことによって現場力を高めようとする動きだ。

グローバルレベルで「トヨタ販売方式」を推進してきた元副社長の石坂芳男氏は、その著書の中でこう指摘している。[13]

…………………

生産方式は、日本のトヨタの優れた事例を整理して世界へ発信した「日本発海外」という形式でした。日本の工場で育まれたシステムやノウハウを海外へ移植したのです。

それに対して販売方式は、世界中のトヨタからよい事例を集約し、これを世界中で学び合う「世界発のベンチマーク」と言っていいでしょう。

…………

販売・マーケティングの分野においては、世界中にナレッジワーカーが存在し、ナレッジが蓄積される。

分散しているナレッジを集約、統合、展開させることによって、各国のナレッジレベルを高め、新たなナレッジワーカーを育成することが「トヨタ販売方式」の狙いである。トヨタでは米国に「グローバル・ナレッジ・センター」（GKC）を設立し、グローバル・ハブとして機能させている。

今後、製造などの分野においても、海外の現場が着実に力をつけ、ベンチマークの対象になることが想定されるし、むしろそうならなければならない。そのときには、「日本発」にこだわることは、かえってマイナスにもなりうる。

グローバルに展開する日本企業の現場がさらに競争力を高めるには、日本発の取り組みだけでは限界がある。

「現場力」から「Gemba-Ryoku」へ。

「日本発」と「世界発」が共存するハイブリッド型の仕組みを構築することが、世界中でナレッジワーカーを育成するためには不可欠である。

第9章

経営者の役割

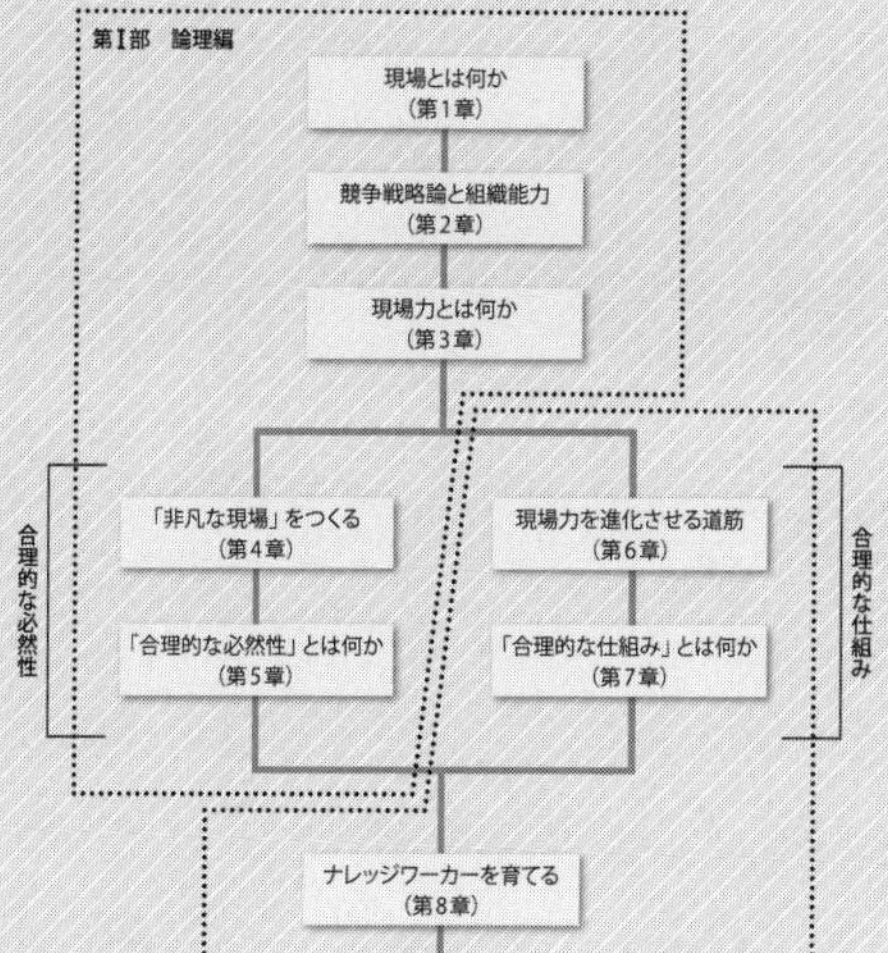

第Ⅰ部　論理編
現場とは何か
（第1章）
競争戦略論と組織能力
（第2章）
現場力とは何か
（第3章）
合理的な必然性
「非凡な現場」をつくる
（第4章）
「合理的な必然性」とは何か
（第5章）
現場力を進化させる道筋
（第6章）
「合理的な仕組み」とは何か
（第7章）
合理的な仕組み
ナレッジワーカーを育てる
（第8章）
経営者の役割
（第9章）
第Ⅱ部　実践編

1 ボトムアップはトップダウンからしか生まれない

❖ 現場は経営者の「映し鏡」

いまさらいうまでもないが、経営は現場だけで成り立っているわけではない。現場は経営の一構成要素にすぎないというのも事実である。ビジョンや戦略、組織、制度、技術、財務……。優れた経営を行うには、広い視野で多面的な角度から経営のあり方を模索しなければならない。

その一方で、現場は経営の「縮図」でもある。

戦略の実行を担う現場にはあらゆる可能性と課題が渦巻いている。確固たる現場力を確立することができれば、経営者は未来の創造に専念できるが、経営の根幹を揺るがしかねない問題が現場に巣くえば、未来創造どころではない。「保つ」ことすらできない現場を放置していては、経営は間違いなく崩壊する。

現場力という組織能力のレベルを規定するのは、じつは現場自身ではない。それは経営者だ。サンドビックの鈴木工場長は次のように語る。[1]

「トップが興味がないことは現場には絶対に根付かない。何もいわれなかったら、現場は『このままでいいんだ……』と思う」

現場は経営者の「映し鏡」である。

「よりよくする能力」「新しいものを生み出す能力」をコア能力にしようと経営者が本気で思わない限り、現場が能動的に新たな能力を構築することはありえない。経営者が「保つ能力」のままでよいと思っていれば、現場はそれ以上のことをやろうとはしない。

経営者が「保つ」ことにすら興味をもたなければ、現場はやがて「保つ」こともできなくなるだろう。

そして、経営は現場から瓦解する。その瓦解の真因は経営者にある。

現場は経営者の言動に敏感である。経営者が何に関心をもっているのか、どこまで本気なのかを見抜く嗅覚をもっている。ごまかしはきかない。だから、経営者は現場と真正面から向き合わなくてはならない。

「よりよくする能力」「新しいものを生み出す能力」をコア能力へと高めるには、現場の自発的、自律的な知識創造が不可欠である。

現場主導のボトムアップの動きを生み出し、持続的な組織能力へと高めようと思えば、経営者自らの強烈なリーダーシップで引っ張るしかない。ボトムアップはトップダウンからしか生まれない。

❖

経営者にしかできないこと

とはいえ、経営者は実行の当事者ではない。現場に寄り添い、現場と併走する覚悟と努力は必要だが、現場自らが走り切る意思と能力をもたなければ、現場力という組織能力は構築できない。

経営者が常に現場と関わっているわけにはいかないし、関わるべきではない。経営者には経営者として果たすべき責務がある。大局的な視点、多面的な視野、長期的な時間軸で経営をあるべき姿に導くのが経営者の最大の役割である。

経営者が現場と同じ目線でいたのでは、発展は望めない。しかし、それは現場の目線を無視したり、否定することではない。

現場感を失い、現場と断絶した経営者は道を誤る。

現場は過去と未来をつなぐ「いま・ここ」を生きている。たんなる夢想ではなく、実現可能な未来を探ろうとするなら、経営者は現場との適度な距離を確保する努力を欠かしてはならない。

アンビバレントな責務を背負う経営者が、現場力という組織能力を高め、競争力の柱にしようとするなら、そこには経営者にしかできないことが2つある。

❶—現場を「未来に向かわせる」

ひとつめは、現場を「未来に向かわせる」ことである。

放っておいたら、現場は「いま・ここ」を生きることだけに埋没してしまう。断面としての「いま・ここ」を刹那的に生きる現場に大きな魅力はない。

現場は過去と未来をつなぐ「いま・ここ」を生きている。輝く未来を手に入れるために、「いま・ここ」を懸命に生きる。それこそが現場の使命である。

現場を未来に向かわせるためには、経営者と現場が会社のビジョン、夢、志を「共有」しなければならない。未来のめざすべき姿を共有することによって、経営者と現場はひとつになる。

そして、その実践というプロセスを通じて、「共有」は「共感」へと変わり、やがて「共振」へと変貌する。そのとき、現場はとてつもない力を発揮する。

❷—現場の「もてる力をすべて解放させる」

経営者にしかできないことの2つめは、現場の「もてる力をすべて解放させる」ことである。

私の経験にもとづけば、ほとんどの現場は、そのもてる潜在能力の半分すら発揮していない。しかも、厄介なことにその事実にすら気づいていない。「いま・ここ」に埋没してしまえば、「こんなものでいい」と日々の惰性に逃げ込むことができる。

経営者が現場を鼓舞し、具体的な目標を指し示し、その実現をあらゆる側面からサポートする。もてる力をフルに発揮するように現場を追い込むことが不可欠である。

現場は結果に従順である。よい結果がもたらされれば、やがて自分たちの可能性、潜在能力に気づく。自分たちの能力に目覚めた現場は自律し、自走しはじめる。

2 理を詰め、理を超える

❖

理と情のマネジメント

現場とは「理」と「情」が複雑に交錯する場である。

一般論でいえば、本社・本部は「理想」や「未来」を語り、現場は「現実」や「いま」を語る。本社と現場の温度差の真因はここにある。

「いま・ここ」を生きる現場に逃げ場はない。現実を常に背負い、現実に引きずられる現場は、理詰めでなければ本気では動かない。少なくとも現場の目線で不合理だと感じることを、現場は本気でやろうとはしない。

だからこそ、「合理的な必然性」が担保され、「合理的な仕組み」で支えられていなければならない。逆にいえば、やるべきこと、なすべきことを理解し、納得し、適切な仕組みでサポートされれば、現場は動きはじめる。

その一方で、現場とは人間による営みでもある。

そこには感情があり、それぞれの人間模様、人生観がある。現場が内包する情に働きかけ、もてる力を最大限に引き出す効果的なマネジメントも必要になる。

働く喜びを体感したとき、現場は理を超えたとてつもない大きなエネルギーを生み出す。「よりよくする」「新しいものを生み出す」ことの喜びと価値を感じることによって、現場力という組織能力は大きく脱皮する。

経営者が理解しておかなければならない現場の力学は次の2点に集約される。

現場の力学❶ 現場は理詰めでなければ動かない

明確な目的、目標を掲げ、一人ひとりに理解させ、浸透させる。途上で起きるさまざまな阻害要因を丁寧に取り除き、現場が自ら動くように仕向け、追い込む。

現場の力を引き出し、競争力として活かそうとするならば、そのアプローチは理詰めでなくてはならない。

現場の力学❷　現場は理詰めだけでは動かない

その一方で、現場の真のすごさは理を超えたときに発揮される。

東日本大震災の例を出すまでもなく、自然災害や大事故のような有事のときに発揮される現場力はとてつもなく大きい。それを平時に発揮させようとするならば、日常の中で理を超えた情への働きかけが不可欠である。

先達の熱き思いや未来の夢や可能性を語り、共に背負う。理を超えたところに真の現場力は存在する。

❖

熱のある対話で「組織密度」を高める

現場だけに留まらず、強い組織は「組織密度」と「組織熱量」の2つの要素で形成される。部門間、部署間の連携を密にし、組織の結合性を高めるのが組織密度であり、一体感の高まった組織から湧き出すエネルギーが組織熱量である。

ひとたびビジョンと戦略を策定し、「戦う土俵」が決定されたら、それを実現する「戦う集団」をつくることに経営者は力を注がなければならない。経営者の最大の仕事は、組織密度を高め、組織熱量を最大化させ、自らのビジョン、戦略を実現させることにある。

なぜ組織密度を高める不断の努力が必要なのか。

それは企業は発展とともに、「一体」や「一丸」を保つのが難しくなるからだ。

組織は成長とともに機能分化し、細分化されていく。それぞれの役割を明確にし、それぞれの任務を確実に遂行するには、最適組織を設計し、分掌規定を明確にする必要がある。

しかし、それが縦割り組織の弊害を生み、往々にして「タコツボ化」現象を引き起こす。組織は「部分最適の集合体」と化し、組織のもつ総合力が活かせないばかりか、空中分解すら招きかねない。

経営として何も手を打たなければ、現場は間違いなくタコツボ化に陥る。経営者は現場のタコツボ化を防ぎ、組織密度を高めるための施策を常に講じなければならないのだ。

組織密度を高めるための最も重要な要素は、コミュニケーションすなわち対話である。組織密度が高い組織は、人と人とをつなぐ対話がきわめて密に行われている。

なかでも、経営者と現場のダイレクトコミュニケーションはとても重要だ。経営者自らが自身の肉声で、自身の言葉で現場に語りかけることによって、組織の一体感は高まり、組織密度を高めようと動き出す。

ただし、経営者が漫然と現場訪問を繰り返しても、組織密度を高めることにはつながらない。逆に、現場の足手まといにすらなりかねない。

天竜精機の芦部氏から、トヨタ時代に経験したトヨタの副会長の現場訪問のエピソードを教えてもらった[2]。

「雲の上の存在である副会長が現場に来られて、現場での改善の取り組みを熱心に聞かれた。そして、『この取り組みはこれまでにも何度も挑戦したが、うまくいかなかった難問だった。それをみんなが乗り越えてくれた。俺はうれしい！』と現場のスタッフたちに語りかけた。そして、最後に『また来るからな』といって去っていった。その言葉で現場は燃え、さらに発奮した」

「よくやった」という「上から目線」の言葉ではなく、「俺はうれしい！」という仲間意識を感じさせる「横から目線」の言葉。そして、「また来るからな」とつながりを感じさせる言葉。

経営者のコミュニケーションはかくあるべしと教えてくれるエピソードだ。経営者の温もりと熱のあるコミュニケーションが起点となって、組織密度は高まっていく。

❖

共通の夢と目標で「組織熱量」を最大化させる

「組織密度」を高め、一体感を醸成することは大事だが、それだけでは競争力とは呼べない。その一体感をひとつの方向に収斂させ、ひとつにまとまった組織から大きなエネルギーを引き出さなくてはならない。

「組織熱量」を大きくするために必要な要素が「共通の夢・目標」である。

現場が「よし、やろう！」と共感する夢や目標を掲げることによって、組織は熱を帯びてくる。

【ミニ事例14】

本田宗一郎の夢が、世界のホンダの礎を築いた

本田宗一郎は1948年、浜松で「本田技研工業株式会社」を創立した。資本金100万円、従業員はわずか34人だった。

その6年後の1954年、宗一郎はオートバイの世界最高峰のレースである英国マン島で行われる「マン島TTレース」への出場を宣言し、「優勝をめざす」と社員たちにぶち上げた。当時、ホンダは経営難に陥っていた。朝鮮戦争の休戦で特需ブームが去り、資金難から四苦八苦していたのだ。生産調整が行われ、社員たちは大きな不安を抱えていた。本来ならレースなどとんでもない状況である。

そんなときに、宗一郎は現場の社員たちを集め、ミカン箱の上に乗り、決然と「TTレース出場宣言」をぶち上げ、彼らを煽った。当時のホンダは町工場に毛が生えた程度の会社にすぎなかった。現場の社員たちはポカンと口を開け、「このオヤジ、何をいってるんだ……」と訝しがった。

しかし、宗一郎は本気だった。社内報「ホンダ社報」に掲載された「宣言文」には次のように記載されている[3]。

「私はかなり現実に拘泥せずに世界を見つめていたつもりであるが、やはり日本の現状に心をとらわれすぎていた事に気がついた。今や世界はものすごいスピードで進歩しているのである。

然し逆に、私年来の着想をもってすれば必ず勝てるという自信が昂然と湧き起り、持前の斗志がこのままでは許さなくなった。

絶対の自信を持てる生産態勢も完備した今、まさに好機到る！明年こそはT・Tレースに出場せんとの決意をここに固めたのである。（略）全従業員諸君！本田技研の全力を結集して栄冠を勝ちとろう、本田技研の将来は一にかかって諸君の双肩にある」

宗一郎は「必ず勝てる」という自信と「このままでは許さない」という闘志を前面に押し出し、現場を煽った。

そしてこの言葉が組織熱量を最大化させ、世界のホンダをつくる礎を築いた。

現場にはマグマが眠っている。それを覚醒させることができるかどうかは、経営者の意思と行動にかかっている。お世話になったある大先輩の経営者に、こう教えられたことがある。

「経営において最も合理的なことは、人間の情緒性に火をつけることだよ」

理を詰め、理を超える――。

現場という日本企業の財産を最大限に活かす経営の要諦は、この一点に凝縮される。

3 現場は見ている

❖ 経営者の覚悟

現場はじつによく経営者を見ている。この経営者はどこまで本気なのか。どこまで退路を断っているのか。現場は経営者の覚悟をいつも見ながら、経営者を値踏みしている。

経営者の覚悟、本気さが伝われば、現場はとてつもなく大きな力を発揮する。そして、それは会社を根っこから変える。

その好事例として日本電子を取り上げたい。

経営者の覚悟が現場に伝わり、会社を変えた日本電子

世界最高峰の電子顕微鏡などの理科学機器を製造・販売する日本電子という会社がある。

この会社の電子顕微鏡がなければノーベル賞は受賞できないといわれるほどの最先端の理科学・計測機器をつくっている。

それだけの技術をもっていながら、業績は低迷していた。2008年度には赤字に転落した。

そのとき、社長に就任したのが栗原権右衛門氏だ。

歴代の社長はすべて技術屋。栗原氏ははじめての営業出身の社長だ。しかも、主力である電子顕微鏡の経験がない。そんな傍流の栗原氏が社長に就いた。

社長就任直後にリーマンショックに見舞われた。構造的な赤字とリーマンショックという二重苦の中で、栗原丸は船出した[4]。

栗原氏は構造改革を断行した。誰もが何をやらなければならないかは知っていた。しかし、長年誰も手をつけずに先延ばしにしてきたことを栗原氏はやった。

数百名規模の余剰人員の削減、受け皿のためにつくられ、温存されていた関係会社群の整理・統合、グループ全体での取締役数の大幅削減、ノンコア事業からの撤退……。どれも大きな痛みを伴う構造改革だったが、会社が生き残るには誰かがやらざるをえないことだった。

そんな社長の後ろ姿を現場は見ていた。社長の覚悟は現場に間違いなく伝わった。部門間連係が弱く、一体感に欠けていた組織はひとつにまとまりはじめ、さまざまな連係の動きが現場で起こりはじめた。

歴代社長の多くは社長室に閉じこもり、現場に降りていくことはほとんどなかった。栗原氏は少しでも時間があると、現場を回り、現場の社員たちに声をかけた。現場の空気を肌で感じ、現場の声を経営に活かそうと努めた。

栗原氏は「社長は『ポジション』ではなく、『ファンクション』。私の役割を果たしているだけ」と淡々と話す。その自然体の姿こそが日本電子に必要なものだった。

4年越しの構造改革がようやく終わり、会社は成長軌道に戻りはじめた。もともと高い技術と技能をもった一流の現場である。

栗原氏が推進する「ＹＯＫＯＧＵＳＨＩ」（横串し）戦略の下、独自のソリューションが世界で人気を博している。５年前に赤字転落した日本電子は２０１３年度に史上最高益を記録した。

経営者の思いが現場に伝わり、受け止めたとき、経営者と現場は一体となる。そして、現場は自走しはじめる。

図表9◆1　「非凡な現場」をつくる全体像

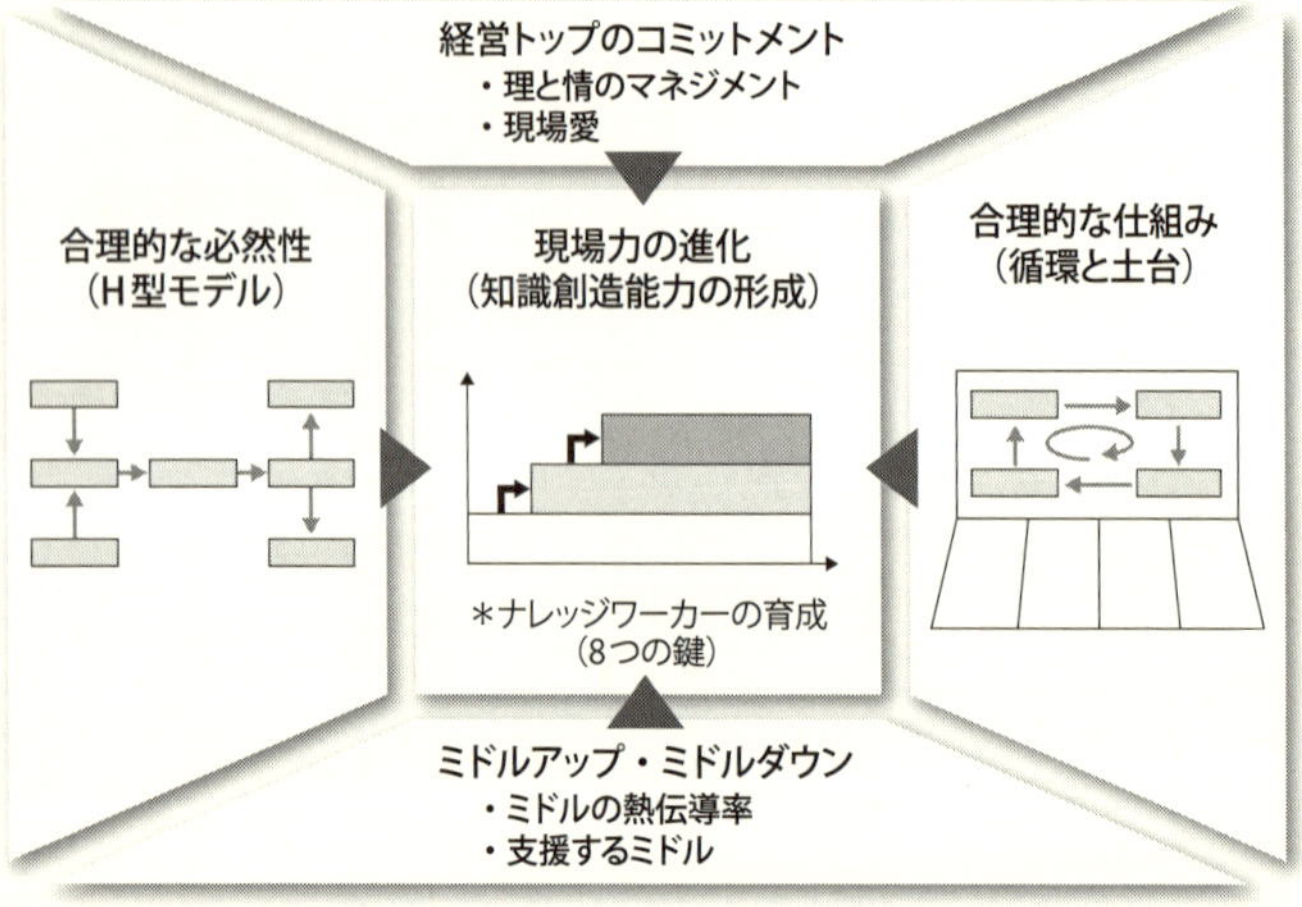

❖

「非凡な現場」をつくる全体像

本書の冒頭で、「『非凡な現場』をつくるには理詰めでなくてはならない」と指摘した。

精神論、根性論ではなく、現場の「正体」を理解し、合理的に現場力という組織能力を高める方法論を模索してきた。「合理的な必然性」と「合理的な仕組み」を埋め込むことは「非凡な現場」をつくるために欠かせない。

その一方で、現場に内包されている潜在能力の高さを気づかせ、火をつけるのは経営者である。そして、現場における地道な知識創造能力の形成プロセスを支えるのはミドルである。

これらの要素がすべて揃ってこそ、「非凡な現場」という「作品」は完成する。

「非凡な現場」をつくるためには、断片的な取り組みではなく、全体像を念頭に置いた、継続的で粘り強い現場力強化の取り組みが不可欠である【図表9◈1】。

現場力の進化に終わりはない。現場力は無限である。

進化する現場力という組織能力を手に入れたとき、日本企業はグローバルで勝てる持続可能な競争力を手に入れるのだ。

❖

現場愛

2014年3月にTBS系列で放送されたスペシャルドラマ『リーダーズ』はトヨタ自動車創業者である豊田喜一郎氏をモデルに、国産自動車に人生を賭けた人々を描いた力作だ[5]。

佐藤浩市氏演じるアイチ自動車工業社長の愛知佐一郎は、現場で自動車の品質改良にのめり込む。社員たちと現場に寝泊まりし、自宅へ帰ろうとしない。車の下に潜り込み、徹夜で車をいじる佐一郎に、社員のひとりが「社長、タフですね」と声をかけた。そのとき、佐一郎は笑顔でこう返す。

「こんな楽しい場所にいて寝てられるか。できることなら、ここでずっとこうしていたいよ」

日本企業の偉大な経営者に共通するのは、現場に敬意を払い、現場を大事にし、現場と共に生きようとする姿勢だ。それはまさに「現場愛」だ。

組織が成長するとともに、経営者はいつまでも現場の日常に関わり合っているわけにはいかなくなる。経営者には経営者にしか果たせない責務がある。

しかし、未来をつくり出すために「いま・ここ」を懸命に生きようとする現場をいつも心の片隅に置いている。そんな経営者に現場は黙ってついていく。

現場力を育てるアプローチは、じつはトップダウンでもボトムアップでもない。経営者と現場が地位や立場の違いを越えて強固な絆で結ばれ、ひとつの「熱の固まり」になること。それこそが真の現場力である。

❖基本認識と道筋

▼「非凡な現場」をつくるためには、基本認識を改めなければならない。新たな能力構築には手間暇がかかること、「保つ能力」と「よりよくする能力」はまったく異なる能力であること、時間軸を長くとること、そして、本社がまず変わることである。

▼すべての現場には「非凡な現場」となるための「芽」が存在する。「よりよくする能力」「新しいものを生み出す能力」をコア能力化するためには、「点」から始め、「面」「立体」へと粘り強く広げていかなければならない。

▼「点―面―立体」はたんなる組織的な広がりではなく、「深さ」への挑戦でもある。基本的な活動でも「究める」ことで非凡な能力を手に入れることができる。

❖「非凡な現場」をつくるための「合理的な仕組み」

▼「よりよくする能力」は「標準→気づき→知恵→改善」という循環が現場で起きることでコア能力化する。

▼現場は小さなことで挫折する。この循環を回しつづけるには、新たな能力形成をサポートする「合理的な仕組み」が必要不可欠である。現場力は「合理的な必然性」と「合理的な

仕組み」の2つが揃うことによって進化する。

▼「合理的な仕組み」は「阻害要因の除去」「報酬」「競争」「学習」という4つの要素で成り立っている。

❖ナレッジワーカーの育成

▼「非凡な現場」を支えるナレッジワーカーを育てるには、「環境整備」「条件付与」の2つの視点にもとづく「8つの鍵」に配慮しなければならない。

▼ナレッジワーカーの育成には「支援するミドル」の存在が不可欠である。経営トップと現場をつなぐミドルによる「ミドルアップ・ミドルダウン」の動きが現場力の高度化を加速させる。

❖経営者の役割

▼現場は経営者の「映し鏡」である。理を詰め、理を超える経営者の姿勢と行動が、組織密度を高め、組織熱量を大きくする。その底辺にあるのは、経営者の「現場愛」である。

［おわりに］　いまこそ、「現場経営」に磨きをかける

❖ 私の原点

私には現場での忘れられない思い出がある。

大学を卒業して、配属された工場。新入社員の私は日々、納期フォローに追われていた。

私が担当していたのは「輸出」。海外からの注文を工場に手配し、生産現場と納期調整をし、船便や航空便に間に合わせるように出荷手配をするのが私の仕事だった。

実際に生産を担当する生産現場の班長たちと仲良くなることが、仕事をスムーズに進めるためには不可欠だった。Mさんは私を可愛がってくれた班長のひとりだった。

仕事が終わると、駅裏の赤ちょうちんで何度もご馳走してくれた。

その後、場末のスナックにも連れていかれ、夜遅くまで語り明かした。「海外営業がしたい、世界中に製品を売り込みたい」という青二才の戯言を目を細めながら聴いてくれた。

仕様（スペック）の変更、数量の変更、納期の変更など、商社や海外代理店からの無理難題にMさんはいつも対応してくれた。Mさんが担当している製品は工場の主力製品で

はなかったが、自分たちがつくる製品が遠く海外の地で使われることに誇りをもっていた。

あるとき、私のところに海外のある代理店から無茶なリクエストが舞い込んできた。製品仕様の大幅な変更に加え、納期を何週間も前倒ししてほしいと要求してきた。

私はMさんのいる生産現場にお願いに行った。「いつもと同じようにMさんは対応してくれるだろう」という安易な気持ちだった。

Mさんはいつもとは違う表情を浮かべ、私にこう呟いた。

「えんちゃん（Mさんは私のことをいつもこう呼んだ）、そんな簡単にモノはつくれんぞ！」

私は返す言葉がなかった。「生産現場はなんとかしてくれるもの」と勝手に思い込み、海外からの要求をそのまま垂れ流すだけの安直な仕事をしている自分を恥じた。

それでも、Mさんはこの無理な要求に応じてくれた。生産計画を変更し、無茶な「割り込み」を行い、必要な部品を伝手をたどって調達し、部下に残業を命じて、要求どおり製品をつくり、出荷することができた。

私は生産現場の強烈なプライドを肌で感じた。

当時の私が現場力などという概念を知る由もなかったが、いま思い返せば、これこそ間違いなく現場力だった。「いつか営業現場に行ったら、誇りをもってこの製品を売ろう」と私は心に誓った。

それからしばらくして、私は本社の海外事業部に異動になった。

Mさんのところに最後のあいさつに出向くと、Mさんはニヤッと微笑んで、一言だけこういった。

「えんちゃん、安売りすんなよ！」

❖

現場こそ日本企業の宝

日本企業にも新たなうねりが生まれようとしている。

社内出身者が社長になるのが当たり前だった日本企業が、外部の外国人や異業種の日本人を社長として迎える動きが増えている。

また、自前主義に凝り固まっていた日本企業が、M＆A（合併・買収）を成長戦略の中核に位置付けるようになった。業界を越えたアライアンスによるオープン・イノベーションも活発だ。

こうした動きを私は歓迎している。

大胆でダイナミックな発想、スピード感を伴うリーダーシップで競争力ある企業へと導いてくれるのであれば、社長が社内出身者か外部か、日本人か外国人かなどはどうでもいい。潤沢な手元資金を活用し、M＆Aによって事業構造の見直しや海外展開の加速を狙うのは、世界では当たり前のことだ。

グローバル競争の土俵に上がり、存在感を示すには、変えるべきものは大胆に変えなくてはならない。過去の考え方、やり方に拘泥していたのでは、取り残されていくだけだ。

しかし、その一方で変えられないもの、変えてはいけないものもある。

ダイナミックに変えること、変わることだけが評価され、見栄えのいい派手な動きを煽る風潮はとても危険だ。社長を外国人にすることや企業を売ったり買ったりすることが、経営の本質ではない。

経営のあり方、枠組みがどれだけ変わろうと、「価値を生み出すのは現場」である。現場こそが価値創造の主体だ。この事実だけは、社長が誰であれ、営む事業が何であれ、変わることはない。

どんなに経営環境が変化しようと、よい経営をめざそうとするなら、地に足の着いた地道な努力が不可欠であり、その努力こそが経営の本質だ。現場の汗と知恵は何物にも代え難く、尊い。

日本企業は「価値創造主体」である現場をリスペクトし、現場を起点に経営を組み立てることをとても大切にしてきた。この「現場経営」こそ日本の独自性であり、日本らしい競争優位を生み出す重要な根本思想だ。

これまでも、そしてこれからも現場こそ日本企業の宝である。

現場、そして現場力について書きたいことが山ほどあった。数多くの現場を訪ね歩き、時に現場の息吹や熱気、圧倒的な能力の高さに驚愕し、時に現場の惰性と諦め、無責任さに失望した。

書きたいことは山ほどあったが、いまそれを書き切ったという確証も自信もない。どれだけ訪ね歩いても、どれだけ書いても現場の「正体」をつかみ切ることなどできないのだろう。

しかし、本書を書くことによって、ひとつだけ確信をもてたことがある。

それは、どんなに時代環境が変わろうとも、日本から「現場」という言葉、独自の概念が消えてなくなることはないだろうということだ。そして、それは日本企業、そして日本人が世界に誇るべきことのひとつだと思っている。

本書はじつに数多くの企業の経営者、管理職の方々、そして何より現場のみなさんの協力があってこそ書き上げることができた。

現場で出会った方々の熱い思いを伝え切れたかどうかは心もとないが、私が出会った数々の魂を揺さぶるような現場のエピソードが、この本を書く原動力であったことは間違いない。心から感謝申し上げたい。

また、本書の編集を担当いただいた東洋経済新報社の中里有吾氏に感謝申し上げる。中里氏には10年前の『現場力を鍛える』の刊行からお世話になっている。10年という時を経て、私にとって集大成ともいえる本を一緒につくることができたのは何よりの喜びである。

そして、いつものことながら本書を執筆する環境を整えてくれ、図表やデザインにも協力してくれた秘書の山下裕子氏にもお礼を申し上げたい。
本書が日本企業にとって足元の競争力強化の一助になれば幸いである。

2014年9月

遠藤　功

注記

はじめに

[1]『日本経済新聞』2013年12月21日（追想録）
[2]大野耐一（2001）『現場経営』日本能率協会マネジメントセンター

第1章

[1]1997年1月-3月にフジテレビ系で放映されたテレビドラマ。その後、映画化されて大ヒットした。
[2]小田博志（2010）『エスノグラフィー入門』春秋社
[3]小田（2010）
[4]2012年10月にアマゾンジャパン・ロジスティクスの市川FC（フルフィルメントセンター）を訪ねた際にお聞きした。「KAIZEN」にも積極的に取り組み、事務所棟の廊下の壁には「KAIZEN Display」というコーナーも設置されていた。
[5]野中郁次郎／紺野登（2012）『知識創造経営のプリンシプル』東洋経済新報社
[6]野中／紺野（2012）
[7]野中／紺野（2012）
[8]2014年3月にTBS系で放映されたテレビドラマ『リーダーズ』の中で、豊田喜一郎氏役のアイチ自動車工業社長、愛知佐一郎が呟いた台詞。
[9]小倉昌男（2003）『経営はロマンだ！』日経ビジネス人文庫
[10]三菱電機名古屋製作所は産業用電機品を生産している。以前は産業用モーター、トランスなどが主力製品だったが、オイルショック以降、構造改革を進め、いまではシーケンサー、インバータ、サーボモーターなどのファクトリー・オートメーション（FA）関連製品で高いシェアを有している。

[11]清水勝彦（2011）『戦略と実行』日経BP社

第2章

[1]ボストン・コンサルティング・グループ（BCG）を皮切りに、アンダーセンコンサルティング（現アクセンチュア）、ブーズ・アレン・アンド・ハミルトン（現PwC）での経験を経て、2000年にローランド・ベルガー日本法人社長に就任した。
[2]ルイス・ガースナー（2002）『巨象も踊る』日本経済新聞社
[3]ラリー・ボシディ／ラム・チャラン（2003）『経営は「実行」』日本経済新聞社
[4]井上礼之（2011）『人の力を信じて世界へ』日経ビジネス人文庫
[5]マイケル・E・ポーター（1999）『競争戦略論Ⅰ』ダイヤモンド社
[6]野中郁次郎（2006）『リーディングス日本の企業システム　第2期　第4巻　組織能力・知識・人材』中の「第6章　日本企業の綜合力」有斐閣
[7]C・ヘルファット（2010）『ダイナミック・ケイパビリティ』勁草書房
[8]リタ・マグレイス（2014）『競争優位の終焉』日本経済新聞出版社
[9]楠木建（2010）『ストーリーとしての競争戦略』東洋経済新報社
[10]近年、欧米では「戦略という概念そのものが時代遅れだ」と指摘する声もある。戦略と実行を統合的に考える「ビジネスモデル」という考え方が主流になりつつある。
[11]川喜田二郎（1970）『続・発想法』中公新書
[12]トヨタで「暗黙知」として受け継がれている経営上の信念・価値観を体系だって理解できるよう整理・集約したもの。「知恵と改善」と「人間性尊重」が2つの柱となっている。

第3章

[1]石司副社長（当時）に早稲田大学ビジネススクールのエグゼクティブ向け研修の特別講師としてお招きした際に伺った。

[2]コンサルタントとして数多くの営業部門や開発部門の業務改革プロジェクトに従事した。「業務改革をすると、現場の創造性に支障をきたす」など数々の抵抗にあった。

[3]本田宗一郎（2005）『やりたいことをやれ』PHP研究所

[4]『日本経済新聞』2014年8月5日（夕刊）

[5]瀬戸薫（2013）『クロネコヤマト「個を生かす」仕事論』三笠書房

[6]2014年6月にオープンした新館は大人気だが、旧館は「昭和の匂い」のする水族館で私は大好きだった。クラゲにのめり込む情熱と現場の知恵に圧倒される。

[7]『日経ビジネス』2014年4月14日号

[8]野中郁次郎／竹内弘高（1996）『知識創造企業』東洋経済新報社

[9]図表3-4は金井壽宏／高橋潔（2004）『組織行動の考え方』東洋経済新報社から引用

[10]野中／紺野（2012）

[11]ピーター・F・ドラッカー（1969）『断絶の時代』ダイヤモンド社

第4章

[1]2009年10月のデンソー技研センター常務取締役（当時）・今枝誠氏のプレゼン資料にもとづく。

[2]『日刊自動車新聞』2012年11月29日

第5章

[1]伊丹敬之（2005）『場の論理とマネジメント』東洋経済新報社

[2]『大辞林』（第三版）
[3]松下幸之助（2001）『夢を育てる』日経ビジネス人文庫
[4]『Voice』2014年5月号、旭岡叡峻氏との対談「『知識産業革命』は起きるのか」
[5]ジェームズ・C・コリンズ／ジェリー・I・ポラス（1995）『ビジョナリーカンパニー』日経BP出版センター
[6]『日刊自動車新聞』2013年9月2日
[7]ピーター・F・ドラッカー（1969）
[8]深谷紘一（2014）『会社を育て人を育てる品質経営』日本規格協会
[9]E・H・シャイン（1989）『組織文化とリーダーシップ』ダイヤモンド社
[10]『デンソー時報』2013年6／7月号より。ちなみに、アンケートの回答で2番目に多かったのは「技術・開発力」の9%。「総智・総力」がダントツの1位だった。
[11]『日本経済新聞』（2014年8月13日）によると、ヤマト運輸は「チーム集配」を東名阪や地方の中核都市を中心に導入し、今後3年間で女性配送員を5割増やし、2万人体制にするとしている。
[12]松本さんは2012年に開催された「第2回社会イノベーター公志園」の代表受賞者（大賞）に選ばれた。
[13]小倉昌男（1999）『小倉昌男 経営学』日経BP社
[14]小倉昌男（1999）

第6章

[1]野中／竹内（1996）
[2]『日本経済新聞』2014年4月12日
[3]『日本経済新聞』「私の履歴書⑰」2014年4月18日
[4]矢部輝夫（2013）『奇跡の職場』あさ出版。JR東日本テクノハートTESSEIの現場力について

は、拙書『新幹線お掃除の天使たち』（あさ出版）に詳しい。
[5]藤井裕幸（2013）『究める力』ダイヤモンド社
[6]藤井裕幸（2013）

第7章

[1]良品計画では職位ではなく「さん」で呼ぶことが徹底されているので、本書でも「さん」と表記する。
[2]松井忠三（2013）『無印良品は、仕組みが9割』角川書店
[3]松井（2013）
[4]松井（2013）
[5]日経BPネット「現場の底力」（伸びる会社の「現場最前線」）のインタビュー
[6]松井（2013）

第8章

[1]ピーター・F・ドラッカー（2001）『マネジメント』ダイヤモンド社
[2]総務省「労働力調査」
[3]『日本経済新聞（電子版）』2014年2月27日
[4]2009年の夏、中堅の自動車部品メーカーで現場見学をさせていただいたあとの懇親会での出来事。リーマンショックの影響で、仕事量は半減以下だった。
[5]『日本経済新聞』2014年2月4日
[6]ピーター・F・ドラッカー（1969）
[7]大野耐一（2001）
[8]山口さんへのヒアリングによる。わざわざバングラデシュの工員のみなさんの声を集めていただいた。

[9]野中／竹内（1996）
[10]天竜精機を訪問した際のインタビューにもとづく。
[11]『理念と経営』（2013年10月号）の芦部社長へのインタビュー記事、『日経情報ストラテジー』（2011年12月号&2012年1月号）の柴田昌治氏の記事（トヨタを超える職場の「自己再生する力」）などを参照。ちなみに、芦部社長の楽天ブログ「いい会社ってどんなだろう」は人気が高い。
[12]坂根正弘（2011）『ダントツ経営』日本経済新聞出版社
[13]石坂芳男（2008）『トヨタ販売方式』あさ出版

第9章

[1]瀬峰工場訪問の際にお聞きしたコメント。瀬峰工場では鈴木工場長の愚直さが現場に浸透している。
[2]芦部社長による早稲田大学ビジネススクールでの特別授業の内容にもとづく。
[3]片山修（2004）『本田宗一郎と「昭和の男」たち』文春新書
[4]『経済界』（2012年9月18日号）の栗原社長へのインタビュー記事、および栗原社長による早稲田大学ビジネススクールでの特別講義の内容にもとづく。
[5]2014年3月にTBS系で放映されたテレビドラマ『リーダーズ』より。

遠藤功著作一覧（日本語版のみ）

[単著]

[1]　『コーポレート・クオリティ』(1998) 東洋経済新報社
[2]　『MBAオペレーション戦略』(2001) ダイヤモンド社
[3]　『現場力を鍛える』(2004) 東洋経済新報社
[4]　『企業経営入門』(2005) 日本経済新聞社
[5]　『見える化』(2005) 東洋経済新報社
[6]　『図解現場力』(2005) ゴマブックス
[7]　『ねばちっこい経営』(2006) 東洋経済新報社
[8]　『事例に学ぶ　経営と現場力』(2006) ゴマブックス
[9]　『ビジネスの“常識”を疑え』(2007) PHP研究所
[10]　『プレミアム戦略』(2007) 東洋経済新報社
[11]　『現場力復権』(2009) 東洋経済新報社
[12]　『競争力の原点』(2009) PHP研究所
[13]　『未来のスケッチ』(2010) あさ出版
[14]　『課長力』(2010) 朝日新聞出版
[15]　『「日本品質」で世界を制す!』(2010) 日本経済新聞出版社
[16]　『「見える化」勉強法』(2010) 日本能率協会マネジメントセンター
[17]　『伸び続ける会社の「ノリ」の法則』(2011) 日本経済新聞出版社
[18]　『経営戦略の教科書』(2011) 光文社
[19]　『図解　最強の現場力』(2012) 青春出版社
[20]　『新幹線お掃除の天使たち』(2012) あさ出版
[21]　『現場力の教科書』(2012) 光文社
[22]　『現場女子』(2012) 日本経済新聞出版社
[23]　『言える化』(2013) 潮出版社
[24]　『賢者のリーダーシップ』(2014) 日経BP社
[25]　『ざっくりわかる企業経営のしくみ』(2014) 日本経済新聞出版社

[共著]

[1]　『考える営業』(1994) 東洋経済新報社（村山徹氏との共著）
[2]　『日本企業にいま大切なこと』(2011) PHP研究所（野中郁次郎先生との共著）
[3]　『「IT断食」のすすめ』(2011) 日本経済新聞出版社（ドリーム・アーツ・山本孝昭社長との共著）
[4]　『行動格差の時代』(2013) 幻冬舎（ドリーム・アーツ・山本孝昭社長との共著）

Roland Berger
Strategy Consultants

1967年にドイツ・ミュンヘンで創立された欧州系最大の戦略コンサルティング会社。36カ国50オフィスに約 2,400名のプロフェッショナルスタッフを擁している。内外の一流企業に対し、グローバルな視点での戦略策定及びその実行支援、トップマネジメントが直面する問題の抜本的解決に多くの実績を積み重ね、高い評価を受けている。日本では、1991年の事務所開設以来、多くのクライアントとの長期的な信頼関係を大切にし、製造業、サービス・流通業、金融、エネルギー、交通・運輸等の分野で「結果の出る」コンサルティングサービスを提供している。

【著者紹介】

遠藤　功（えんどう　いさお）

早稲田大学ビジネススクール教授。株式会社ローランド・ベルガー会長。

早稲田大学商学部卒業。米国ボストンカレッジ経営学修士（MBA）。

三菱電機株式会社、米系戦略コンサルティング会社を経て、現職。

早稲田大学ビジネススクールでは、総合経営、オペレーション戦略論を担当し、現場力の実践的研究を行っている。

また、欧州系最大の戦略コンサルティング・ファームであるローランド・ベルガーの日本法人会長として、経営コンサルティングにも従事。戦略策定のみならず実行支援を伴った「結果の出る」コンサルティングとして高い評価を得ている。

良品計画社外取締役、ヤマハ発動機社外監査役、損保ジャパン日本興亜ホールディングス社外取締役、日新製鋼社外取締役、コープさっぽろ有職者理事を務める。

著書の『現場力を鍛える』はビジネス書評誌『TOPPOINT』の「2004年読者が選ぶベストブック」の第1位に選ばれた。『見える化』は2006年（第6回）日経BP・BizTech図書賞を受賞。『新幹線お掃除の天使たち』はミュージカルとして上演され、好評を博した。

遠藤功ホームページ：http://www.isaoendo.com
現場千本ノック－現場力を追い求めて－：http://gemba-sembonknock.com

現場論
「非凡な現場」をつくる論理と実践

2014年11月6日　第1刷発行
2014年11月25日　第2刷発行

著　者――遠藤　功
発行者――山縣裕一郎
発行所――東洋経済新報社
〒103-8345　東京都中央区日本橋本石町 1-2-1
電話＝東洋経済コールセンター　03(5605)7021
http://toyokeizai.net/

ブックデザイン……上田宏志〔ゼブラ〕
ＤＴＰ……………アイランドコレクション
印　刷……………東港出版印刷
製　本……………積信堂
編集担当…………中里有吾
 Printed in Japan　ISBN 978-4-492-55753-2